本书属教育部人文社会科学研究青年基金项目（09YJC770073）
获得中南民族大学学术著作出版基金
和中南民族大学重点学科建设经费资助

群体·社会丛书

QUNTI SHEHUI CONGSHU

博学鸿儒与清初学术转变

BOXUE HONGRU YU QINGCHU XUESHU ZHUANBIAN

赖玉芹 著

明清

中国社会科学出版社

图书在版编目（CIP）数据

博学鸿儒与清初学术转变/赖玉芹著 . —北京：中国
社会科学出版社，2010.4
ISBN 978 - 7 - 5004 - 8378 - 6

Ⅰ.①博…　Ⅱ.②赖…　Ⅲ.①学术思想—思想
史—研究—中国—清代　Ⅳ.①B249.05

中国版本图书馆 CIP 数据核字（2009）第 226691 号

策划编辑　卢小生（E - mail：georgelu@ vip. sina. com）
责任编辑　卢小生
责任校对　周　昊
封面设计　杨　蕾
技术编辑　李　建

出版发行　中国社会科学出版社
社　　址　北京鼓楼西大街甲 158 号　　　邮　编　100720
电　　话　010 - 84029450（邮购）
网　　址　http：//www. csspw. cn
经　　销　新华书店
印　　刷　北京新魏印刷厂　　　　　　装　订　丰华装订厂
版　　次　2010 年 4 月第 1 版　　　　　印　次　2010 年 4 月第 1 次印刷
开　　本　710×1000　1/16　　　　　插　页　2
印　　张　14.5　　　　　　　　　　印　数　1—6000 册
字　　数　236 千字
定　　价　30.00 元

目　　录

丛 书 总 序

从 1978—2008 年，中国改革开放已然走过了整整三十个年头。思想的不断解放、观念的不停进步、科技的迅猛发展带来了中国社会日新月异的变化，今日之中国与三十年前之中国几有天壤之别。变化无时不有，变化亦无处不在。这其中自然也包括作为社会科学之一的历史学。回首过往的三十年，中国历史学在承继前代之功与反思旧有之弊中不懈前进，其变化为学界有目共睹。一方面史学走出"家门"，国际化的趋势日益显著，中国史学已融入国际学术体系；另一方面，中国史学遵循自身发展的轨迹，不断演化着学术转型，寻找本土化的学术路径。其中，一个巨大的成就令人瞩目，这便是与传统史学迥然不同的社会史的崛起。

社会史研究在中国之兴起源于 20 世纪二三十年代的中国社会史大论战，"文化大革命"之后再度复兴，此已成史学界之公论。从"文化大革命"结束迄今，三十年的历程，中国社会史完成了从边缘到主流的发展过程，其成就不言而喻，伴随着社会史领域一批优秀成果的推出，一批学人迅速成长、成熟，开放的学术心态、广阔的学术视野、良好的学科素养、明确的学术目标、新颖的研究视角、多维的研究方法将中国社会史的研究不断向纵深推进；而强烈的问题意识，则使得这个领域弥漫着浓烈的对话氛围和创新意识，充满着勃勃生机。

面对史学领域的变化和社会史研究取得的成绩，欣喜之余，静心思考，其中存在的问题也日渐明晰，以下数端应是目前社会史研究中亟须解决的问题。

其一，社会史秉承"自下而上"的研究路径，坚持写出"底层的历史"，无疑是符合这一领域学术研究主旨的，但一味地、长期地目光向下，排斥对于国家政治以及精英层面的关注，则有可能使社会史的研究矫枉过正，走向另一个极端，将社会史研究引入误区，犯下与传统精英史学相同性质的学术弊病，即重视一端，忽视一端，形成学术视阈中的盲点。社会史作为一种研究范式与学术素养，任何群体、阶层、领域都应该是其研究的对象。

其二，在区域社会史研究开展得如火如荼的态势之下，区域社会史研究的失衡现象也越来越突出。我们姑且以"优势区域"和"弱势区域"来作简单的区分。前者主要是指研究力量雄厚、主流学者云集、成果积淀深厚、资料发掘充分、视点广泛、视阈开阔、学术对话频繁的研究区域；后者与前者相比则反差甚大，门可罗雀、稀疏冷清，学术界关注不足。这种现象的存在，直接影响社会史研究的区域对话以及社会史研究整体史目标的实现。

其三，社会史研究十分强调多学科交叉与渗透，因而相关学科的理论与方法的引入便显得特别重要，这是社会史研究"科学化"的关键所在。然而，今天的社会史研究对于相关学科理论与方法的运用仍是有限而不足的，多数社会史的研究成果基本没有体现出作者的学科素养，对某些学科研究方法的运用也仅仅是停留在表层，如对于文化人类学的田野方法的运用，只在于收集资料，体验与观察则完全忽略。

近年来，华中师范大学明清社会史的研究，围绕博士研究生（包括硕士研究生）的培养，规划选题，潜心布局，以团队的形式共同致力于社会群体与地方社会力量的研究，已具备了很好的研究基础，并围绕这一主题，完成了一系列相关课题的研究，同时后续的纵深研究正在进行之中。这个团队的学人已分布在各地各高校，从事教学与研究工作，立志长期围绕"群体·社会"这一大的主题展开不断的研究。在具体的研究中，我们试图对于上述社会史研究中存在的诸端问题进行尝试性的探索。比如，在研究对象的区域选择上，尽量加强对于"弱势区域"的关注；在研究对象的群体选择上，尽量关照各类群体，尤其是学术界关注有所不足的群体。

这套丛书分为两大系列。一是群体研究系列。丛书中所确立的群体研究对象，当为广义的社会群体，群体特征大体为具有身份一致感和共同利益的人群，且以研究的问题为中心，将群体设定在更广阔的时空范围，既包括社会上层，也包括社会下层，同时，也包括各种社会力量，诸如皇帝、阁臣、言官、翰林、地方士人以及其他社会群体皆为丛书的主要研究对象。而明清社会群体与社会的互动关系则是各群体研究重点探讨的问题。二是地方社会研究。我们力图打破传统史学追求宏大叙事风格的研究路径，通过对区域的、个案的、具体事件的研究表达出对明清社会的理解。选题将涵盖地方社会秩序、地方公共事务、地方社会文化等多个层面，揭示明清社会的变化与发展，关注国家、各级地方政府的政策法令、行为举措对于地方社会的影响，地方各领域与社会变动的关系，前近代中国社会转型的重大关联问题，其中，不少问题的考察将与整个中国近代社会联系起来。

　　丛书的主旨在于学术创新，或从新的视角、领域，或以新的方法、观点，表达一种真正的学术追求。在研究方法上，追求历史学与其他社会科学研究方法的结合，打破画地为牢的学科分类，追求多学科整合的研究方向，力图展现具有特色和深度的学术研究。

　　这套丛书的作者都有着一个愿望，就是能让研究者的问题意识和研究结论具有更多地参与国内、国际学术对话的可能，为中国社会史的研究贡献绵薄之力。当然，也期望求得方家指正。

吴　琦

2008 年 12 月

于武汉桂子山

序

在全球视野下，我们可以清晰地发现，中国传统学术的发展有其自身的脉络。这一脉络既与王朝的更迭有着密切的联系，又不完全随着王朝的变化而变化；既与社会的重大转换构成互动，又有着相对独立的品质特性。然而，无论哪个历史时期，学术思潮、学术活动以及学术群体都是我们考察国家、社会与时代的有效视角。

清代学术一直是学术界研究的重要领域。从早期章太炎、刘师培对清学的关注，到梁启超提出"清学之出发点，在对于宋明理学一大反动"，清学"理学反动说"遂成为学术界对清学的一种代表性评价。此后，又有钱穆的"每转益进说"、余英时的"内在理路说"。学人们或赞成，或反对，大体无出以上几种观点。其实，清代学术体系庞大，内容繁杂，不同时期呈现出不同的时代特性。过多地进行简单梳理，容易使我们的研究走向空泛。在前人研究的基础之上，我们进一步做的研究工作应该是切入更具体、更深入的层面。

清初学术，上承明代理学，下启清代考据学，成为明清学术转换的重要关节点。然而，由于社会的变动，学术演进在这个历史阶段呈现一种多元的态势，其走向也因此呈现出复杂甚至捉摸不定的状貌，学术界的评价也因此各执一词。我们无须纠缠于诸如清初学术发展的主流究竟是什么、清初学术的实质是什么等问题上，而应从不同的侧面去揭示这个时期学术发展的内在动因、路径以及上下对接情形。任何一个重大历史问题，在发生与演变过程中，都会触及和关联社会的诸多方面，这也便给我们提供了考察问题的诸多视角。

随着社会史的崛起，史学研究的领域与视角得到了极大的拓展，在学术史的研究中，出现了不少方法的探索与观点的创新。仅以美国学者艾尔曼的《从理学到朴学——中华帝国晚期思想与社会变化面面观》一书为例，该书融汇学术史与社会史，对于明清之际从理学到朴学这一学术转变的外在学术背景与内在学术理路进行丝丝入扣的分析。作者以学术为主脉，考察了明清之际中国社会与精神生活，对于官方政策、民间社会以及学术共同体之间的互动与学术机制的建立作了深入的揭示。该书为我们理解清代学术的发展，打开了一个广阔的视野。我们惊喜地看到，近年来，越来越多的学人摆脱了学术界长期以来从纯学术的视角审视学术发展的窠臼，在学术史的研究中，广泛地关注社会各个层面的关联问题，把学术史的研究不断地推向深层。近期，再读赖玉芹《博学鸿儒与清初学术转变》的书稿，此种感受越发强烈。

赖玉芹是我的首届博士生。2001 年，我被评聘为博士生导师，与熊铁基先生共同培养文化史文献的博士研究生，恰逢赖玉芹由熊铁基先生招入，由于她表现出对明清思想文化的强烈兴趣，于是熊先生让我接手培养。在指导过程中，我一直强烈地感受到该生孜孜以求、勤学苦读的治学精神以及端正严谨的优秀学品，对她做好一篇优质的学位论文充满了信心和期待。

在日常的研讨中，赖玉芹总是能够结合所读材料，提出对于问题的看法，尤其是能够结合自己的学术兴趣，不断提出设想。在不断的思索与论证中，她提出了"博学鸿儒科"的问题，希望从学术群体入手，研究学术发展。这确实是一个颇值得研究的课题，虽然不少学者的研究多有涉及，但"博学鸿儒科"对于清初学术的发展到底产生了什么影响，尚无深入研究；博学鸿儒在当时属于一个特殊而又重要的群体，人们更多的是从事件本身去认识和解读这个群体，对于他们的总体学术成就和作用缺乏研究，也无定论。于是，选题确定下来，需要解决的问题也十分明确。客观地说，选题有难度，但学术意义也是显而易见的。

从此，赖玉芹不避寒暑，奔波于华中师范大学图书馆和湖北省图书馆之间，阅读大量清人文集，抄录资料，做了大量的笔记。她经常跟我汇报资料查阅的进展，每一次，我都能从她的收获中，感受到她的进步，体会到她的喜悦。在论文修改过程中，她表现出了较强的领悟力，每次交谈之后，她都能够很好地解决问题。最终，她的博士论文《博学鸿儒与清初学术转变》顺利完成，让人倍感欣慰！

攻读博士学位是一种磨炼，对于赖玉芹而言，这种磨炼较之常人更多。在爱人的全力支持下，她克服各种困难，无视外在因素的纷扰，全身心地投入专业学习和研究之中，表现出了一种当代学子中并不多见的品格。几年不懈的努力与付出终有回报，2005 年 12 月，她的博士学位论文喜获"湖北省优秀博士学位论文"。到中南民族大学工作之后，她一边教学，一边进一步查阅资料，几易其稿，不断完善，眼前的书稿更为成熟。

作为一个读者，我对案头这部书稿的学术价值有如下评价：

第一，该成果以康熙十八年（1679 年）所征召的博学鸿儒科为研究对象，将重大的历史性政治事件与一个时期的学术发展结合起来，审视清初学术演进的内在理路，揭示特殊群体之于学术发展的重大意义。清初学术发生了从明代理学到清代乾嘉考据学的转变，这方面不乏研究成果，诸如梁启超、钱穆的同名著作《中国近三百年学术史》、陈祖武的《清初学术思辨录》等，他们指出了明清之际的大师顾炎武、黄宗羲等开启了乾嘉学派，但由明清之际到乾嘉时期考据学的蔚为大观，中间尚有几十年，这几十年的学术演变过程及学者所发挥的作用，学术界目前尚未有明确的揭示，研究上存在着一个缺憾。赖玉芹提出了"博学鸿儒一代学人"的概念，并肯定了他们在学术史上的贡献，着力讨论了清初学术界从顾炎武到乾嘉学派的脱节问题，视角新颖，立意甚高，体现出了很好的问题意识与对话意识。

第二，作者阅读了大量的清人文集和笔记，整理爬梳，对所研究人物的性格、心理、交游范围、兴趣等都力图去知悉和了解，便于更准确地把握人物及其学术思想。通过对众多人物的分析与比较，形成对博学鸿儒群体学术动向的总体把握，力求论从史出。对于史料，不拘奏牍、碑铭、传记、史论、信札、诗文等，一概涉猎，捕捉信息，不放过任何一处"边角余料"，因此材料的采用不仅丰富、扎实，而且细致入微，揭示出曾经隐藏在一般史籍叙述中的历史人物的真实状态。

第三，该成果在群体研究方面，进行了很好的、颇有价值的探索。目前，社会史秉承"自下而上"的研究路径，写出"底层的历史"，结果导致一味地、长期地目光向下，排斥对于国家政治以及精英层面的关注，矫枉过正，走向另一个极端，将社会史研究引入误区。社会史作为一种研究范式与学术素养，任何群体、阶层、领域都应该是其研究的对象。所以，赖玉芹的这一著述，执著地关注知识分子阶层，从社会史的视角观照精英阶层。

另外，书中许多做法可取、新见频现。如在研究博学鸿儒一代学人对乾嘉学派的影响上，作者关注到义理和考据方法两大方面。在义理方面，一反此前的研究者总是抱着乾嘉学者"竭而无余华"的观点，认为乾嘉学者具有思想上的创新，而清初的博学鸿儒毛奇龄正是对他们产生影响的重要人物；在有关明末清初学术思想和思潮发展的脉络与走向上，把握准确，且条分缕析了明中后期众多的学术脉络是如何在清初形成"经学"主脉凸显的。有关乾嘉考据学的兴起原因，除了内在的学理方面外，外在因素中，作者认为，以往学者所持的"清廷的政治高压"有些绝对，因为当时康熙帝采取的是一种笼络、控制和顺应政策。在研究博学鸿儒学术过程中，作者从他们的学术交游群体的角度来看其所受到的学术影响，亦独到可取。

当然，该书并非完美无缺，因为思想学术方面的研究往往需要具备很深厚的学术功力，包括在经学、礼学、史学等传统学术上的长期积淀。赖玉芹已经迈出了很好的第一步，书中存在的些许问题，恰可成为她此后进一步研究的内容。博学鸿儒的课题具有丰富的内涵，具有很大的拓展空间，诸如追踪博学鸿儒在归乡或做地方官之后对地方社会的影响、康熙朝的博学鸿儒科与乾隆朝的博学宏词科的比较、"博学鸿儒一代学人"的学术成就，等等。期待她在完成此项成果之后的深化研究，有更多更好的成果面世。

学海无涯，书山有路，赖玉芹有执著的信念，有吃苦的精神，我将乐观其成！

吴琦谨识于武汉桂子山

2009 年 12 月 28 日

绪　　论

一、引言

历史上的士人，是社会的知识阶层，向上可以影响统治者的政策决策，向下可以引导教化民众。由于受到儒家思想的浸染，他们具有以天下为己任的抱负和"进亦忧、退亦忧"的社会责任感。关于士人的话题，总是让人兴味盎然。

明末清初之时，社会动荡，变革频繁，各种思想、思潮不断涌现，活跃在这一历史时期的士人，以其火热的激情、凛然的气节、活跃的思想、博大的学术彪炳史册，震撼和激励了清代以及近代的仁人志士。

明清之际的士人，尤其是众多的遗民，他们不仕清朝，气节耿然。他们的事迹，撼人灵魂；他们的著作，启人心智。随着时代的发展，到了明朝遗老的晚年，他们对抗清朝的情绪趋于缓和。出现这一变化的主要原因在于朝廷采取的一个重大政治举措，即康熙十八年（1679 年）征召博学鸿儒科，使得"一队齐夷下首阳"。虽然这次增开特科的行动，并未真正撼动遗民，多是普通的士人纷纷入彀。但是，随即，康熙将所录用的 50 名博学鸿儒（以下简称鸿儒）作为主体，修纂《明史》。这对于具有"以故国之史报故国"的遗民来说，有什么比这更投其所好呢？故而，虽然他们仍拒绝直接参与修史，却开始间接地出力襄助。至此，坚冰逐步融化，清廷基本上成功地笼络了士人。因此，要展现清初士人立场、心态的转变过程，通过博学鸿儒群体来分析，无疑是比较恰当的。

梁启超在论"近世之学术"时，感叹道：

> 呜呼！吾论次中国学术史，见夫明末之可以变为清初，清初之可以变为乾、嘉，乾、嘉之可以变为今日，而叹时势之影响于人心者正巨且剧

也，而又信乎人事与时势迭相左右也①。

确为笃论！明末清初的学术思想的演变，受明朝危亡、明清易代、异族入主等时事的影响甚大。那么，由清初恢弘博大的学术到乾嘉考据学的炉火纯青，其间，又受什么时事和人事的影响呢？以往许多学者分析认为是文字狱的迫害和清廷的高压所致。事实上，在康熙朝的中后期（"戴名世狱"以前），对汉人的思想控制并没有想象的那么恐怖，而是出现了一个相对宽松的时期，这就有必要对康熙的文化政策作具体的分析。其中，博学鸿儒的征召，是其崇儒右文之文化政策的重大举措，对当时的学术发展的影响不可小觑。

从学术思想的发展来看，步入清代，高度发展的宋明理学逐渐衰落了。在动荡变革的历史时代，黄宗羲、顾炎武、王夫之等众多的思想家、学者在反思和救亡图存的过程中，承袭着明末东林党人的"由王返朱"修正王学的思想脉络，继承和发挥了明末经世致用和实学思潮，着手于崇实黜虚的救亡实学，将理学由"尊德性"转向"道问学"的层次，由重义理的发挥转向对经典的阐释，开启了经学的时代，将学者的注意力引向了文献典籍。到了乾嘉时期，经史考据，风靡学界。文字、音韵、训诂、辑佚、目录、版本等学问迅速发展，蔚为大观，成为清代最具特色、成就巨大的学派。那么，从顾、黄等大师到乾嘉学者其间几十年的时间里，经历了怎样的学术转换和承接过程？由哪些人来具体承接？

笔者将目光集中到受顾炎武、黄宗羲等大师深刻影响的学者以及活跃在当时学界的人物诸如阎若璩、胡渭、万斯同等人身上。大致分析顾、黄等大师及阎、胡、万的交游状况就会发现，他们与博学鸿儒朱彝尊、潘耒、毛奇龄、汪琬等人往来密切，不断切磋学术。而且，都在博学鸿儒开科期间会聚京师，参与《明史》、《一统志》的纂修。笔者将他们称为鸿儒一代学人，并将之与顾、黄等大师区别开来。因为两者的学术风格、研究宗旨、研究内容既有相同之处，有承袭，更有迥异之处，发生了由通经致用之学向经史考据之学的转变。鸿儒一代的学者，开始注目于经史的考据，致力于对传统学术的整理、总结，经世致用精神和民族思潮淡化了。学者们以经学为己任，具有保护文献的高度责任心，其兴趣开始在"道问学"中寻求知识本身的意义和价值，他们直接开启了乾嘉学派。

鸿儒学人深受遗民的影响，承袭了遗民身上的一些重要特征。美国社会学

---

① 梁启超：《论中国学术思想变迁之大势》，上海古籍出版社 2001 年版，第 100 页。

家刘易斯·科塞在研究近代知识分子时说："知识分子是为理念而生的人，不是靠理念吃饭的人。"① 而有文化知识、受过教育的人，或者是一切创造、传播和应用文化的人，在他看来并非都是知识分子。他称知识分子为"理念人"，认定其特征的几个方面是：（1）超越现实的具体工作，笃信一种广泛的价值体系；（2）倾向于培养一种批判态度，是精神太平生活中的捣乱分子；（3）具有一种自我意识，保持着一定的自由度。笔者以为，明清之际的士人尤其是遗民，具有某些类似近现代知识分子的特征，诸如他们的自我意识，对当朝的"批评"态度，以及以天下兴亡为己任的社会责任感。他们区分"亡国"与"亡天下"，不仅仅是挽救和复兴危亡中的政权，而是要应对所面临的文化危机，拯救整个民族；他们将自己的角色定位于政权的"清议"者，提出建立一种新的、符合自己理想的社会构想；遗民不顾自身的困窘处境，超越私人的狭小天地，心系国家和社会；他们游历于政权之外，"朝不坐、宴不语"，保持独立的精神人格。在遗民的影响下，清初的其他士人也有类似知识分子的特征。康熙十八年征召的博学鸿儒，其政治立场与遗民迥异，为康熙所羁縻和笼络，无法像遗民那样做政权的批评者，而只能试图充当清廷顾问的角色，以影响清初政治文化的进程。结果，在康熙与这些士人的交涉中，康熙最终牢笼住鸿儒。在清廷的完全掌控之中，鸿儒不甘于被禁锢，故他们与政权的合作难以长久维持。正如科塞所说：

> 　　知识分子与权力之间的关系是不稳定的，短暂的蜜月的确有过，但牢固的联盟从未建立起来。……即使是作为掌权者顾问的角色经常能为决心影响政治事件进程的知识分子带来某些成功，他们与掌权者的关系通常还是不稳定的。或迟或早，大多数知识分子会发现他们不得不作出选择：要么对掌权者唯唯诺诺，成为廷臣、专家或技术人员，要么回到自由、自主和批判的知识分子地位上去②。

由于各种原因，甚至是有些无奈，大部分鸿儒离开了朝廷，归居田园。他们"难进易退"的心态，说明他们不甘心对朝廷唯唯诺诺，并力图保住自己狭小的自由空间。他们同遗民一道，批判旨在追求功名利禄的俗学，也很鄙视朝中那些为了一己私利互相倾轧、争权夺利之人。他们愤世嫉俗、刚正清廉，以

---

① ［美］刘易斯·科塞著，郭方等译：《理念人》，中央编译出版社 2001 年版，第 2 页。
② 同上书，第 151 页。

及执著、坚毅的禀赋，最终铸就了其类似知识分子的精神人格。这种甘心归隐的心态、狷介的行谊、执著追求精神境界的特性，是他们潜心学术的有利因素。

清初士人接受的主要是传统儒家思想的教育和熏陶，他们孜孜以求的是儒家所谓的"道"。这个"道"既可通过政治途径来实施，还可以借助文化传播和教育来实现。因此，遗民和解甲归田的鸿儒既需要保留一定的自由空间，又有着强烈的社会责任心，不甘避世。一旦不能借助政权的途径，他们的满腔抱负便通过学术文化的研究成果推行于社会来实现。

清初士人理想中的"道"，具有民族的代表性和永恒的价值。宋明理学已经逐步丧失了它作为人们的精神动力和调节社会的功能。于是，在明末实学思潮的冲击下和考据学风的影响下，学术思想内在理路发展的趋向将士人们导向了经学领域。他们力图通过重新阐释儒家经典，探求圣人立言的原始含义。这样，经学成为清初士人用以体现自身价值和实现抱负的最佳途径，成为他们追寻"道"的重要园地。而当统治者将程朱理学作为意识形态一统天下后，对于遗民和归隐的鸿儒而言，经学又成为他们用以发出自己心声的工具，以示他们有别于正统思想，也是他们批评理学的有力武器。

总之，清初的时代、社会、思想学术的发展形势，以及士人身上所固有的类似知识分子的特征，最终将他们导向了经学研究的领域。博学鸿儒一代的学者，顺应学术思想发展的潮流，继清初诸大师而起，沿着"读九经自考文始，考文自知音始"的治经路径，一改宋明空言说经积习，主张以经史经世，汲汲于训诂考据，走上了博稽经史的为学道路。正是他们承上启下，完成了由理学向经学的转换、由通经致用之学向经史考据之学的转化。经过他们的倡导和努力，学术发展的脉络更加清晰，经史考据之学逐步登堂入室。

二、研究前史及评析

博学鸿儒科作为一代抡材大典，清代的相关记述和研究也不乏其人。

在康熙、雍正时期，笔记、文集中记载康熙博学鸿儒科的有：毛奇龄的《制科杂录》、施闰章的《学余堂文集》、王应奎的《柳南随笔》、全祖望的《词科摭言》、沈德潜的《博学宏词考》等。乾隆时期，又有李集所辑的《鹤徵录》、秦瀛等编的《己未词科录》，这是两部专门记录博学鸿儒情况的书籍，包括鸿儒们的著述、简要经历、交游情况和逸闻趣事等。这类书籍成为珍贵的原始资料，对于后人了解当时的真实状况和具体细节大有裨益。不过，因为作者是亲历之人或者是出于同一朝代，因此不免存在一些局限，字里行间充满了对于统治者的恭维。而且，作为当局者，他们无法揭示当时学术对后来的影响所在。

　　民国时期,孟森先生撰述《己未词科录外录》①　一文,站在有清一代盛衰兴亡的历史高度,探讨了己未词科的历史真相及其对清代政治文化的深远影响,但许多问题引而未发。另一学者袁丕元编纂《清代徵士记》②,较乾隆时期按鸿儒录取的名次排序的编纂有所不同,他按地域分类来记述博学鸿儒群体,有利于启发学者从一个新的角度分析问题。不过,该书仍重于记述。

　　新中国成立以来,除了少数单篇研究博学鸿儒的论文外,尚未发现有已出版的专门著述。其中,研究博学鸿儒的论文有张宪文的《清康熙博学鸿词科述论》③、赵刚的《康熙博学鸿词科与清初政治变迁》④、尹彤云的《康熙十七年"博学鸿词"科略论》⑤、杨海英的《康熙博学鸿儒考》⑥、孔定芳的《论康熙博学鸿儒科之旨在笼络遗民》⑦　及《论清圣祖的遗民策略——以博学鸿儒科为考察中心》⑧　等。这几篇文章对博学鸿儒科作了综合性的专题研究,从康熙帝主持活动的目的、收效、鸿儒们的进退等情况开展研究,得出了一些结论。诸如对康熙"右文"提出质疑,由此科分析出当时南北士绅集团的形势,分析康熙对江南大族恩威并用的计谋,这有利于从整体上把握博学鸿儒科,了解当时清廷笼络士人的政治意图,以及该科在政治、社会乃至此后清王朝政策的制定中所产生的影响。不过,上述文章几乎都没有涉及此科对学术文化发展的具体影响,没有结合政治、文化背景来考察当时的学术。

　　在有关清初的学术、政治的著作中曾涉及博学鸿儒科的人物。如徐海松的《清初的士人与西学》一书,探讨了博学鸿儒与传教士的关系及其研究历算学、学习西学的情况。邸永君在《清代翰林院制度》一书中,把博学鸿儒群体作为征召入翰林的特科进行分析,将博学鸿儒与乾隆词科相对比,揭示这一举措的目的、收效、统治者对士人的态度等问题。这类研究是从各自不同的角度,把博学鸿儒作为其书的一个章节。这种做法角度新颖,反映出了博学鸿儒学术的一些侧面以及影响。

　　而专门研究鸿儒学人学术的论著,目前还较有限。中国台湾林庆彰先生有

---

①　孟森:《明清史论著集刊》,中华书局 1959 年版。

②　袁丕元:《清代徵士记》,民国石印本。

③　《浙江学刊》1985 年第 4 期。

④　《故宫博物院院刊》1993 年第 1 期。

⑤　《宁夏社会科学》1995 年第 3 期。

⑥　《历史档案》1996 年第 1 期。

⑦　《唐都学刊》2006 年第 5 期。

⑧　《江苏社会科学》2006 年第 4 期。

关博学鸿儒朱彝尊的专著，探讨了朱氏辨伪、考证等成就。近年来，关注这一时期的学者逐步增多，出现了一些研究鸿儒学人的论文，主要集中在毛奇龄、汤斌和朱彝尊等人身上。毛奇龄颇受人关注，有一些著作及论文涉及他在实学、礼学等方面的思想和成就。如黄爱平的《毛奇龄与清初学术》①一文，肯定了毛奇龄在修正王学、批判朱子以及在经学上探索治学途径、开辟研究领域的贡献，指出了毛奇龄开启后学之功，该文将毛奇龄与清初学术转换的关系揭示出来，将毛奇龄的研究引向深入，很有价值；华东师范大学 2008 级张贺的硕士学位论文《毛奇龄的学术简论》对毛奇龄的学术及交游作了较深入的研究；程二奇的《毛奇龄推易始末与清代汉学之复兴——清学史源流的一个新认识》②对毛奇龄在学术史的地位进行了探讨。河南大学 2005 级李祥东的硕士学位论文《汤斌理学思想研究》以及《汤斌及其理学思想》③等论文，主要对汤斌的理学思想进行了一定的探讨，但尚未注意到汤斌在清初学术向经学转变方面的贡献。《朱彝尊的藏书实践及其目录学成就》④、《朱彝尊与晋祠文物考略》⑤、《朱彝尊简论》等一些小篇幅的论文，叙述了朱彝尊在藏书、文物考证和目录学上的成就及贡献，尚未结合清初的形势分析朱彝尊保护典籍的意识在学术史上的意义所在。还有人整理了《徐釚年谱》⑥，这些都说明人们已开始注意博学鸿儒学人的学术成就及其作用，但相对于 50 名鸿儒来说，仅仅是对鸿儒个体方面的研究都还处于起步阶段。

　　清初的学术是由理学向经学（考据学）转变的重要阶段，也是明清之际的大师学术向乾嘉学派传承的阶段。因而无论是研究中国思想文化史、哲学史的学者，还是研究清代学术（如经学史）的学者，都要关注这一阶段。前者着眼于儒学的发展演变，需要探讨理学的衰落，需涉及明末清初的学术；后者在研究乾嘉学派时，要探讨考据学的起源及演变过程，也需要论及鸿儒一代学人。因此，论及鸿儒学人的著作不在少数，诸如梁启超的《清代学术概论》、《中国近三百年学术史》，钱穆的《中国近三百年学术史》、《国学概论》，陈祖武的《清初学术思辨录》、《清儒学术拾零》，杨向奎的《清儒学案新编》，余英时的《论戴震与章学诚》，美国学者艾尔曼的《从理学到朴学——中华帝

　　① 《清史研究》1996 年第 4 期。
　　② 《学习与探索》2006 年第 5 期。
　　③ 《学习论坛》2006 年第 1 期。
　　④ 《史学月刊》2003 年第 3 期。
　　⑤ 《文物世界》2006 年第 6 期。
　　⑥ 《南阳师范学院学报》2006 年第 1 期。

国晚期思想与社会变化面面观》，谢国桢的《明末清初的学风》，等等。这些著述，对于清初学术的总体把握准确，提出的有关清代思想学术的理论，观点新颖、得当，对后学有重要启迪作用。

钱穆、梁启超两位的同名著作《中国近三百年学术史》双璧辉映，各有特点。钱氏对清初的学术有详细深入的论述，观点得当。诸如对毛奇龄、阎若璩二位的品性、人格、学问进行分析，并将这二位与顾、黄大师作对比，明显地看出他们在治学品德上以及研究宗旨上的大异其趣，以及在经史考证上的一脉相承。作者还对李塨与毛奇龄的关系、戴震与颜李学派的渊源作了精辟论述，对后学沾溉良多。梁启超研究的出发点是：朴学的兴起是"以复古为解放"，是对理学的反动，他将中国学术思想上的转变与西方启蒙运动相比附。他认为清初学者是"为政治而学问"、"考据学正式形成于顺治、康熙间"。钱、梁两位对鸿儒学人的研究重视不够，对于体现在他们身上的学术转变没有深入分析。

陈祖武先生的《清初学术思辨录》是全面反映清初学术的著作，该书细致地分析了顺治、康熙两朝学术的诸多问题，如清初学术的探源、发展趋势、历史地位、文化政策的批判、经学考据学风的酝酿等，并专门研究了清初理学、经学、史学、文学艺术等方面代表人物的学术成就。该书确系全面探讨清初学术的一部力作，既有宏观的把握，又有微观的分析。著者还揭示了清初学术发展的某些规律及学派之间的关联，如颜元思想的形成深受王学后人孙奇逢的影响等。在方法上，作者还采用社会史的研究方法，全面分析了学术发展的思想渊源、社会、文化背景。不过，该书难以面面俱到，对博学鸿儒如清初学者之一的朱彝尊就重视不够。因为无论是朱氏的学养根底，在经史考据、目录学上的成就，还是他与士人的交游、在当时学术界的影响，都是引人注目的。

陈祖武先生认为，对理学的总结和批判是清初的时代课题，进而透过批判理学的思潮来分析许多学术问题。笔者以为，这个观点与梁启超的朴学是"对理学的反动"相一致。清初的确是宋明理学的衰落、崩解时期，但不能将批判理学作为清初学术的主脉。清初并没有完全意义上的"反理学"、"反道学"，除了颜李学派主张"习行"、实践，对宋明理学一概而论地反对外，其他人多是批判王学末流的束书不观、游谈无根和近禅的风气。清初无论是理学家，还是经史学者，都增添了崇实、务实的时代内容，应该说是"尊经"、"崇实"的清初时代思潮。而对于程朱理学的攻击，应属于理学内部朱、王学派的门户之争。康熙将理学改造之后，将之作为统治者的正统思想，理学并未退出历史舞台。不过，从清初开始，就有学者将理学置于不议不论之列，而真正像颜李学派那样批判理学并产生重大影响的，应该是乾嘉时期的戴震。

因此，对鸿儒一代学人的研究还是一个薄弱环节，相对于清代其他阶段的研究状况来说，是远远滞后的。因此，还需要全面的发掘和系统的整理，使鸿儒学人在思想、学术史上的贡献不致被一流大师的光芒所掩盖。

在此，笔者特地要提到一篇博士论文，是南京大学 2003 届明清文学专业的张亚权博士所撰的《康熙博学鸿儒科研究》。张博士在全面收集资料的基础上，对与试博学鸿儒科的人物重新考订，撰成小传。他对以往的研究史作了细致的梳理，对以后该课题的研究进行展望，提出了许多值得研究的课题，其中包括：清代"博学鸿词"科考试内容前后有何变化？康熙博学鸿儒科与《明史》纂修的关系究竟应该怎样认识？博学鸿儒在清诗史上的地位如何，等等。在该论文中，他完成了为康熙博学鸿儒正名的工作，指出该科是中国科举史上一个全新的制举科目；他还对该科的背景、考试内容、鸿儒空前的礼遇做了综论。张博士充分注意到了博学鸿儒科的研究价值，并为此提出了一个系统的课题计划，显示了他的眼光。他所做的文献整理工作，为后来的研究者提供了便利。对于他所提出的许多有意义的设想，我们期待其工作的开展。

三、概念、思路及方法

清代特殊制科的征召有三次，其中康熙十八年（1679 年）和乾隆元年（1736 年）是征召耆学硕彦的博学宏词科，光绪癸卯是经济特科。康乾两次词科，不同于一般的科举取士，也不同于唐、宋作为吏部科目选的博学宏词科，而是天子自召的制科。康熙年间，处于士人与政府对抗情绪激烈的阶段，许多在士人阶层中有影响的知名人士，要么是遗民，要么是在各个方面表现卓越者，康熙欲笼络这样一批非常之才，通过对他们的优抚，达到影响整个士林的政治目的。所以，该科的基本精神承袭汉唐的贤良方正、博通坟典达于教化等大科，故称为博学鸿儒科，从内容到名称都与以往不同。乾隆丙辰词科只是注重文人代圣人立言的应用文字之功，与康熙年间的鸿儒大科有重大区别，可称为博学宏词科。

本书所言"清初"，是指顺康两朝的 80 年，这是一个创辟规模、奠定国基的关键时期。从学术思想的发展来看，是一个承先启后、开启门径的重要阶段。这与梁启超所定义的"启蒙期"是吻合的，陈祖武先生也采用这一说法。从整个清学史来看，清学的"正统"学术（考据学）在这一时期还处于启蒙阶段。顾炎武、黄宗羲首倡经史之学，而蔚为风气的则是与顾、黄同时而后的阎若璩、胡渭、毛奇龄、朱彝尊、万斯同兄弟等人。他们与顾、黄关系密切，且比较长寿，学术成果大致在其晚年——康雍间完成，并直接开启了乾嘉学派。

　　清初的士人，大致包括三大部分：即遗民、贰臣和生活在清朝的官员和生员。遗民是一个占有很大比重的群体，值明清鼎革，不降其志、不辱其身，保持着坚定的民族气节，其中徐枋、陈确、王夫之属苦隐型；函可、金堡、方以智等出家者为僧道型；魏禧、孙奇逢等人参与农耕，可归于农隐型；黄宗羲、归庄等聚徒讲学属处馆讲学型；还有顾炎武、屈大均等云游入幕型。① 遗民尽管明显地体现出隐士的人格特征，但绝不游离于社会政治之外，并且以拯救民族文化为己任，积极从事文化创造。② 贰臣，是指明亡后投降清朝的明朝大臣，诸如龚鼎孳、钱谦益、吴伟业、曹溶、孙承泽，他们大节不保。钱谦益很快幡然醒悟，吴梅村对清朝一直怀有抵触情绪，曹溶身任清朝大吏，却与遗民交往较多，为其提供掩护和方便。这些贰臣虽声名有亏，因为学问渊博或性情豪爽，仍能得到其他士人的尊敬。清朝的官吏和诸生，有着根深蒂固的不甘心异族统治的观念，对传统文化热情不减，心折厚德博学之士，不愿随波逐流。此外，还有部分遗民子弟，像顾祖禹、万斯同兄弟，他们受父兄的影响极大，有的甚至终身不仕。为了完成其父志在匡复的遗愿，顾氏潜心研究地理，积20年心力著成《读史方舆纪要》一书。

　　本书所称鸿儒一代学人，是指博学鸿儒中的学者以及与之同时代的阎若璩、胡渭、万斯同、徐乾学、姚际恒等人，他们和鸿儒交织成为一体，互相探讨，同学共进，共同推动了清初学术的发展。正是得益于博学鸿儒科的征召，以及提供的修史机会，才使全国各地的学者汇聚京师，广结友朋。他们集中交流研究成果，接受新的观念，彼此争执辩论，使通经学古的风气在短时期内酝酿得如此醇厚，继而又散发到全国各地，使星星之火成燎原之势。本篇以鸿儒为代表，来探讨大师谢世之后的学术发展，涉及了许多同时代的其他学者，故将之称为鸿儒一代学人。

　　本篇主要通过博学鸿儒来审视清初的学术转变，以博学鸿儒的征召作为切入点，通过探讨明清鼎革后士人主要是明朝遗老与鸿儒一代，他们在心态、生存、思想等方面的变化过程，以及清朝的文化政策的逐步演变，来分析这些因素对当时学术转变的影响；并以鸿儒学人为重点，采用个案的形式，展现清初学术转变的具体过程，通过鸿儒学人来探讨这一代学者在清代学术史上的贡献和作用。

————————————

　　①　钱穆：《国史大纲》下册，商务印书馆1994年版，第851页。

　　②　张兵：《遗民与遗民诗之流变》，《西北师大学报》（社会科学版）1998年第4期。

在研究过程中，本书史论结合，注重资料的积累。尽量利用清人的文集和笔记，通过他们的记载，以真切、翔实的材料来说明问题。在研究方法上，试图将学术史的研究方法与社会史的研究方法结合起来，将博学鸿儒作为一个士人群体、一个阶层，分析他们的性格、心态等，并试图分析这些因素对学术发展的影响。另外，对清初学术的研究，始终在明末清初的社会大背景下，关照各大历史事件及时代思潮对学术发展的影响，从多角度、多层面来分析学术的转变轨迹。

在研究博学鸿儒与清初的学术转换时，笔者始终有这样一个考虑，即认为不仅一流的思想学术大师，他们的思想、成就值得挖掘，他们的作用和影响值得研究，而且我们也应探讨次一流的学者，从他们的思想观念中更能窥探出较为普遍的倾向，发现大势所趋，也能了解大师所倡导的观念是否深入人心，其落实的情况怎样。这样，对大师的研究，犹如一个点，而研究众多次一流的学者，则犹如一个面，能反映丰富的、多层面的历史，得出的结论也更为可信。

第一章　康熙年间的博学鸿儒

第一节　清初士人风气

公元 1644 年，李自成农民军攻入北京，明朝的崇祯皇帝被迫上吊殉国。尔后，在故明大臣吴三桂的带领下，世居关外的满洲贵族的军队经山海关一战顺利入关，控制了北京。明朝结束，清朝定鼎。

堂堂的大明一统江山竟被满族所取代，这对于受到儒家文化浸染的汉族士人来说，无异于天崩地裂，让他们感到不仅是"亡国"，而是"亡天下"。加之，清朝入主中原后，强硬地推行"薙发易服"政策，对汉人的抵抗进行了血腥镇压，"扬州十日"、"嘉定三屠"，这些带给士人的不只是国破家亡的伤痛，更多的是心灵的极大震撼，他们已陷入孔子所谓的"被发左衽"的绝境，应该是他们"兴灭国，继绝学"的时候了！

在沉重的伤痛中，在血与火的洗礼中，清初的士人演绎出了独特的士风。

一、清贫自守，谨慎交游

晚明士人因生计维艰，热衷仕途，竞奔躁进，导致"志于道"的精神人格逐渐消解；加之当时商品经济发达，社会风俗趋于奢靡，世利交征，诱导士人重财尚利，致使道德沦丧，腐败加剧。清初的士人群体，包括遗民及在不同程度上受到遗民影响的士人，儒家的忠孝观、社会责任感在他们身上潜滋暗长，故而，明朝的覆亡在他们的内心隐隐作痛，言语中流露出感伤的情调。这是决定清初形成独特士林风气的重要因素。

在清初，同样贫困，却形成了与明末士林截然相反的风气。士人们大多安贫乐道，不滥交权贵，鄙视世俗，官员大吏也比较注意自身的清正廉洁。

清初的几十年，经历了农民起义的涤荡、外族的践踏和三藩战火的焚烧，政府财政匮乏，物资紧缺，人民流离失所，备受煎熬。清初士人的贫困状况可想而知，许多士人的家产或被洗劫一空，或消耗于躲躲藏藏的奔命之中，加之当时狱讼纷繁，许多士人遭受致命打击，财产因而损失殆尽。江南金山卫人董俞本来是贵公子孙，"江南逋赋之狱起，绅士同日除名者万余人，君不幸挂名其间……朝韭暮盐，萧然如后门寒畯"①。社会动荡，营生艰难，除了官员以外，士人或隐居渔耕、采樵自食，或依靠讲学、处馆、游幕等微薄的薪金来养家，因而不免朝不保夕、捉襟见肘。文人学士穷愁惨淡，以至于无米下锅。当有人问遗民杜浚："穷愁何似往日？"杜氏回答："往日之穷，以不举火为奇；近日之穷，以举火为奇。"② 此语道出清初士人普遍的艰难状况。博学鸿儒高咏在入仕前，"卖书给膏火，壮年丧妻，积数岁不得娶"③。海内三遗民之一的徐枋同样悲苦：

> 尝绝粮数日，黄九烟造之，出画橐，婢鬻于市，无售者。则曰："此黄九烟诗画也"，乃得银数钱。归，先生（徐枋）及九烟皆怒，以为泄九烟名，趣返其值。④

当时物质匮乏的程度和士人窘迫的处境可见一斑！

尽管如此，由于家国仇恨、山河破碎激发了士人的志气，儒家安贫乐道、不苟富贵的思想又一次在他们内心激活，使这些贫士不坠青云之志。他们自觉进入大儒颜回居陋巷、箪食瓢羹不改其乐的境界；甘愿学习陶渊明的清贫高志，"自学柴桑老，门前五柳贫"，不为五斗米折腰，始终保持自己的声名和气节。钱塘王晫年逾四十，愈加困顿，妻子嘲笑他，他却说："吴庐少詹有言，'贫者，上天所设以待学者之清俸'"；金陵吴介兹亦言："天以贫德人。今处俦类之中，天幸德我，特颁清俸，义难独享，愿以共卿。"⑤ 这类言语清楚地反映出当时士人乐天知命、"忧道不忧贫"的心理。

当时的官吏，也能安于贫困，俭朴清廉。理学名臣汤斌，巡抚江南离开苏州时，"行蔽簏数肩，不增一物于旧，惟《二十一史》则吴中物，指谓道左诸公曰：'吴中价廉，故市之，然颇累马力'"，因此他被人称为"清汤"。⑥ 嘉

---

① 李集：《鹤徵录》卷六，董俞条宋荔裳《苍水诗叙》。
② 王晫：《今世说》卷二，《言语》。
③ 施闰章：《学余堂文集》卷七，《遗山堂诗序》。
④ 叶衍兰、叶恭绰：《清代学者像传合集》，《徐枋》。
⑤ 王晫：《今世说》卷八，《排调》。
⑥ 汤斌：《汤子遗书》卷首，冯景《汤中丞杂记》。

定人许自俊任知县时，"食脱粟饭，佐以青菜，往来郡省，策蹇而行，赘上官，诗扇外无他物。乞休归，行李萧然，当时称为清白吏"①。

　　清初士人的这样一种生存境遇和精神境界，同样体现在他们的交游观和处世态度上，表现为淡于荣利，不乐仕宦。黄宗羲在武装抗清失败后，随即转入养母著述，后虽多次受到举荐，都婉言谢绝。康熙在十八年采取一个大的笼络名士的举措，即征召博学鸿儒，此举引起了士人纷纷响应，形成了"一队齐夷下首阳"的局面。这一方面缘于康熙极力笼络，上征下荐；另一方面也因为清朝定鼎接近40年，采取的一些文化政策得到了士人的认同，统治渐趋稳定。尽管如此，在当时被举荐的180多人中，像黄宗羲这样寻找借口不参与考试的多达39人②，有的明确不至以死坚辞；有的借老病、丁忧之由不往，包括一批第一流的学者和最有影响的硕儒，如顾炎武、魏禧、李颙、应撝谦、王弘撰、杜越等。而且，相当数量的鸿儒在与试受官之后旋即告归，表现出"难进易退"的心态，在士人中引起很大反响。

　　清初士大夫蔑视权贵，性不喜俗，耿介清高，不巴结逢迎。王晫的父亲教育他道："丈夫处世，固不当为贤士大夫所弃，亦不当为庸众人所容"，时人叹为名言③。此语可视为士人超越世俗心理的最佳注脚。江南吴江人沈自继，性不喜俗，手上拿着一个牌子，上面刻着"不语戒"三字，有"贵人"来访，对他百般殷勤，而他瞠目直视，举牌示意，不交一语，然遇到好友则相与倾倒，雄辩四出④。山左诗人田雯"性不喜随俗俯仰，听其言凌厉矫拔粹然卒归于正"⑤；江南溧阳人宋涵"应征鸿词罢归，徜徉泉石，旧交显贵者，不妄削牍以干，人叹为高雅"⑥；吴江人翁逊则更为典型，史载：

　　　性孤介，不与俗谐。家酷贫，值岁俭，不能糊口，终日啜水而已。邻近或有招之食者，谢不赴也。尝曰："耐饥易，耐俗子难。"惟徐介白、顾茂伦饷之方受。后病卒，茂伦卖古琴敛之⑦。

----

① 李集：《鹤徵录》卷六，许自俊条李富孙按。
② 秦瀛：《己未词科录》卷一。
③ 王晫：《今世说》卷二，《言语》。
④ 王晫：《今世说》卷八，《简傲》。
⑤ 秦瀛：《己未词科录》卷六，田雯条引周铭彝《神道碑》。
⑥ 李集：《鹤徵录》卷七，宋涵条李遇孙按。
⑦ 王晫：《今世说》卷三，《方正》。

士人们坚持自己的交游原则，清苦卓绝，不受馈赠，这与他们保持高尚气节、独立特出的品性是一致的。尽管生活困窘，内心郁闷，他们往往只接受朋友的馈赠和帮助。其所结交者，或是有着同样政治态度的朋友，或是学术上的师友，或是彼此性情相投的知己。遗民徐枋，隐居不出，也不轻易交往，史载：

> 蔡制军毓荣慕其名，具书币，属友人通意，却之。汤文正公抚吴，屏趋从，徒步造门者再，卒不得见，叹息而返。与游惟寿民及莱阳姜实节、昆山朱用纯、同里杨无咎、山阴戴易、宁都魏禧、门弟子吴江潘耒暨南岳僧洪储数人而已。家贫甚，时耐寒饥，不纳一丝半粟。惟洪储周之则受，曰："此世外清净食也"①。

顾炎武品节皎然，风骨尤劲，他对于自己的亲外甥、权倾一时的徐乾学兄弟始终保持距离，尽管徐氏兄弟好士喜客，善笼络人才，却最终未能拉拢舅父。而顾氏对于在气节、志趣、学术上与自己相通的李因笃、王弘撰、潘耒等则视为至交，他盛赞笃于友情的李因笃道："三千里赴友人之急……又可使薄夫敦而懦夫立者。"② 著名古文家魏禧移家翠微峰，与友人彭士望、林时益、邱维屏等"八人皆岩处，躬耕自食，束身砥行，读书论古，名公卿闻其名愿见之，弗往，独与沈沦穷约者游"③，人称"易堂九子"。魏禧"年四十余乃出游，涉江逾淮，数游吴越间，思益交天下士，闻隐逸道德之儒，不惮数百里造访"④。名士傅山"年甫逾冠，交游已广。及明祚既移，所与游者，大率为遗逸、学问、艺术之士及方外而已"⑤。博学鸿儒李铠恬淡不事奔竞，一生清节，不名一钱，他常以"孟子不受君禄"教导门人，援引孟子"交以道、接以礼"之说来守身处世⑥。

二、恢复传统道德，重孝笃友

明朝中后期，王学左派异端思潮兴起，他们强调个性，肯定私欲与狂放，社会风俗在商业化的背景下日趋变化，致使人们功利欲望强烈，奢靡享受，僭

---

① 叶衍兰、叶恭卓编：《清代学者像传合集》，《徐枋》。
② 顾炎武：《蒋山佣残稿》卷二，《与人书》。
③ 秦瀛：《己未词科录》卷五，魏禧条引秦瀛按。
④ 秦瀛：《己未词科录》卷五，魏禧条引宋荦《三家文抄本传》。
⑤ 徐珂：《清稗类抄》第八册师友类，中华书局 1986 年版，第 3594 页。
⑥ 李集：《鹤徵录》卷二，李铠条阮吾山云。

越等级，不拘小节，放浪不羁。而朝廷里的阉党，弄权跋扈，残害忠良，欺上瞒下，盗世欺民。于是，东林党人应时而起，他们讽喻朝政，贴近市民，扶忠锄奸，具有强烈的起衰振废、救时济世的使命感。在思想学术上，首倡由王返朱，提倡实学，主张经世致用，强调传统道德的经世功能，力主恢复忠孝节义，履行道德实践，甚至把恢复社会秩序的希望寄托在传统道德的重振上。南明王朝曾赠谥死节之臣方孝孺、左光斗及甲申死难大臣数十人，这一举动，充分反映出对传统道德的呼唤。

明清鼎革带给士人们的不仅仅只是国破家亡的切肤之痛，而更为震撼他们心灵的是满族入侵后所面临的传统文化危机。清廷强迫汉人剃发易服所引起的对抗，不逊于清朝人主中原所遭到的抵制。对道德、礼仪、服饰、风俗等的强行变更，是对儒雅礼仪之邦的侵犯，是对几千年来所积淀的厚重文化的冲击，而长期以来，汉民族所誓死捍卫的就是民族的道义，所赖以自豪的就是民族的文化。从孔子起就鄙视夷族的野蛮无"礼"，所谓"微管仲，吾其被发左衽矣"① 即是明证。因此，对清初的士人来说，他们的任务是"兴灭国，继绝学"，努力维护民族文化，以延续祖宗的"血脉"。

一大批遗民坚决不食周粟，保持对故明的效忠，他们以自己高尚的气节和人格显示了捍卫汉文化的决心，感化着世人。随着时间的推移，清廷统治的逐步稳定，在恢复明朝无望的情况下，遗民们纷纷转入著述讲学，力图振兴民族文化。由于"遗民不世袭"，他们不仕清朝的气节难以传递给下一代，即不能以"节"传，但可以学术传，以文传，以孝传。② 他们必须进行文化和道德的传播，在"忠"难以为继的情况下，"孝"却可以名正言顺地光大。许多遗民之所以没有在明亡时殉国，隐忍以活，是因为自古忠孝难两全，"母在不忍也"，出于尽孝的目的而把忠节的问题暂时搁置，陈确、黄宗羲等都持此忠节观。③ 忠不能全，乃以孝继，许多士人甚至移忠作孝，把对故国的情感和效忠都转化为"孝"。"关中三李"之一的李因笃，长期活跃在陕西地区，与李颙、顾炎武交往密切。博学鸿儒开科，他以母老家贫力辞，但仍被敦促入都，与试授官后，他随即上疏，请求归家奉养老母，其情词恳切，时人比之为李密的《陈情表》，皇帝最后不得不特旨恩准。与李颙等以死坚辞的人相比，李因笃接受清朝的官职，名节有亏，不过，他以"孝"作为凭借，获准归家，不尽

① 《论语·宪问》。
② 赵园：《明清之际士大夫研究》，北京大学出版社1999年版，第394页。
③ 赵世瑜：《陈确的忠节观》，《史学月刊》1998年第3期。

忠新朝，最终得到了士人的认可。

清初多事之秋，当父母壮烈殉节或身处危难时，士子们毅然不惜代价来"尽孝"。浙江嘉兴人谭吉璁，幼时父亲遇寇，他"以身蔽父，击之不去，寇曰此'孝子'也，舍之"①。浙江平湖人陆菜，其父为旗兵所执，即将加刃，他从麦陇中跃出，大呼"宁杀我，勿伤吾父也"，后来陆菜被俘去，因文词颇佳被固山诚顺伯收抚为子。②青浦人沈儒，其父沈君化被诬告"大逆"，捕吏到门，举家惶惧，他挺身而出，大呼"我即君化也"，代父受捕，受讯时面色不变，词理条畅，后竟然被释放。③孝道是超越敌我界限的，无论是农民军，还是清军，都曾被这些"孝"的故事所惊骇、所折服。

清初士人对父母生前恭敬侍奉，死后尽心守孝，其情其景，感人肺腑。浙江仁和人胡亶，"父患脾疾，日夜侍汤药，衣不解带，目不交睫，下至中裙厕牏，皆自涤之。及卒，三日勺水不入口，一恸吐血数升。遂以哀毁成疾"④。"淮南二邱"之一的邱象随，"性至孝，未仕时父殁，庐墓三年，母夫人以食鱼致疾，遂终身不食鱼。通籍后，积俸置祭田，族人称之"⑤。类似的故事比比皆是，难以尽举，足见当时"孝"已成风气。

传统道德中的"礼制"，是要建立一种和谐、井然的秩序，除了"孝"以外，还包括"兄友弟恭"、对朋友的"信"、对老者的"敬"，以及"事师如父"等规范。清初士人致力于传统道德的恢复，他们在这些方面也颇值得称道。浙江鄞县的李士模，他让长兄李士楷专治经史，而自己经营内外。到分财产时，兄弟俩却互相推让，人们赞道："李氏兄可为模，弟可为楷"⑥。浙江慈溪魏耕与著名藏书家祁理孙、班孙兄弟是莫逆之交，后魏耕被捕，事涉祁氏兄弟，两位被缚，"既谳，兄弟争承，祁氏之客谋曰：'二人并命，不更惨欤？'乃纳赂而宥其兄。公子（班孙）遣戍辽左，其后理孙竟以痛弟郁郁而死，而祁氏为之衰破，然君子则曰：是固忠敏之子也"⑦。

而当时敬师爱友，也蔚然成风。江南嘉定人陆元辅，乃黄淳耀之高徒，学问渊博，深受时人推重，与试博学鸿儒科时，梦见其师手书"碧血"二字以

---

① 李集：《鹤徵录》卷六，谭吉璁条李富孙按。
② 毛奇龄：《西河文集》神道碑铭二，《内阁学士兼礼部侍郎雅平陆公神道碑铭》。
③ 王晫：《今世说》卷二，《言语》。
④ 王晫：《今世说》卷一，《德行》。
⑤ 李集：《鹤徵录》卷一，邱象随条李遇孙按。
⑥ 王晫：《今世说》卷一，《德行》。
⑦ 全祖望：《鲒埼亭集》卷十三，《祁六公子墓碣铭》。

示，遂不终卷而罢。陆元辅坚持奉行其师不仕清朝的遗愿，他故意"不完卷"，放弃做官的机会，为此，尚书徐乾学赠语曰："早年讲舍依黄宪，壮岁生徒似李膺"①。顾祖禹"于侪辈中少所许可，唯兄事魏（禧），至为之执伞、捧溺器焉"②。潘耒是顾炎武和徐枋的弟子，史称之：

> 于师门之谊尤笃，徐枋隐居数十年，家计萧条，临殁以孤孙相托，耒为谋置生产，又捍卫其外侮。顾炎武所著《日知录》多经世大业，耒刻之，始得传于世。③

青浦人田茂遇曾受到陈子龙的赞赏，子龙死后，子幼贫，墓旁荒田数十亩。田茂遇为之代纳官租 20 年，又与友人刻其遗集，以此报答陈子龙的知遇之恩④。江宁人白梦鼐，依照古礼表达对老师的尊敬，其师王伯勉卒于家，"讣闻京师，仲调（白梦鼐）为位而哭，又于慈仁寺中受吊。凡吊者，拜之如子弟执父兄之丧，盖本《檀弓》孔子之于伯高古礼也，一时称之"⑤。

在清初动荡困窘的年代里，士人们视朋友为必不可少，所谓"良朋樽酒，吾故藉以生者"⑥，他们互相救恤、患难与共，视朋友为"俭岁之粱肉，寒年之纤纩"⑦。有好义乐施者，"知旧多赖以举火"。浙江海宁人徐林鸿，特重友谊，经常为客死的处士、友人经办丧事，并收集他们的遗集，交送其遗孤。朋友有难，慷慨解囊⑧。江南泰州人黄云，其友"以事系狱，贫甚，黄售其负郭田，得百金，尽以赠陈，与之同卧起图圄中"⑨。朱彝尊的好友周青士，"平居急人患难，至称贷益之"，朱氏听说他困厄不能自救，负疚不安，便将自己的束修所得，分与他作年终之需⑩。

三、畅饮赋诗，旷达不羁

明代中后期的异端思潮，引发了自然人性的复苏、自我意识的觉醒、平等

---

① 李集：《鹤征录》卷七，陆元辅条李集辑。
② 徐珂：《清稗类抄》第八册友类，中华书局 1986 年版，第 3595 页。
③ 秦瀛：《己未词科录》卷三，潘耒条引《钱霭续志》。
④ 王晫：《今世说》卷一，《德行》。
⑤ 秦瀛：《己未词科录》卷七，白梦鼐条引《池北偶谈》。
⑥ 王晫：《今世说》卷七，《任诞》。
⑦ 王晫：《今世说》卷二，《言语》。
⑧ 李集：《鹤征录》卷七，徐林鸿条李富孙按。
⑨ 王晫：《今世说》卷一，《德行》。
⑩ 朱彝尊：《曝书亭集》卷三十一，《报周青士书》。

观念的增强，使文人志士的独立精神和矢志不悔的生命意志得到高扬；加之文学界对崇尚性灵、注重自然性情的提倡与呼唤，形成了士人们恃才傲物、狂放豪迈、特立独行的性格特征，这种特性在遗民傅山、归庄、阎尔梅诸人身上也十分明显。

清初遗民与历代遗民隐士有着异代同悲之感，他们在处世态度、审美选择和价值取向上都会不知不觉地效仿前代。屈原、陶渊明、杜甫以及宋代遗民自然成为效仿的对象。屈原的高尚人格、爱国精神、浪漫情怀；陶渊明的不事权贵、甘居清贫、乐居田园；以及杜甫的诗史精神、忧国忧民的宽阔胸怀等，对清初遗民从人品到诗品都浸染熏陶、沾溉良多。另外，清初士人在不同程度上沾染了隐士习性，浸染了名士风度。这些名士风度渊源于魏晋，注重内在的品性和真才学识，直率、冲淡，在外却表现为狂傲、脱俗、怪诞与任侠。

明清易代，战争的蹂躏、外族的压制，激发了士人们的气节，加深了他们的痛苦，使他们的行为性格趋向超越、隐逸和怪诞不羁。士人们把沧桑巨变的阴影、家国命运的悲戚都铭刻于心，在出处去留的权衡中焦虑不安，他们处于生计困窘与清高气节的矛盾冲突中，处于重振民族文化和寻求精神支柱的困惑与迷茫中。清初士人的痛楚之深是难以用言语表达的。宛平人梁以樟与王西定是至交，"两人相论诗，每篇成，不即示草，率相携至荒台古寺、车马不经处，始出诗共读，狂呼惊拜，或至恸哭而后退"①；简傲洒脱的王嗣槐，为世俗所不容，已过壮年，抑郁不得志，与朋友共处时披头散发，袒裸畅饮，酒酣兴尽，嬉笑怒骂，不再念及尘世间的烦恼②。为了化解心头的积郁和深深的忧戚，他们往往借酒浇愁、麻醉身心，借诗来抒发情怀、排遣忧虑，借"游"来放浪山水、结交知己。因为如此可以暂时抚慰他们埋藏着的隐痛心灵，淡化其忧戚与苦恼，展示与众不同的雅致与才情，显示不入世俗的淡泊与旷达。

面对种种不得志，他们往往沉湎于酒，与陶渊明的"造饮辄尽，期在必醉"的心境相似，以为"酒可千日不饮，不可一日不醉。"③ 除了借酒排遣愁绪，他们还纵情于山水林苑之中，结友赋诗，放浪形骸。和顾炎武并称为"归奇顾怪"的归庄，面对家忧国恤、祸患迭膺，内心郁塞。他在《虎丘山三首》诗中说："人羡我遨游，不知我心苦。只今来虎丘，稍以抒愁绪。"朱彝

----

① 王晫：《今世说》卷七，《任诞》。
② 王晫：《今世说》卷八，《忿狷》。
③ 王晫：《今世说》卷七，《任诞》。

尊好饮酒，与高念祖一道进入都市，及至念祖不见他而四下寻找时，他已阑入酒肆、醉卧垆下了①。

游览胜景成为文人们实现社会交往的一种重要途径与方式。江苏兴化人李淦好游，每当游性大发，即便其爱子牵衣割裾也不暇顾及，其游踪几遍天下，所至名胜，都为文以记之②。京师的西山是士人们游览赋诗的好去处，朱彝尊曾数次光顾，其中一次，他与鸿儒潘耒，还有同里的李良年等流连于此，长达四日，惬意之极，诗兴大发，赋诗 40 余首，题名于壁，以致传抄者不绝，一时京中士人皆知朱、李诗名。"国朝诗学大家"王士禛，其诗主"神韵"说，他经常游历山川，即兴赋诗。人称之：

> 少壮遨游遍天下，得万里江山之助，故其为诗，笼盖百家，囊括千载。
> 宗盟坛坫五十余年，生平爱才若渴，吸引后进恐不及。官扬州五年，公余则招邀宾客，汎舟虹桥平山堂，酒酣赋诗③。

明末士人的诗酒文会之风很盛，复社就是一种大型的文士组织，在全国众多城市都有分会，他们经常举行集会，规模巨大。这种风气风靡一时，影响及于清初，各地的诗酒会比比皆是，文人们三五成群，赏雪观梅，观潮登峰，借景抒情，宴饮酬酢，极风雅之胜。宝应人乔莱，经常邀宾聚友：

> 宝应为南北之冲，名公卿之过其地者，觞咏流连无虚日。常贻书曹峨嵋（曹禾），先生约竹垞（朱彝尊）、稼堂（潘耒）、藕渔（严绳孙）及先公谕（秦松龄），每年新春渡江，为看梅之举，东南盛事于斯为盛④。

士人们结社集会、吟咏和韵，往往将诗刊刻成集。譬如，"金台十子"——宋荦、王又旦、曹贞吉、颜光敏、叶封、田雯、谢重辉、曹禾、汪懋麟、丁炜，都是康熙初年中朝及地方的官吏，王士禛为其定《十子诗》并刊刻⑤。此类诗集甚多，不再一一罗列。

---

① 王晫：《今世说》卷八，《惑溺》。
② 王晫：《今世说》卷六，《豪爽》。
③ 叶衍兰、叶恭卓：《清代学者像传合集》，《王士禛》。
④ 秦瀛：《己未词科录》卷二，乔莱条秦瀛按。
⑤ 谢正光：《清初诗文与士人交游考》，南京大学出版社 2001 年版，第 413 页。

四、潜心读书，致力经史

明代科举采用八股取士，士人单纯追求仕进，一味讲习八股，放弃了对经典文献的研读，以致不能明确经典的宗旨大义。另一方面，宋明理学过分强调明心见性，笃敬体悟，抛弃了经书典籍，游谈无根，致使"经"、"道"分离，即"道问学"与"尊德性"的分离；同时，他们逐渐脱离现实社会，形成了空疏的学风。随着明末经世致用和实学思潮的兴起，士人们开始致力于各种实际有用的学问，诸如天文地理、农田水利、军事边防等。明清易鼎，又给士大夫增添了泰山压顶般的任务，那就是救亡济时，依靠坐谈心性是无济于事了。从明末起，杨慎、张溥、钱谦益等人就提倡回归经典，探究经典本义，复兴古学。为了复国，顾炎武云游四方，考察山川形势，总结明亡教训，反思各种弊政以及士风学风。他发出"经学即理学"①的倡议，并涉足于金石、音韵等领域，为复兴经学开辟先路。黄宗羲也不赞成束书不观，指出"受业者必先穷经"，并"兼令读史"②。于是，在顾、黄的引导下，士人们开始转向传统典籍，从古籍中探研古圣先贤治国经世的良策，经史之学作为实学的一部分，逐渐得到士人们的青睐。

大批遗民返归山林，过着耕读隐居的生活；云游之士，也探胜访友，借机互相切磋学问，或当面交流，或书信往还，就诗文和经史等问题相互问答。他们不受官场的羁縻，思想自由，时间充裕，可以沉湎于书籍，充分享受读书的乐趣，深入研究学问，真可谓国家不幸学术幸！如此，以致形成民间探研的风气，如天文历算方面的大师多是布衣，像梅文鼎、王锡阐等，他们吸引众多青年学子不远千里、负笈拜师。如浙江秀水张雍敬，"赢粮走千里往见梅氏，假馆授餐逾年，相辩论者数百条，去异就同，归于不疑之地"③，后著《宣城游学记》，专门记述此事。

此外，身在官场的人们，在清初的形势下，真正终身心系于官场事务的并不多。他们或是借病辞归，或是为父母丁忧，动辄家居三五年，如汤斌曾以父病为由归家，里居几近 20 年，其间他从理学大师孙奇逢问学，与耿介等同门学友交往问答。古文家汪琬，为官不久，便病假回籍，家居九年，举鸿儒科后，在史馆仅 60 日，上书乞休，不满一年，终以病乞归，闭门空山，研读《六经》，直至十年后卒。权倾一时的徐乾学，因故罢官，归家之后，编修

---

①　全祖望：《鲒埼亭集》卷十二，《亭林先生神道表》。
②　全祖望：《鲒埼亭集》卷十一，《梨洲先生神道碑文》。
③　钱仪吉：《碑传集》卷一百三十二，《梅文鼎》附《张雍敬》。

《一统志》的工作并未中辍，仍会聚着一批学者，利用其传是楼的图书研究学术。总之，无论是清初学风的转变，还是当时的条件、环境，都是有利于士人们读书问学的。

清初的士人乐于沉湎书籍，他们认为"读书即是立德"，注意刻苦攻读，潜心修养。顾炎武"精力绝人，无他嗜好，自少至老，未尝一日废书"①；考据学家阎若璩"于诸经注疏背诵如流，于史综核贯穿，尤精地理"②，他爱好读书就像人在盛夏时渴慕清凉；河南祥符人周亮工，年轻时总是夜读，达旦方才安卧，白天则出外游览。在扬州任道员时，公务稍有空暇，就读书问卷。参拜大僚，酬访宾客，轿舆穿梭于繁华市区，也随身携带书卷，能指出某字出自何书何卷，不差分毫③；江苏武进人陈玉璂读书至夜分，双眸欲合，便用艾炷灼臂，久之成痂，每当看见，更加自奋不敢懈怠④。

值得注意的是，清初士人们淡薄了八股文、时文，开始注目于经史典籍，博览群书。浙江仁和人陆进，他的观点很明确："子弟能读书，不患不佳。不宜专习帖括，若者虽荣，终非俊物"⑤；山东新城人王与敕家居教诸子弟，绝不逼迫他们去攻读八股文，而是根据他们的意愿，学习诗歌古文，有人好心劝他，他却淡然一笑：他们的目标是做侍郎那样的朝廷重臣，又岂是什么秀才举人！⑥ 学习诗歌古文，做策论文章，都需要博古通经，可见，当时志向远大的人已不再局限于八股时文了。明清之际，士人往往因时事变更而改变读书志趣，如顾炎武"见时事日非，遂弃举业，屏居山中，取家藏经史、累朝实录及天下郡县志、明代名人文集、奏疏遍阅之，有得即录，积数十帙，名曰《天下郡国利病书》"⑦；陆元辅"少事举子业，中遭感愤废辍，穷研于《六经》"⑧。

清初士人所读之书、所问之学皆有明显的复古倾向，且涉猎广博，致力于经史子集、天文地理、金石碑刻等。例如，胡宣博综群书，尤精通天文学，对日食月食、星辰躔度推算得分毫不差，在京城时曾与钦天监的西洋专家反复辩

①　潘耒：《遂初堂集》卷六，《日知录序》。

②　徐世昌：《清儒学案》卷三十九，《潜邱学案》。

③　王晫：《今世说》卷三，《文学》。

④　同上。

⑤　王晫：《今世说》卷二，《言语》。

⑥　王晫：《今世说》卷四，《识鉴》。

⑦　叶衍兰、叶恭卓：《清代学者像传合集》，《顾炎武》。

⑧　李集：《鹤徵录》卷七，陆元辅条李集辑。

论①，归乡后，他始终端坐一室，左史右图，远避声色货利、应酬游玩②；华亭人朱若始常读史，尤爱《史记》、《汉书》，壮岁乃专攻《汉书》③；浙江仁和人丁澎，筑庐东冈，亲自养牛，闲暇时乘牛车游边塞，手持《周易》书卷，吟诵自若④；浙江钱塘的吴农祥，少时家有赐书，他键户读书，茹经涵史，驰骋百家，以致博综能文，与浙江仁和吴任臣齐名，人呼为"二吴"⑤；黄与坚"年十四，慨然有志于古学，欲遍读周秦以下书。甫三年，读周末诸子六朝以上者几尽。生平究心经术，集解甚多，《易学阐》其一也"⑥。

清初士人们在交往聚会的过程中，除了诗歌酬唱外，往往谈经论史，引经据典，探幽撷微。吴任臣酷耽文籍，综博无遗，尝与吴百朋会饮，当百朋问起"鄋"、"殹"两字读音，吴任臣告之："殹，也同，本秦权古文；鄋，许同，本说文长笺"，令百朋叹服⑦；清初著名画家王时敏，家富藏书，插架千卷，皆经他勘雠，每当宾朋杂坐，举史传中一事，则援据出入，穿穴旧闻⑧；陈维崧与汪琬坐论六朝之文，词语雄健，论述广博又探索精微，发人未发。令在座名家不能发一言。陈、汪二人十年之交，此次真正成为知己⑨。

晚明科举危机的深化与士人社会出路的沉滞，致使士人生计维艰。在功名富贵的价值取向影响下，在当时商品经济的冲击下，在社会奢靡腐化风气的熏染下，士人开始重利轻义，丧失高尚的气节，消解精神人格，形成了奢靡颓废的士风。到了清初，大难临头、国家沦亡，强烈震撼了士人的心灵，激发其民族思想和情感，激活了他们身上的儒家人格，于是他们奋起，致力于救亡复国，致力于传统文化的复兴和传统道德的恢复。他们注重操守，砥砺人格，形成了清朝之初清正高雅的士风。他们有"贫贱不能移"的情操，有凛凛不可侵犯的民族气节和交友原则，有复兴传统文化的志向，有嗜笃诗书、敦睦孝友的士行。因此，可以说，是时代和传统熔铸了清初士风。士人们忙于生计之余，交朋会友、吟唱酬答，并能乱中求静，视读书论学为一大乐趣，也有士人借读书以达志，以经史经世。

① 王晫：《今世说》卷七，《术解》。
② 王晫：《今世说》卷三，《方正》。
③ 王晫：《今世说》卷三，《文学》。
④ 王晫：《今世说》卷四，《雅量》。
⑤ 李集：《鹤徵录》卷七，吴农祥条李富孙按。
⑥ 王晫：《今世说》卷一，《德行》荼语。
⑦ 王晫：《今世说》卷三，《文学》。
⑧ 同上。
⑨ 王晫：《今世说》卷五，《品藻》。

在中国古代，"士"为四民之首，其思想情操、处世态度无疑都会对社会其他阶层产生很大影响。清初士人对明朝的怀念、对忠义之士的钦慕、对清朝的对抗情绪，以及由此引起的社会人心的摇荡，凡此种种，皆为清廷的心头大患。因此，如何收拾人心、羁縻士人成为清廷统一中国、稳定统治的当务之急。

第二节　康熙对士人的怀柔政策

一、士人的排拒

满洲贵族想要在短时间内入主中原，统一中国，完全使汉人顺服，难以一蹴而就。在武力征服后，他们面临着更大的挑战，这种挑战来自于汉民族悠久历史和文化的深厚积淀，来自于儒家思想中鲜明的华夷之辨。最终的统一，意味着人心的统一及文化上的融合。梁启超先生曾讲：

> 满洲人虽仅用四十日工夫便奠定北京，却须用四十年工夫才得有全中国。他们在这四十年里头，对于统治中国人方针，积了好些经验。他们觉得用武力制服那降将悍卒没有多大困难，最难缠的是一班"念书人"——尤其是少数有学问的学者。因为他们是民众的指导人，统治前途暗礁，都在他们身上。满洲政府用全副精神对付这问题，政策也因时因人而变。①

清祖努尔哈赤尚无侵吞中原的大志和野心，但其极端排汉，对士人则更残酷，俘获普通的汉人，分赐满人为奴隶，俘获儒生，一概杀掉。皇太极时期，形势有所改变，对汉人的态度也发生了重大变化。满人采取怀柔政策，利用汉人为之出谋划策。当时实行满汉分居，设官治理。天聪三年，准许儒生经考试免徭役，对于降清的大将、文人尤其重用。对降将孔有德、耿仲明以抱见礼相待，对洪承畴，太宗更是视若珍宝，尝与臣下言："譬诸行道，吾等皆瞽，今获一导者，吾安得不乐？"② 太宗对于那些被执不屈之人，也尽力笼络、安抚。

入关之后，多尔衮摄政，继续重用降臣，并开科取士。顺治元年（1644

① 梁启超：《中国近三百年学术史》，山西古籍出版社2001年，第14页。
② 赵尔巽：《清史稿》卷二百三十七，《洪承畴》。

年）十月，世祖即位，明令承袭前朝（明朝）旧制，"会试，定于辰、戌、丑、未年；各直省乡试，定于子、午、卯、酉年"①。这样，恢复科举取士的制度，对那些后生晚辈以及正在犹豫是否顺服新朝的士人，产生了很大的诱惑。应试做官，为前途渺茫、生计困难的士人开辟了一条光明的出路。随着弘光政权灭亡，南京乡试很快在顺治二年（1645 年）十月举行，旋即进行浙江乡试。翌年二月，首届会试在北京举行。同年八月，清廷又下令复举乡试，来年二月再行会试。清政府的这一系列推行科举的举动，为罗致人才、收取人心、安定统治画上了精彩之笔。

文化政策事关大局，对士人的态度取决于清廷的文化政策。"因为中国人的民族观念，其内里常包有极深厚的文化意义，故对于能接受中国文化的，中国人常愿一视同仁，胞与为怀。"② 中华民族历史上一直是以孔孟之道为正统统治思想，士人身上浸染着浓厚的儒家思想意识，所以清朝是否采用儒家思想作为指导思想，是否接受汉族文明，关系其统治能否稳定。顺治八年（1651 年），世祖亲政之后，随即着手文化建设。九月九日，"临雍释典"典礼隆重举行，世祖勉励太学生笃守"圣人之道"，"讲究服膺，用资治理"。翌年，颁谕礼部，把"崇儒重道"作为一项基本国策确定下来。顺治十二年，再颁谕曰："帝王敷治，文教是先，臣子致君，经术为本。……今天下渐定，朕将兴文教，崇经术，以开太平"③。顺治十四年，举行了清代历史上第一次经筵盛典。后又以初开日讲，在弘德殿祭告孔子。总之，顺治时期已初步奠定"崇儒重道"的基础。

让人顺服，首先要让人心服。清廷崇儒重道并接受中原传统文化的做法，致使其在亲近士人方面有了实质性的跨步。

然而，清政府犯了一个大忌。在接受儒家文化的同时，又实行民族高压政策，即下令推行"薙发易服"。对于汉人来说，身体发肤，受之父母，任何对身体的损害都是对父母甚至祖上的不敬、不孝；而"易服"便意味着汉族文明的屈服，意味着丧失具有优越感的士人身份，而变为夷狄的同类。孔子对于管仲种种违礼屈节的行为表示原谅，原因就在于管子的功业甚大，使汉人免于沦落到"被发左衽"的境地。可是，"薙发易服"令恰好使中国的士人陷入了此种悲哀的处境。所以，此令理所当然地受到了汉人尤其是江南地区士人的顽

---

① 《清世祖实录》卷九，顺治元年十月甲子条。
② 钱穆：《国史大纲》，商务印书馆 1994 年版，第 848 页。
③ 《清世祖实录》顺治十二年三月壬子条。

强反抗，甚至比满人入京所遭遇的反抗还要强烈。

江南地区的抵抗是满族贵族在统一过程中所遭遇的最为棘手的问题。这里的士人具有厚重的传统文化底蕴，吟诗作文，学风甚浓，文人志士气节凛然。而且，江南经济发达，商业兴旺，富家大族势力庞大，缙绅、生员活动频繁。此外，众多志士仁人在这里组织武装反抗斗争，影响较大。

顺治帝去世后，四大辅政大臣统治，清朝对江南士人实行高压政策。他们一改多尔衮、顺治帝对汉人的怀柔政策，声称"率复祖制，咸复旧章"，发动了针对江南士人的"三案"，即"科场案"、"奏销案"、"通海案"。其中奏销案受黜者多达13500余人，江南缙绅之家普遍都受牵连，难以幸免。不久，又发动震惊江南的文字狱，即庄廷鑨《明史》狱，有70余人被杀。此案助长那些心术不良的奸人奴仆无中生有、恶意造谣的习气，以致他们告讦成风，不断戕害读书人，不是借口"通海"，就是"逆书"，江南士人，人人自危。在清政府接连不断的打击下，江南士人倾家荡产，甚至身家性命难保。他们在悲惨的命运中哀叹，然而骨子里的抵触情绪愈加浓烈，与朝廷的离心力越来越大。

二、康熙的怀柔政策

康熙帝冲龄践祚，到康熙六年（1667年）开始亲政。幼年君主，已有总揽乾纲的独断能力，这从他制服鳌拜集团可窥一斑。面对江南士人的现状，为了驱除辅政大臣所造成的笼罩在江南士人头上的阴影，康熙帝继续采用多尔衮、顺治帝的怀柔政策，极力拉拢汉人，对他们极力优遇、宽容，令其既为国所用，又感恩戴德；同时又借拉拢、利用之机来控制他们，消磨他们不满清朝的情绪，从而达到稳固统治的目的。可以说，经过康熙帝采用的一系列政策和策略，基本上转变了明朝遗民的反清态度，牢笼了士人。

（一）尊重汉俗，崇儒重道

首先，康熙帝推行汉制，亲近汉族士人。在政治制度上，康熙帝一改四辅臣的"复旧制"，下令恢复明制，将内三院改为内阁，另设翰林院。康熙十六年（1677年），又设立南书房，吸收一批汉人精英，以备咨询。康熙异常重视南书房，经常在那里与汉大臣讨论学术、政治，南书房对于康熙的决策起了非常大的作用。另外，康熙原则上确立了"满汉一家，中外一体"，统一满、汉官员的品级。这些措施在一定程度上提高了汉人的地位，缩小了满汉官员之间的尊卑等级差距。对于江南的告讦、讹诈之风，亲政在即的康熙，将诬告索贿的恶棍沈天甫处斩，并同意将这类人一概"依律反坐"。自此，四大辅臣的时代结束了，文字狱的恶性发展之势得到了控制①。

康熙尊崇孔子，开展一系列尊孔活动。康熙八年（1669 年）四月十五日，他首次率礼部诸臣去国子监视学，举行临雍大典，表示了尊孔崇儒、力肩大任的决心。接着，他不经鳌拜的同意，恢复了顺治朝所定的先圣的子孙后辈进监读书的"圣裔监生例"，在宫中建传心殿，专祀孔子。在南巡途中，亲诣孔庙参谒，行三跪九叩大礼，赐"万世师表"匾额悬挂于大成殿。以后，给各地孔庙和学府颁发匾额，成为常事。毫无疑问，这种尊崇先圣孔子的做法，表明了康熙承袭汉族先进文化的决心，也表明了他极力取悦士人的态度。

为抚慰汉人的怀旧心理和民族情绪，证明清朝继承治统的合法性，康熙帝宣布对故明帝王的陵墓加以保护，命看守人小心防护。南巡时，康熙亲自前往明孝陵祭拜，行三跪九叩大礼，使从观父老数万人皆感动而泣。他发现孝陵多处残破，便责令地方官尽心维护，"所有春秋二祭，亦必虔洁举行，以副朕崇重古帝王陵寝之一意"②。康熙尽管对明太祖很崇敬，但他并非是真心地、虔诚地要爱护明帝王的陵寝，只不过摆出高姿态，采取灵活的策略，目的是抚慰汉人对明朝的眷念之情，消弭汉人对清廷的对抗情绪。

康熙尊重汉民族的风俗习惯，甚至令满族人学习并采用汉俗。康熙让满人增加了许多汉族祭祀活动，如祭孔子、祭禹陵、祭城隍、祭五岳、祭历代帝王等；康熙重视汉族文化中的乡饮酒礼，发挥乡里耆老的教化作用，准许满人效仿；禁止买卖良民为奴，解除裹足禁令；康熙还以孝立国，自己在孝敬祖母方面做表率，并规定满族官员遇父母丧也要如同汉族士人一样守制。这些举措，既迎合了汉人心理，促进满族的汉化，又在一定程度上加强了统治。

其次，在文化政策上，康熙实行"崇儒重道"的方针。值得注意的是开经筵、设日讲起居注官。康熙七年（1668 年）十月颁谕礼部，将"崇儒重道"国策明确化，提出了以"文教为先"的《圣谕十六条》作为治国纲领；康熙九年令进经筵日讲，不久复设起居官，形成了较稳定的帝王教育制度。耐人寻味的是，康熙在三藩叛乱、军务繁杂时，仍旧坚持要求开经筵，行日讲。其目的不仅在学习汉族传统的统治方法，其本身就是一种策略性的举动。孟森先生指出，这是"圣主善驭天下士"的表现之一。他说：

> 康熙间讲学之风大盛，研求性理，此时已用熊赐履开其先声，纂修经

---

① 郭成康、林铁钧：《清朝文字狱》，群众出版社 1990 年版，第 13 页。
② 《圣祖仁皇帝圣训》卷五十六，《礼前代》。

义，明习天文算学，皆于此开其端，以天子谆谆与天下通儒为道义之讲论，实为自古所少，其足以系汉人之望者如此。而考其时势，则正复黔、秦、蜀、湘尽陷，东南浙、闽、两广、江西蠢蠢思变，方于十三年岁杪议亲征而未发之时，无论其为镇定人心与否，要能无日不与士大夫讲求治道，其去宦官宫妾蔽锢深宫之主远矣①。

当时康熙帝的勤学、施行仁政，目的是想赢得众望所归，成为汉人心目中的"明君圣主"。所以，康熙崇尚儒家思想，不仅仅是亲近汉族士人的策略，更重要的是要利用传统的儒家思想来重建封建统治秩序，寻求长久安邦治国之道。康熙选择了程朱理学作为统治思想，因为程朱理学能从统治者加强专制统治的需要出发，将封建纲常理论化，给封建统治秩序披上一件合法的外衣，故比笼统地崇儒更明确有效。康熙以"御纂"的名义，让熊赐履、李光地等编纂《性理精义》等书，并重新刊定《性理大全》、《朱子全书》，把宋明理学抬高到法律的地位。康熙五十一年（1712 年）颁谕，将朱熹从祀孔庙的地位升格，由东庑先贤之列升至大成殿十哲之次，正式确立了程朱理学的统治地位。康熙在学习儒家学说和统治国家的过程中，深刻领会了儒学精神实质，为程朱理学纳入了"致用"的内涵，其提倡"主敬"、"躬行"，褪去了宋明理学中形而上的理论成分，大力宣扬忠孝节义，理学因此成为纯粹的伦理道德规范。例如他突出"忠君"观念，用理学的教条来约束大臣，动辄指斥他们是言行不一的"伪理学"，连他很器重的熊赐履、汤斌、李光地等也未能幸免。

康熙选择崇儒重道、尊奉程朱理学，化解民族矛盾和心理对抗，重建封建伦理秩序，增强新朝的凝聚力和汉族士人的文化认同感，重新组织精神生活，都是至关重要的。

（二）旷世大典，礼遇士人

康熙的文化政策带有明显的笼络士人的政治意图。他接受汉族文化传统，对于治国和争取人心作用极大，不过，并没有得到所有士人的心服，不少明朝遗民仍志节耿然，高蹈不仕。康熙十年（1671 年），浙江巡抚范中承荐山林隐逸葛世振，葛以老疾辞，复奉温旨敦迫，再以疾辞。秦督荐布衣李颙，也力辞不至②。在当时，遗民的言行有着较大的影响力，时常勾起人们对故国的回想，自觉用名节来律己。而江南的士绅在受到重创后，巨大的伤痛难以在短时

---

① 孟森：《明清史讲义》下，中华书局 1981 年版，第 420 页。
② 王士禛：《池北偶谈》，《荐隐逸》。

间内抚平，对于清廷还存在抵触、对抗情绪。康熙十二年（1673 年），吴三桂开始发动叛乱，打出"反清复明"的旗帜，煽动民族情绪。此后，三藩战争烽火蔓延到 11 个省，清政府面临着新的政治危机。为此，康熙十七年，康熙果断地采取了又一个重大举措——征召博学鸿儒科。

博学鸿儒科是康熙的一种创新。它集汉代的征辟、荐举与唐宋的词科于一体，是科举之外的一种特科，又称制举和大科。由天子亲召或亲试，用以吸纳非常之才。康熙十七年（1678 年）正月二十二日，康熙郑重谕内阁：

> 自古一代之兴，必有博学鸿儒振起文运，阐发经史，润色词章，以备顾问著作之选。朕万机时眼，游心文翰，思得博洽之士用资典学。我朝定鼎以来，崇儒重道，培养人材，四海之广岂无奇才硕颜，学问渊通，文藻瑰丽，可以追踪前哲者？凡有学行兼优、文词卓越之人，无论已未出仕，著在京三品以上及科道官员、在外督抚布按各举所知，朕将亲试录用。其余内外各官果有真知灼见，在内开送吏部，在外开报于该督抚代为题荐。务令虚公延访，期得真才，以副朕求贤右文之意。尔部即通行传谕遵行，特谕钦此①。

朝廷三令五申，地方官员再三催督，被荐举的 186 人中，除去丁忧和疾病的人员外，有 143 人最终赶赴京城。康熙十八年（1679 年）三月一日，康熙亲自召试体仁阁，试题为一赋一诗，即《璇玑玉衡赋》和《省耕诗》，录取一等 20 人，二等 30 人。这就是堪称"一代伟观"、"旷世大典"的己未博学鸿儒科。

此次征召，康熙对应试者的待遇极为优厚，这表现在试前、授职和升迁的各个环节中。

试前，考虑到贫寒人士在京的食宿困难，康熙下令："除京城现任官员外，官人、布衣各给月俸银三两、米三斗。"应试当天，先赐宴，"设高桌五十张，每张设四高椅，光禄寺设馔十二色，皆大盈高攒，相传给直四百金。先赐茶两通，时果四色，后用馒首、卷子、红绫饼、粉汤各两套，白米饭各一大盂，又赐茶，讫，复就试，时陪宴者太宰满汉二员、掌院学士满汉两员"。宴后举子方参加考试，"其夕出十余人，皆给烛竣事"。②

---

① 李集：《鹤徵录》卷首，《康熙十七年正月二十二日内阁奉》。

② 毛奇龄：《西河文集》，《制科杂录》。

在校阅试卷过程中，完全不像科举考试那样严密。考卷未经密封，未经誊录，评判宽松，康熙对诸多试卷详细过问，且对有异议之处予以包容。

　　拆卷日，圣祖问："有不完卷者何以列在中卷？"盖严绳孙仅作一诗也。众对曰："以其文词可取也。"上又问："上二卷内有'验于天者不必验于人'语，无碍否？"盖彭孙遹卷也。众对曰："虽语滞，意圆无碍。"又问："赋首有'或问于予曰中有唯唯否否'语，岂以或指朕予自指耶？"盖汪琬卷也。众对曰："赋体本有子虚亡是之称，大抵皆寓言，似不必有所指也。"又问诗中有云"杏花红似火，菖叶小于钗"，菖叶安得似钗？盖朱彝尊卷也。众对曰："此句不甚佳"。上曰："斯人故老名士，姑略之"。上曰："诗赋韵亦学问中要事，赋韵且不论，即诗韵，在取中卷者亦多出入。有以冬韵出宫韵者（潘耒卷），有以东韵出逢浓字者（李来泰卷），有以支韵之旗误作微韵之旃（施闰章卷），此何说也？"众曰："此缘功令久废，诗赋非家弦户诵，所以有此，然亦大醇之一疵也，今但取其大焉者耳。"上是之[①]。

可见，无论是与试者的故意懈怠、疏忽，还是诗韵方面的过失，康熙皆能宽宥。因朱彝尊是老名士，故对其错误忽略不计，康熙还亲自将未完卷的严绳孙提至二等末，可谓百般包容！

对鸿儒授官待遇也旷古未有，将取中的50人全入翰林，而正常的科举取士，只有一甲进士方得直入翰林。授官时，已做官者授侍读、侍讲，进士出身者授编修，举人、贡监、生员、布衣一概授予检讨。对孙枝蔚、邓汉仪、王嗣槐等与试未入选的年长者授予内阁中书，对因老病不能入试的傅山和杜越，特旨免试放还，授予中书衔。通过这次征召，康熙帝本人赢得了礼贤下士的名声而备受赞誉。康熙二十年（1681年），添设日讲官、起居注八员，其中鸿博一科入选者占七人，即汤斌、曹禾、王顼龄、邵吴远、朱彝尊、严绳孙、潘耒，后三位是博学鸿儒科中的布衣出身者，全部得以提升，可谓平步青云。从当年秋天起，又让博学鸿儒科诸公陆续分任各地的乡试主考官。按惯例，只有每科的状元才有典试资格，而鸿儒们得以破例充任，可谓荣耀！

众多鸿儒受到康熙丰厚的赏赐。当前方捷报传来，或遇有喜庆之事，皇帝举行庆典和宴饮，都会赏赐群臣，与之一同游乐。如陆葇献上《平蜀诗》一

---

① 　徐珂：《清稗类钞》第二册考试类，中华书局1986年版，第708页。

百韵，《平云南表》一道，《凯歌》十章，上优纳之，每赐鱼、赐笔、赐莲藕，赐宴瀛台、赐彩缎表里。① 一时朝廷上下，捷报频传，凯歌高唱，君臣之间，其乐融融。这些赏赐和宠遇，令鸿儒们津津乐道，没齿不忘。他们备受感化，尽力效劳。尤侗，其名为两代皇帝所知，"及召试，官翰林，尝偕诸儒臣进平蜀诗文，上见其名，曰：'此老名士'，悔庵以此二语刻堂柱，左曰'章皇天语'，右曰'今上玉音'，极文人之荣。"②

最佳的抚慰士人心灵的举措，是令五十鸿儒尽入史馆，纂修《明史》。"这对于那些一方面希图通过修史来探讨、总结明亡之原因、教训，另一方面不甘心'国亡史亦随之亡'，视'国史'为'国之命脉'的传统知识分子，无疑是最好的笼络与安抚。经此，即使在试前仍心存疑虑或被逼无奈者，也俯首就命了"③。况且，朝廷还借修史的名义，再次拉拢顾炎武、黄宗羲、李清等遗民，请求他们担任修史之事。结果遭到婉辞。不过，黄宗羲的高弟万斯同，以布衣参史局，不署衔，不受俸，手定《明史稿》500 卷，顾炎武的弟子潘耒，秉承顾氏的修史之志，将顾氏的修史原则、观点介绍给史馆同人。

孟森先生研究此次词科，他说：要将此次开科与当时时事相比论，且应知己未词科，纯为圣祖定天下之大计，而不像后来乾隆所开的丙辰词科，名同而实异。④ 的确，征召博学鸿儒科，是康熙的一个重大政治举措。他打着求贤、右文的旗号，广收天下英才，其用意在羁縻那些负有清望的遗民，拉拢广大士人。尤其是江南地区的士绅，朝廷未敢小觑，在录取时，江南 23 人，浙江 15人，占很大比重。这种地域倾向性正是考虑了江南士绅的因素。有人认为，己未词科是清初汉族南北士绅集团政治地位起降盛衰的重要转折点，标志着统治者的重心从扶北抑南转向扶南抑北⑤，这一分析不乏道理。另一方面，在清初的文化建设和意识形态的选择中，也确实需要有较高文化水平的汉族士人加盟。所以，康熙增开特科，极尽笼络之能事，收效甚大。既为自己赢得了优礼士人的声誉，又感化了士人，使大批尚在犹豫观望中的士子投入清廷的怀抱，乃至志向坚定的遗民的对抗情绪也开始缓和。

（三）恩威并用，掌控士人

在天下英才纷纷入彀之后，随着三藩的平定、台湾的收复，康熙开始牢笼

---

① 钱仪吉：《碑传集》卷四十，《陆莱传》。
② 李集：《鹤徵录》卷二，尤侗条引《松窗笔乘》。
③ 尹彤云：《康熙十七年"博学鸿词"科略论》，《宁夏社会科学》1995 年第 3 期。
④ 孟森：《明清史讲义》下，中华书局 1981 年版，第 423 页。
⑤ 赵刚：《康熙博学鸿词科与清初政治变迁》，《故宫博物院院刊》1993 年第 1 期。

士人，从各个方面控制他们，令其恭敬谨慎，为清廷歌功颂德，并逐步驱策他们，使之进入经史考据、古籍整理的领域。

50 名鸿儒全入史馆，这只是权宜之计，从他们后来的升迁、进退就可以看出康熙的意图。鸿儒之一的毛奇龄在《史馆兴辍录》中说："在五十人多处士，难进易退，且又老迈，十余年间，不禄者已三十人矣。第不知同馆多人，并不限数，何以一任其兴辍如此？"① 不但鸿儒自身因怀有对故乡山水的眷念，或有处士之心，争进者少，即在朝廷一方，也有懈怠之意。从三布衣朱彝尊、潘耒、严绳孙的辞退，便可见一斑。朱彝尊记述道：

> 逾年（康熙二十三年），予遂呈名学士牛钮弹事，而潘君（潘耒）旋坐浮躁降调矣。君（严绳孙）遇人乐易，好和不争，以是忌者差少。余与潘君俱罢归，而君寻迁右中坊右中允，兼翰林编修，敕授承德郎，时二十三年秋七月也。冬，典顺天武闱乡试。事竣，君乃请假，天子许焉。②

此时假归，天子轻易应允了。想当初，李因笃以母老恳请归养，何其之难！三位布衣的试卷上各有瑕疵，皇上概不在意，所在必得，录取后也十分器重，极一时之荣添设日讲官起居注共八人，布衣居其三，又都出典乡试。如今士子已在康熙的掌握之中，招抚人心之目的达到，去留皆无大妨，故余下的三布衣竟同年而去。该年同去者，尚有无锡的秦松龄、浙江的张鸿烈，康熙二十三年因此成为鸿儒被罢黜离职最多的一年。论者以为，真正的原因是：康熙二十年（1681 年）秋，云南平，"三藩"悉定，至二十二年秋，施琅入台，郑克塽降，二十三年台湾设府置县，举国一统，清朝统治进入一个新阶段。一旦局势稳定，罢黜即紧随而来，"求贤右文"之意足资质疑！③ 鸿儒中为官较长的只有王顼龄、庞垲、陆葇等少数几人，而一直受到康熙褒奖和重用的更是微乎其微。

对于江南较大的世家，康熙密切注视，其南巡既是为了了解民生疾苦、考察治河、选拔人才，也是为了观察江南士人的动向，置世家大族和居乡的名臣显宦于视野之内。乔莱官至侍读，因争论治河问题牵涉党争受黜罢归，归乡后，呼朋引友，赏梅觞咏，不辍往来，又与李铠、丘象随等几位鸿儒姻亲交通

① 毛奇龄：《西河文集》，《史馆兴辍录》。
② 朱彝尊：《曝书亭集》卷七十六，《承德郎日讲官起居注右春坊右中允兼翰林院编修严君墓志铭》。
③ 杨海英：《康熙博学鸿儒考》，《历史档案》1996 年第 1 期。

接纳，颇有声势。如此七载，到康熙三十三年（1694 年），皇帝特旨召之进京，"人疑上意且不测，既至，初不督过，君键户不接见宾客，读《易》著书如常时，居数月，病作，遂不起"①。康熙帝唯恐其形成庞大的集团后难以驾驭，便采用调虎离山之计，使江南为之震动。顾炎武的外甥徐乾学为昆山大族，兄弟三人金榜题名，一门显贵。在京城，他们广纳贤才，俨然士林领袖。徐乾学学问淹博，精研礼学，充任明史馆总裁和《一统志》总纂修官，颇为圣祖所倚重。后受到弹劾回籍，奉旨继续修《一统志》，一时为东南人望所向。康熙三十三年，诏徐乾学、王鸿绪、高士奇回京修书，"乾学知有使者来而不测祸福，遂卒，盖悸死也"②。

清代从康熙朝起，开始在江南设置耳目，进行监察和密报，江南织造曹寅和苏州织造李煦，经常向皇帝上密折。康熙还经常向地方官员了解士人的情况。二十四年（1685 年），询问从苏州回京的江南巡抚汤斌。

> 上曰："往日闻吴中乡绅多事，近日何如？"
> 奏曰："苏州乡绅如大学士宋德宜居乡最善。……"
> 上曰："朕知之。"
> 奏曰："汪琬养病山中，不与外事。缪彤亦杜门读书，其余俱谨慎。臣在任年余，实未见乡绅以私事干渎。彭定求之父彭珑、彭宁求之祖彭行先皆年高，品行甚端，臣于朔望集士民讲解上谕，二人必来叩拜龙亭，为士民之倡。"
> 上曰："有博学好古之人否？"
> 奏曰："吴俗素重文学，隐居著述者亦颇有人。"③

康熙采用这类手段掌握江南士人情况并加强管制，他"对江南士绅时而奖崇，时而贬斥，恩威并施，实际上不过是为了维系其统治政权社会基础的稳固"④。

鸿儒致仕归家后，康熙对那些埋头学问、不生事端者非常满意，不时进行鼓励。如汪琬，在史馆三月即归，"居乡安静，不与外事"，圣祖南巡时，蒙

---

①　朱彝尊：《曝书亭集》卷七十三，《翰林院侍读乔君墓表》。
②　邓之诚：《清诗纪事初编》卷三，徐乾学条，上海古籍出版社 1984 年版，第 368 页。
③　汤斌：《汤子遗书》卷三，《内升奏对记》。
④　杨海英：《康熙博学鸿儒考》，《历史档案》1996 年第 1 期。

赐"御笔手卷一轴"。朱彝尊归家后，致力于收集金石、藏书，研究经义，康熙南巡时，他献上《经义考》一书，深称帝意，得赐"研经博物"的匾额，后康熙还亲自为《经义考》撰序，加以宣扬提倡。其他的学者，也因潜心学术、成绩卓越而受褒奖，像胡渭呈上《平成颂》及《禹贡锥指》，"有诏嘉奖，召至南书房直庐赐馔，御书'耆年笃学'四大字赐之"。胡渭的殊遇，"儒者皆以为荣，后阎若璩垂老入都，谆谆以求御书为言，盖深羡朏明之遇也"①。另有历算学家、布衣梅文鼎，所著《历学疑问》，康熙曾看阅。康熙在南巡途中召见他，与之在船上亲切交谈三天，赐"绩学参微"条幅，后因他年老，特令其孙梅瑴成进京学习，并参与编纂书籍。

辞官而归的鸿儒，或纵情山水，或闭门不出，山高皇帝远，似乎有几分自在。不过，康熙既然倾向他们居乡安静，鼓励读书著述，此时他们也就别无选择了。拉帮结派，清议人物，有皇帝的耳目监视；呼风唤雨，横行乡里，自己的良知又有所不容；上书言政，力不从心，邀功寻宠也无此必要。况且，康熙后期，政治稳定，海内晏然，经济逐步回升，天下似乎已经太平，国事、政事似乎不容他们置喙。于是，鸿儒们自然回到自己的本行，重操文士的旧业，顺着明末清初学术思想发展的路径，实实在在地研究经史之学。他们或闭门扫轨，或三五成群，彼此鸿雁传书，不断来往，不过此时他们只是探讨学问、发发感慨而已。恰好，统治者也顺应学术发展的趋势，在崇儒重道的基础上，提倡经学。康熙接受儒臣"道学即在经学中"的主张，明确昭示天下"帝王立政之要，必本经学"②，崇尚经学以正人心、厚风俗。这为研经学史提供了许可和依据，从此，鸿儒及同时代的学者，带动门生后辈，在经史之学这条道路上尽情驰骋。

留在朝廷的鸿儒，像王顼龄、陆菜、汪霦等同其他的翰詹、学士一道，继续着鸿儒们未竟之业，纂修《明史》。并且仰承圣意，开始整理古籍，编纂《一统志》，编选《全唐诗》、《佩文韵府》以及科技方面的书籍，揭开了清代大规模整理传统文献修纂图书的序幕。不过，这类学者无学术自由可言，只能秉承清廷的旨意，完成编修、撰述的任务。"从学术而言，御纂诸经日讲解义及众多图书官修的形式，与学术界的经学倡导合流，从而把知识界导向了对传统学术进行全面整理和总结的新阶段。"③

---

① 徐珂：《清稗类钞》第八册经术类，中华书局 1986 年版，第 3836 页。

② 《清圣祖实录》康熙二十二年十二月乙巳条。

③ 陈祖武：《清初学术思辨录》，中国社会科学出版社 1992 年版，第 46 页。

有一点值得宽慰的是，康熙亲政以后，直到康熙五十年（1711 年）戴名世《南山集》案发，文字狱的压迫有所减轻。宽文网之禁，怀柔政策一直在继续贯彻之中，对士人思想上的控制，并不紧迫。康熙时期许多被称为"胜国遗民"的著作都陆续结集出版了，包括僧函可的《千山诗集》等。甚至《南山集》案也并非是单纯的文字狱，其背景复杂，与当时的诸王竞争储位、太子胤礽二次被废不无关系，而与当时的大臣葛礼与张鹏翮的矛盾冲突也有牵扯①。对此案的处理也还算宽松，除戴名世处斩外，对受株连者都从宽处理，为此集作序的方苞在名臣李光地的保举下，竟然得以重见天日，在康、雍两朝得到重用。

总之，康熙尊重汉俗，崇儒重道，有效地抚慰了汉人创伤，凝聚了士人精神。征召博学鸿儒是他笼络士人的一个典范之举。康熙的怀柔政策包括两方面：一是宽容、优遇；二是限制、约束，对士人有震慑，也有包容。其震慑，主要是政治上的胁迫，使士人们不得不折入研究学问的狭径；其宽容，有效地笼络了士人，基本完成了人心的统一，稳固了统治。同时为学术的繁荣提供了适宜的土壤，康熙本人在学术上的倾向也为经史考据之学吹了一股顺风。

第三节　群英荟萃的博学鸿儒群体

康熙十八年（1679 年）征召博学鸿儒科，在当时引起了轰动，朝野上下，议论纷纷，对士人群体的震动自不待言，即便是康熙朝以后，文人学士仍津津乐道，赞不绝口。此科被称为是旷世盛典，一代伟观，对当时的学术思想、政治统治、士林风气等，影响至巨。

济济一堂的博学鸿儒，来自不同的阶层和地域，他们或贫贱，或富贵；或曾为显宦，或仍为布衣；或声名远播，或初露头角；或声气相接，或闭门谢客……不一而足。目前已有学者就鸿儒的出身进行了分类，将 50 名鸿儒分为明朝故臣子孙、天下耆宿名家、本朝新进员棣、清贫自守书生，分析论证康熙征召的目的"非止为求贤右文，而是一种笼络各阶层士人的政治手段，是其统治政策的表现之一"②。那么，为什么"鸿儒初开，中彀者理学、经济、词章、考据、事功、德化无不具备，然历经康雍而至乾嘉之际，政治一统的压

---

① 郭成康、林铁钧：《清朝文字狱》，群众出版社 1990 年版，第 14—16 页。
② 杨海英：《康熙博学鸿儒考》，《历史档案》1996 年第 1 期。

迫，致使博大恢弘的清初经世之学嬗变为细密烦琐的词章考据之学?"① 这一问题有待解决！我们也采用分类的方法来进行分析，姑且将 50 名鸿儒排纂比次，根据其各自的特长、优势，大致分为理学、经史考据、事功、文学四个大类，通过叙述各类士人的出身、人生经历、最终命运等，来分析当时清廷的导向对鸿儒所产生的影响，以及通过分析各类鸿儒在兴趣、价值取向上的大致趋向，来探讨清初的学术是怎样由"博大恢弘"变为"细密烦琐"的。

戊午年被荐的 180 余人几乎囊括了当时在野的各类卓越人物，大致可以反映当时的学术风气和建树。其中有理学大师李颙、应㧑谦、范鄗鼎等，倡导经史之学的顾炎武、黄宗羲、费密等，博涉百家的傅山，以古文名家、提倡经世致用的魏禧、汪琬，博闻多学、茹经涵史、精通小学的朱彝尊、毛奇龄、陆元辅、吴农祥、王嗣槐、史孝咸，众多的诗词名家叶元礼、吴雯、田雯、李良年、柯崇朴等，声名在外的显赫大吏毕振基、叶封、曹溶、汤斌，精通天文地志的陈玉璂，以及以清节道德著称的人士等，不胜枚举。虽然征召博学鸿儒是康熙"定天下的一个大计"，但并非真正的"求贤右文"，加之采用诗赋取士的形式，并未笼络到各方面的杰出人物。仅以 50 名鸿儒作代表，来说明所有被举荐者以及那一时期士人的大势所趋，并不能得出全面可靠的结论。但 50 名鸿儒被录用后，成为万众瞩目的对象，他们与其他士人之间保持着千丝万缕的联系，而鸿儒彼此间又相互影响，加之清廷的笼络和控制，因此，鸿儒群体对当时士林的影响不可限量，考察鸿儒群体有其重大意义。

一、鸿儒理学，走向二途

在鸿儒中以理学而著名的有汤斌、施闰章、张烈、毛奇龄、沈珩、陈鸿绩等，他们的理学立场、师承关系各不相同，同入一科，各自有何作为，前途如何，值得关注。

汤斌（1627—1687 年），字孔伯，号潜庵，河南睢州人。顺治九年（1652年）进士，馆选宏文院庶吉士，授国史院检讨，此后外调内迁，先后任陕西潼关兵备道副使、江西岭北道参政及礼部尚书，中途辞官家居近 20 年。他究心圣贤之学，具有当仁不让的志向，康熙五年拜大儒孙奇逢为师，接受了其调和朱王、不主门户的理学思想。受明末清初实学思潮影响，汤斌主张躬行实践、践履理学，发挥儒学的实际效用。在为官期间，他关注民生疾苦，积极发挥儒学的教化作用，又不断修养自身道德。

汤斌以养亲为由归家，闭户读书、造访名师、编撰书籍几近 20 年，由都

---

① 　杨海英：《康熙博学鸿儒考》，《历史档案》1996 年第 1 期。

御史魏象枢和副都御史金铉推荐，其中魏象枢写有"居官清谨，二十年闭户读书，学有渊源，躬行实践，为文发明理趣，不尚浮艳等"推荐语①。汤斌应试，列一等，由于身系进士，任官后因患病致休，故与李来泰、吴元龙一道"额外授为侍讲，伊等若遇升缺以侍读、侍讲等论俸升授，仍令纂修明史"②。康熙二十年（1681 年），升任日讲起居注，十分勤谨。同年八月，主浙江乡试。江浙是人文荟萃之地，在当时特殊的形势下，取士关系至重，汤斌操守甚善，所取多家境贫寒之士，浙人称"孤寒吐气"。康熙二十一年，汤斌任明史馆总裁，侍日讲《易经》，并主纂《两朝圣训》。二十三年，擢内阁学士兼礼部侍郎。朝廷选拔江宁巡抚，汤斌以"身体力行的真道学"③荣任，深得康熙信任。康熙二十五年，推举太子师，廷臣有言，辅导太子之任非汤斌莫属。结果，任职不久，遭到朝官的排挤和陷害，于康熙二十六年抑郁而逝。汤斌生前可谓荣耀之至，去世后，康熙三十三年，康熙以《真伪理学论》为题测试群臣、批驳伪道学时，指责汤斌在人前人后所言不一，汤斌声名蒙上阴影。直到乾隆帝时，才为汤斌正名，并谥"文正"。这是极大的殊荣，因为谥法以"文正"为最重，由皇帝特旨颁赐，不需阁臣奏拟，整个清朝，只有六人得谥"文正"。

汤斌不愧为康熙朝的"理学名臣"，其任陕西兵道副使时，改革驿递制度，整顿属吏扰民，防止过往官兵的索贿，成效显著。而他巡抚江宁时，为解决江南地区重赋和变革风俗等问题，曾多次上疏，如《陈苏松逋赋难清之由疏》、《请免并征陈赋疏》、《请毁淫祠疏》、《特举贤才疏》等，使积逋得以减免，风俗渐趋淳朴。

施闰章（1618—1683 年），号愚山，江南宣城人。顺治己丑（1649 年）进士，曾补刑部湖广司主事使广西，后奉使督学山东，继升江西湖西道参议，直到康熙六年以裁缺候补，由大学士李霨、杜立德、冯溥荐举，与试列二等，授侍讲，官至侍读。

施愚山理学传家，根底深厚，始终以文章、理学自任。史称"其学本于王父中明先生，实为新建盱江之传，而又尝从沈公耕岩得闻漳浦之学，故其和齐斟酌不名一家，是乃先生学术源流之所在"④。愚山力图振兴儒学，在任地

---

① 汤斌：《汤子遗书》卷四，《寄示诸子家书》。
② 李集：《鹤徵录》卷首。
③ 汤斌：《汤子遗书》卷首，杨椿《年谱定本》，康熙二十三年 58 岁条。
④ 全祖望：《鲒埼亭集》卷三十二，《施先生年谱序》。

方官时，多处兴建书院，讲学其中。愚山任官江西时，集诸生讲学环听者常数千人，讲孝弟忠信礼让之言，往往使人泣下。愚山试图恢复明中后期江西讲学的风气，复建白鹭洲书院，设讲会，请学者讲学。徐世昌在《清儒学案》中称其"德行政事实与睢州（汤斌）当湖（陆陇其）相伯仲，固一代醇儒也"①。

施愚山以62岁高龄与试博学鸿儒科，列二等，授为侍讲。愚山本以诗名，与宋琬并称为"南施北宋"。又以整饬吏治而闻名于清初，"决狱明敏，有'冰鉴'之誉"。入明史馆后，开始著作之任，他考核同异，辨析是非，无所回枉。康熙二十年（1681年），典试河南正主考，取中张伯行等47人，有"得士"之名。二十二年，愚山转翰林院侍读，充《太宗圣训》纂修官。当年闰六月，因病辞世。起初，圣祖有升之为日讲官的想法，以忌见阻，致使愚山最终没能身侍讲筵。有人评论道："（愚山未能）出其所学备启沃如程正叔故事，又不得奋其鸿笔以扬厉本朝之休烈，作为雅颂献之郊庙，则公之遗憾哉！"② 愚山出身理学世家，并以振兴理学自任，在地方兴建书院讲学，颇有影响，发挥了其理学优势。愚山的理学修养较高，但没有汤斌那样受到殊遇，其命运也不及汤斌顺畅。征入鸿儒科时已步入晚年，其"身侍讲筵"的愿望未能遂意，可谓天不假其年，未尽其用。加之，他的理学思想，"虽习盱江（罗汝芳），而独宗濂洛"，是属于王学一派。不过，愚山典乡试所取中的张伯行，在理学思想上紧跟官方的导向，专主程朱之学，成为康熙朝树立的清官典范。

张烈（生卒年不详），字武承，号庄持，直隶大兴人。康熙庚戌（1670年）进士，候补内阁中书，由礼部侍郎杨正中、刑部侍郎任克溥荐举，与试列一等，授编修，止官右善赞。著有《读易日钞》、《王学质疑》、《孜堂文集》。

张烈"博通群籍，精研理学诸书，初嗜阳明之学，后知其误，专守朱子家法，毅然以卫道为己任，著《王学质疑》，举阳明《传习录》条辨之"③。《清儒学案》称："清初诸儒惩明儒末流之弊，亭林、桴亭杨园、三鱼皆尊朱抑王，蔚为大宗，而攻阳明最烈者孜堂也，陆清献引为同志，表彰其书，张清

---

① 徐世昌：《清儒学案》卷二十一，《愚山学案》。
② 施念曾：《施愚山先生年谱》卷三，高咏《行状》。
③ 徐世昌：《清儒学案》卷二十三，《孜堂学案》。

恪、唐确慎皆力守其说。"① 此语讲明了张烈笃信程朱的主张在清代理学界的巨大影响，因为张烈的主张完全同于清代正统理学的取向，故能一呼百应，草随风倒。或者说，其理学主张对于康熙理学思想的形成，以及以程朱理学为统治思想的确立起了一定的推动作用。

张烈入史馆，预修《明史》，极得"马迁笔意"。关于是否依《宋史》之例设"道学传"，这涉及理学中的朱王门户之争。他勇于阐发己见，以为"惟宋史宜有之"，后世的理学家皆"不敢比于程朱"，故不主张置"道学传"。张烈护卫程朱的主张，在鸿儒士群中引起反响，毛奇龄等人纷纷起而攻之。此后，他参与纂修《典训》及《四书讲义》诸书。

沈珩（1619—1695 年），号耿岩，浙江海宁人，康熙甲辰（1664 年）进士。由大学士李霨、杜立德、冯溥三公合荐，与试博学鸿儒科，列二等，授编修，乞归。著有《耿岩集》、《耿岩文选》。

沈珩 18 岁时，与当世同仁论交，座中有辨及异同者，他瞿然曰："今日当论邪正，不当论异同。"② 甲辰（1664 年）以策论取士，沈珩会试第一，未释褐而归，15 年不仕，岩泉啸咏，不以荣辱得失为怀。纂修《明史》，传述论赞，有"史馆三长"之名。康熙二十年（1681 年），任顺天乡试副主考，誓不负朝廷，得知名士 106 人。康熙二十一年，乞假归。从此，"日闭门息机，以穷经研理为务"，在本邑学宫和其他地方讲解性理、学规，"惟欲学者于日用事物间求致知力行之要，阐明濂洛关闽之传"③。沈珩嗜学，著述甚丰，多为经史、性理诸书，他"淡于荣利，素好古，手不停披，辑一书曰《十三经名文抄》，凡所属缀，皆本经训，无游谈不根语"④。

此外，还有毛奇龄、陈鸿绩等人，理学根底深厚。毛氏承浙东王学，诋斥程朱理学的卫道士，深恶依傍门户、虚张声势之人，与张烈屡起争端。毛氏笃于经学，于康熙二十四年（1685 年）引疾归家后，博览群经，逐渐走上了经学考据的路途。陈鸿绩乃顺治丁酉（1657 年）举人，任江南睢宁知县。其幼时，"博涉经史，于儒先理学之旨，尤根极底奥"⑤。举荐鸿博后，授官检讨，仅 12 日而卒，故陈氏在当时鸿博科中未产生大的影响。

总体来看，博学鸿儒中的理学人物不多，多为曾仕清廷的官员，并非一流

---

① 徐世昌：《清儒学案》卷二十三，《孜堂学案》。
② 王钟翰点校：《清史列传》卷七十，文苑传一《沈珩》。
③ 钱仪吉：《碑传集》卷四十四，《翰林院编修沈珩传》。
④ 李集：《鹤徵录》卷二，沈珩条李富孙按。
⑤ 秦瀛：《己未词科录》卷三，《传略》二，陈鸿绩条引《宁波府志》。

的理学大师。一流的大师多在遗民之中，保持清操志节，不愿与清廷合作，他们在各地设讲堂，宣扬理学主张。如浙东的证人书院、陕西李颙的关中书院等。此外，尚有一些理学人物应试博学鸿儒科，因种种原因而未被录用。应㧑谦、范鄗鼎、王弘撰皆称疾不应荐或不与试，陆元辅则"雅不欲违素志，以不入格罢归"①。取中该科的理学人物，与一流的大师都有某种渊源和联系。如汤斌系孙奇逢的弟子，并因此而得到康熙帝的倚重，施闰章也曾造访孙奇逢，与之有书信往来。当朝很看重他们，在授官和升迁上，比较优待。由于他们都已身届高龄，故存世时间均不长，在鸿儒群体中属耆老宿儒。其理学思想，都注意到践履方面，增添了经世、实行的内容。其中汤斌经筵讲师的身份、张烈的卫道行动，对于清朝统治意识的确定，作用不小。从鸿儒理学人物的学术走向来看，一是与朝廷的意识形态合拍，崇尚程朱，其中以张烈最明显，汤斌、施闰章也不敢违背康熙帝的旨意，他们与其后继者张伯行、陆陇其，还有同时的李光地等人参与整理、编纂有关性理方面的书籍，为朝廷推行程朱理学献策出力。二是逐渐转入对经传的研究，毛奇龄、沈珩属此类，他们辞去官职，闭门读书，博涉经史，或传道讲学。

二、经济事功，宏图难展

鸿儒群体中，有不少人物曾为清朝的官吏，他们对于赋税的征收、管理，河流、漕运的治理，狱讼的决断，敌匪的骚扰，吏治的加强，以及教化的施行，进行探讨和摸索，都积累了相当的经验。另有一些士人，在实学思潮的影响下，开始涉入实学领域，思索救亡复兴的方略，萌生了新的建议和设想。经初步分析，能归入这类的鸿儒有施闰章、汪琬、钱中谐、汤斌、陈鸿绩、汪楫、李来泰、张鸿烈、汪霦、邵吴远、周清源、李铠、曹禾、乔莱等。

汪琬（1624—1691年），字苕文，号钝翁，江南长洲人。顺治乙未（1655年）进士，授户部主事，降兵马司指挥，升主事，病假回籍。由左都御史宋德宜、翰林学士陈廷敬荐举，与试鸿博科，列一等。钝翁以古文名家，以经史为根底，但绝不书生意气，而能由文见道，务为经世有用之学。所历京朝官，成绩卓然，他裁决狱讼，援引古礼，推理缜密，避免了多起冤狱。当清初军兴旁午之时，筹集军饷、征收赋税是一大事，汪琬皆尽力而为。任兵马司指挥时，惩处以势凌人的豪家奴。入户部左饷司，"尽心钩校，议民输粮加漕赠外五米十银，为官收官兑发，而旗弁之横息；议裁吴三桂兵饷，以充国用，而强

---

① 秦瀛：《己未词科录》卷六，《传略》五，陆元辅条引《江南通志》。

藩之势沮，其端皆自琬发之"①。一如其友陈廷敬所论"世徒目先生为文章之士，岂知其施于用者卓卓，自持守树立有如此哉！"②

但是，汪钝翁的志向在于古文，思起百余年文运之衰。《今世说》云："汪钝翁读书励志行，内自重，有守，又善强记，过目终身不忘，举乙未进士，官户部，浮沉郎署，位不副志，发为著作，原本经术……"③钝翁不愿沉溺于官署琐事及人事的周旋中，借病回籍。举荐鸿儒、授编修后不久，汪琬再次乞归，筑室尧峰之麓，沉潜经史，家居九年而卒。

汪楫（1623—1699 年），字舟次，号悔斋，江南仪征籍徽州休宁人。岁贡生，赣榆县教谕。由江宁巡抚慕天颜荐举，与试列一等，授检讨，官至福建布政使。

康熙壬戌（1682 年）春，汪楫被赐一品服，奉使琉球国，归来作《中山沿革志》、《琉球使录》进呈御览。奉讳归里，服阙多年才补官，出守河南。治郡五年，政声大著，受到天子的嘉奖，超擢福建布政使。在任时，烛照电察，使部属不得欺瞒，天子为之瞩目，打算将其擢为京卿，不料他积劳病卒。潘耒推赞汪楫说："二十年来同人之升沉进退不齐，其遭谗被谤，一跌不振者比比也，所摧残不尽者亦唯文章著述自致不朽耳，未有经世泽民以功名自见如君者也。"④他认为汪楫"出秉节钺、鸿名伟伐"，足以酬答天子特达之知，能不虚此次博学鸿儒科的旷世之典。而汪楫性伉直，意气伟然，通达治乱，富于学问，翰墨妙天下，又足以证明"制科非独文学之选也"。

邵吴远（生卒年不详），号戒三，浙江仁和人。康熙三年（1664 年）进士，选庶吉士，散馆授户部主事，洊升郎中，十四年，督学江西，升光禄寺少卿。由江西巡抚佟国桢荐举，与试，列二等，授翰林院侍读。二十年，充广东乡试正考官，迁庶子。二十二年，充日讲起居注官，晋升翰林院侍读学士，擢詹士府少詹士，二十四年，与修《一统志》，不久，致仕归。圣祖南巡，御书"蓬观"二字以赐。

邵吴远视学江右时，恰逢云南叛乱，士民离窜，于是"捐设试场，士子至者随其后先辄试之甲乙殿最决俄顷，无不惊服"⑤。又针对列郡学宫废置的状况，将十三郡学宫悉为重修。在江右时再次显出其经济大略，"援其俘

---

① 王钟翰点校：《清史列传》卷七十，文苑传一《汪琬》。
② 钱仪吉：《碑传集》卷四十五，《翰林院编修汪先生琬墓志铭》。
③ 王晫：《今世说》卷二，《言语》茶语。
④ 潘耒：《遂初堂集》卷二十，《祭汪悔斋文》。
⑤ 李集：《鹤徵录》卷二，邵吴远条李富孙按。

获，恤其仳离，或下赈旅饩，或代输公府"，一改以往官员以威严压服的做法①。后来，"天子念河工未成，特简先生理南河于负薪之余"②。

邵吴远著作和事功皆有过人处，与修《明史》、《一统志》；致仕后，续写其高祖经邦所著《弘简录》，称《续弘简录》，朱彝尊称其为"一家之学，非官局所能逮也"。另著有《史学辨误》、《河工见闻录》等书。

张鸿烈（生卒年不详），字毅文，号泾原，江南山阳人，吏部张新标之子，廪监生。由兵马司指挥刘振基荐举，授检讨。以言事降级，丁忧归，未几，复入补大理寺副，告归。

张鸿烈任检讨时，尝疏"请开支河转漕以避河险"，针对殿工到远省采木，提出"宽期减数"之请，皆施行，部议以不应密封镌级。同时的毛奇龄评论此事说：

> 毅文无言责，其所以謇謇直陈撞九阍之环而不自顾者，夫亦以乡里荡析人将为鱼，思稍籲其灾拯滔淫而出之于溺，因不惮越职言事。乃圣朝既行其言，而徒以封题细故，少就裁抑，反轻去其乡，悻悻蹈海以自置于波涛出没之中，岂真谓此邦难与居？③

此外，尚有汤斌（见理学类）、李来泰、周清源、汪霦、方象瑛、钱中谐、李铠等，特简述如下：

李来泰（？—1684年），字仲章，号石台，江西临川人。顺治壬辰（1652年）进士，出督江南学政，补江南苏常道参议，裁阙候补。应试鸿儒科，列二等一名，授侍讲。督学江南，选拔皆孤寒知名士，寻任监司，历官清慎，能持大体，不失威严而所部慑服。

周清原（生卒年不详），字浣初，号且朴，江南武进人，国子监生。清原有诗名，荐举鸿儒，与试列一等，授检讨，官至工部侍郎。尝官副都御史，疏请革铺舍，饬刑具，又请直省俱立育婴堂，并得旨允行④。

汪霦（生卒年不详），字朝采，号东川，浙江钱塘人。康熙丙辰（1676年）进士，授行人司行人，与试博学鸿儒科，列一等第四名，授编修，官至

---

① 李集：《鹤徵录》卷二，邵吴远条引李石台《莲龛集》。
② 毛奇龄：《西河文集》序三十二，《宏道录序》。
③ 毛奇龄：《西河文集》序十七，《送张毅文检讨归郁洲山序》。
④ 秦瀛：《己未词科录》卷二，周清源条引《江南通志》。

户部侍郎。典试陕西，所选皆知名士，迁赞善，擢祭酒，尽革太学陋规。

方象瑛（1630—1685 年后），字渭仁，号霞庄，浙江遂安人。康熙丁未（1667 年）进士，候选中行评博。与试鸿博科，列二等，授编修，请归。有诗名，著有《健松斋集》、《松窗笔乘》等。"释褐后需次家居，时邑多秕政，与仲兄象璜吁当道，得允所请，岁省脂膏万计。癸亥（1683 年），典试蜀中还，不合于时，寻请归。苞苴竿牍一不至于门，遇有利弊，则岳岳言之。卒之日，阖邑建思贤祠于城南。"①

钱中谐（生卒年不详），字宫声，号庸亭，顺天昌平籍江南吴县人，顺治戊戌（1658 年）进士。与试博学鸿儒科，列一等，改任编修。康熙乙丑（1685 年）考查翰詹，因"文理荒疏"改调②。归田后，年八十无疾而逝。为诸生时，请减苏松浮赋，条议三吴水利、开浚浏河，皆切于国计民生。

陈鸿绩（？—1679 年），字子逊，浙江鄞县人。顺治丁酉（1657 年）举人，出任江南睢宁知县。爱民重士，受民推颂。1677 年夏，运河冲决，"子逊身先工筑，力障狂流，阅四十日旋复底定，河臣具疏奖之"③。但陈鸿绩身后很惨，同时的吴星叟说：

> 陈子逊以邑令召入，未几而漕督以误漕参革职，尚欠钱粮三千余。及子逊官翰林，督抚以下私慰其家，许公为填补且待之甚厚。子逊入翰林仅十二日而卒，子逊既卒，即追徵之，且下子于狱而留其孥不遣。④

鸿儒中能经国体民的人物，其政绩、声名大体如上所述，他们在应试博学鸿儒时大多曾任官职，其政绩声誉已有名于时，之所以在民众之中赢得了名声，是因为他们正直、清廉、躬身实践，敢为民请命，有经略实才。他们有幸被征录，是国家的幸运！康熙帝对他们示恩示威、奖罚并用，即使小错也绝不轻饶。如张鸿烈因言事不密封被降级；邵吴远也曾被罢黜过；钱中谐因考试翰詹，不合圣意，被改调；陈鸿绩的结局悲惨。罢黜后多年再起用或复职，让他们负薪立功，俯首帖耳。官场的倾轧、人事的纷繁，想要建功立业、循资渐进实在太难。如汪楫受人排挤不能在京立足；汤斌仕途顺畅，而最终竟因余柱

---

① 李集：《鹤徵录》卷二，方象瑛条李富孙按。
② 李集：《鹤徵录》卷一，崔如岳条引《松窗笔乘》。
③ 秦瀛：《己未词科录》卷三，陈鸿绩条引《宁波通志》。
④ 李集：《鹤徵录》卷二，陈鸿绩条吴星叟云。

国、明珠等的陷害抑郁而终；施闰章因受人忌谗而不得升经筵侍讲官。而顺治朝及康熙朝前期，战火绵延，百废待兴，人心浮动，作为官吏，棘手的事务冗杂繁多，所以，主观上他们并不十分热衷功名，不着意在为政和事功方面展露才华，而是动辄归隐、家居，甘愿淡泊名利，以"文章著述"为不朽。如汪琬不甘"郎署沉浮，位不副志"而辞官归家；方象瑛因"不合于时"而请归；邵吴远罢黜归田后，息影湖庄，杜门谢客，潜心著作；汪楫丁忧家居长达六年之久。入翰林院后再出任地方大员而声名卓著如汪楫者实在凤毛麟角！这些治国安民的栋梁之材，材未尽其用，仕途不畅，而寄托于"文章著述"。从康熙征召博学鸿儒科的目的来看，一是为了"右文"，二是看重这些人物的名望，而以诗赋取士的形式使得所召鸿儒大多是以文章、诗赋见长的，功名和政绩并非重要因素，许多大吏未被录用，且50名鸿儒全进史馆修史，在客观上不自觉地把他们导入了"文章著述"的领域。

三、沉酣经史，游刃有余

在明末清初的特殊形势下，不屑于作时文以科举攀升的不在少数，许多想在学问道德上有所建树者，多从古学入手。当时所谓的古学，是指广涉典籍，博览经史，发为文章，言之有物，不游谈无根。因为有志之士明白，要想振兴国运，求得经世致用之法，就得求助于古籍，了解先贤遗意，学习经典中经世之法。从学术发展的趋势来看，也逐渐由理学转向了通经致用这一方面。所以，在当时不乏以经学、史学为家学的世家，他们在外界混乱的环境中，乱中求静，研究古学，兴趣盎然。博学鸿儒科中沉溺古学、博涉经史的人物占有相当的比重，主要有：毛奇龄、朱彝尊、吴任臣、徐嘉炎、潘耒、乔莱、秦松龄、黄与坚、范必英、李因笃、李铠、汪琬、沈珩、邵吴远、毛升芳、袁佑、曹禾等。

毛奇龄（1623—1716年），字大可，号秋晴，又称西河，浙江萧山人，廪监生。由浙江巡抚陈秉直荐举，试列二等，授检讨，著有《西河合集》493卷。

毛西河少负才，纵横为诗歌古文，遭乱，不应试，闲来仿效元人作小词、杂曲以自娱。他游历南北，与学者赋诗而外，研讨经术。西河受其仲兄锡龄的影响，学经悟道，著成《仲氏易》。西河"于九经、四子、六艺，旁及礼学、经曲、律吕诸事，皆能极根底，而贯其枝叶，非苟然者"[1]。湛深经学，著述等身，在清代可称"多文为富"者[2]。归家后，与学友知交往复论学，意气风

---

① 秦瀛：《己未词科录》卷三，毛奇龄条引《绍兴府志》。

② 秦瀛：《己未词科录》卷三，毛奇龄条引《国朝诗别裁集注》。

发。他以经学自负，解经诸书，攻击宋人不遗余力，而倡导汉学。

朱彝尊（1629—1709 年），字锡鬯，号竹垞，浙江秀水人，明大学士国祚曾孙。以布衣入选鸿儒，列一等，授检讨。康熙二十年（1681 年），充日讲起居注官。同年秋，充江南乡试副考官。二十二年，入值南书房。二十三年，以私录内府书被劾，降一级。二十九年，补原官，寻乞假归。后圣祖南巡，朱彝尊呈进所著《经义考》，得赐御书"研经博物"。

朱竹垞少时即以诗古文辞见知于江左之耆儒遗老，又博通书籍，受到顾炎武、阎若璩的称许，著有《日下旧闻》、《腾笑集》、《曝书亭集》，收录编辑《明诗综》、《词综》等书。竹垞饮食经史，综贯百家，海宁查慎行称其：

> 博物如张茂先，多识如虞秘监，淹通经术如陆德明、颜师古，熟精史乘如刘知幾、刘原父兄弟，贯穿今古如马鄱阳、王浚仪，济以班、马之才，运以欧、曾之法，诗宗少陵、昌黎，词主白石、玉田，故其发为著作，闳深鳞富，无不足以传世①。

这一说法并非过誉。

徐嘉炎（1631—1703 年），字胜力，号华隐，浙江秀水人，国子监生。由户部侍郎于可托荐举，试列一等，授检讨。官至内阁学士，康熙三十八年（1699 年）告归。著有《抱经斋集》。

徐嘉炎强记绝人，九经诸史略能背诵，同举之阎若璩极力称之。其强记功夫令人惊叹，同科方象瑛云："徐华隐淹贯经集，常侍直，上命背诵《咸有一德》全篇，朗诵不失一字，至'厥德不常'数语，则敛容奏曰'臣不敢诵'，上为嗟异"②。致仕时，康熙帝御书直西清额和唐人张旭绝句诗一首赐之。《左氏春秋》是其家传之学，祖父有《春秋慧编》，父亲有《三传合编》，徐嘉炎世其家学，凡奇书逸典，鸿览之士未睹记者则就咨焉③。

吴任臣（？—1680 年），字志伊，号托园，浙江仁和人，廪生。由内阁中书王毂振荐举，与试列二等，授检讨。曾参与《一统志》的编修，未几卒。著有《周礼大义》、《礼通》、《春秋正朔考辨》、《十国春秋》、《山海经广注》、《字汇补》等书。

---

① 李集：《鹤徵录》卷一，朱彝尊条李富孙按。
② 李集：《鹤徵录》卷一，徐嘉炎条引《松窗笔乘》。
③ 李集：《鹤徵录》卷一，徐嘉炎条李遇孙按。

　　吴任臣为诸生时，考试则名列前茅，文非其所好，然人争诵读，耽书玩古，多所论著。以所得收入，入书市阅览，不惜高价购藏书籍。"志伊志行端悫，博学而思深，兼精天官、壬奇之术，射事多中，时人比之管、郭"①。

　　吴志伊所著《山海经广注》，较杨慎的《补注》援据广博，多所订正；其《字汇补》以补《字汇》之缺，同举鸿儒科的徐咸清就该书中的两个字发难，与徐氏最善的毛奇龄评判说："志伊实有学，其学亦何减仲山（徐咸清），此偶误耳。郑康成注经，十误二三，世敢谓康成非通儒耶?"② 其《十国春秋》搜罗广博，《四库全书》评价该书"于旧说虚妄，多所辨正"，其中"五表考订尤精，可称淹贯"③。

　　潘耒（1646—1708 年），字次耕，号稼堂，江南吴江人。以布衣荐举鸿儒，于鸿儒中年齿最少，试列二等二名，授检讨。充日讲起居注官，纂修《实录》、《圣训》，壬戌（1682 年）为会试同考官。两年后以浮躁降级，以母忧归，不复出。康熙四十二年（1703 年），圣祖南巡，复原官。著有《类音》、《遂初堂集》。

　　潘次耕"幼有圣童之目，试以历日，能首尾不遗一字。兄柽章有史才，颇承受其学，复从顾亭林、徐昭法、戴耘野游，故其学贯穿淹洽，无所不通，旁及历术、算数，悉有神会"④。次耕工诗古文辞，尤长史学，纂修《明史》，以史事重大，上四条建议，总裁深以为然。

　　乔莱（1642—1694 年），字子静，号石林，江南宝应人，明御史可聘子。康熙丁未（1667 年）进士，授内阁中书。与试博学鸿儒科，列一等，改编修，官至翰林院侍读。著有《乔氏易俟》、《宝应县志》、《石林集》等。

　　乔莱深于经学，所著《易俟》，不附会陈、邵、朱、蔡，尝举明代归有光之言曰："本义乃邵子之易，非孔子之易也"⑤。善文赋，绝出辈行，丽而不淫，典而有法。

　　黄与坚（1620—1701 年），字庭表，号忍庵，江南太仓人。顺治己亥（1659 年）进士，候选知县。由江宁巡抚慕天颜荐举，试列二等，授编修，官至詹事府赞善。著有《大易正解》、《易学阐一录》、《诸经论说》、《忍庵文集》等书。

---

①　王晫：《今世说》卷三，《文学》。

②　毛奇龄：《西河文集》，《制科杂录》。

③　永瑢：《四库全书总目》卷六十六，史部载记类《十国春秋》。

④　李集：《鹤徵录》卷二，潘耒条李富孙按。

⑤　李集：《鹤徵录》卷一，乔莱条李集辑。

黄与坚"十四岁慨然有志于古学，欲遍读周秦以下书，甫三年，读周末诸子及六朝以上者几尽"①。他生平崇尚经术，辑解甚多，辞赋盖其余事。充《明史》纂修官，在史局慨然有志于班、马、荀、袁，撰志、传最有体要。修《一统志》，浙江郡县，皆其所裁定。黄与坚以葬亲乞归，1699 年圣祖南巡，呈进所著《易学阐一录》，得赐"如松堂"额。

李因笃（1631—1692 年），字天生，一字子德，陕西富平籍山西洪同人，布衣。由内阁学士项景襄、李天馥、大理寺少卿张云翼荐举，试列一等，授检讨。仅三天，以母老乞归。著有《受祺堂诗文集》、《汉书音注》、《广韵正》、《诗评》等书。

李因笃有诗名，于经史之学造诣颇高，"尝著《诗说》，炎武称之曰：'毛、郑有嗣音矣。'"又著《春秋说》，汪琬见之，亦折服。他与毛奇龄论古韵不合，奇龄强辩遭其拳脚相加。炎武所著《音学五书》，因笃大力参与。归后，曾讲学于朝阳书院，首发宋代理学家张载以礼教人之旨，次论有守有为之意，"其论学必绾以经，说经必贯以史，使表里参伍，互相发明。尤熟于有明事迹，王鸿绪《史稿》成，就正因笃，时老病卧床褥，令二人读稿，命之窜易，半载而毕，由是《史稿》知名"②。

范必英（1631—1692 年），字秀实，号秋涛，江南吴县人，顺治丁酉（1657 年）顺天举人。由庶吉士彭会淇荐举，与试鸿博，列二等，授检讨。纂修《明史》事毕，即谢病归。

范必英读书万卷，凡古今经世大典以及诗文源流，高下历历能数。史载：

> 先生于书无不窥，而以五经为本。于史事尤熟，每一篇成，咸服其精审。……所居芝兰堂三楹，后万卷楼藏书遍满，日吟讽其间，自得也。性固简默，事务不以撄怀，而学求实用，于礼乐、政刑、边防、漕辂、屯田、兵制、农桑、水利之书，无不究其得失，善败可指数。晚喜汲引后进，从游者二百余人③。

秦松龄（1637—1714 年），字留仙，号对岩，江苏无锡人。顺治十二年（1655 年）进士，改翰林院庶吉士，散馆授国史馆检讨，以逋粮案归田。旋即

---

① 王晫：《今世说》卷一，《德行》。
② 王钟翰点校：《清史列传》卷六十六，儒林传上《李因笃》。
③ 秦瀛：《己未词科录》卷三，范必英条引韩菼《有怀堂集》行状。

以博学鸿词荐举，三公并荐，试列一等，纂修《明史》，擢起居注日讲官，后中蜚语罢归。康熙帝癸未（1703 年）南巡，给还原品，官至左春坊左谕德。著有《毛诗日笺》、《苍岘山人文集》。

秦松龄七岁读《中庸》，闭目潜思，有"识性"之感。曾与汤斌讲求性命之学，工诗古文，与同里严绳孙齐名。罢归后，键户读书，与故人遗老唱和于自家园林。里居 20 余年，研精宋代五儒之书，穷研经典，尤遂于《诗》。所著《毛诗日笺》，仿《黄氏日钞》之例，于诸家之说，互相参核，断以己意，其所取舍，甚为简当①。

袁佑（？—1698 年），字杜少，号霁轩，直隶东明人。康熙壬子（1672年）拔贡生，授中书舍人，由詹事府詹士沈荃、监察御史鞠珣荐举，与试列一等，改授编修。甲子典试浙江，终养后复入官，丙子奉命主试浙江，官至左春坊左中允。著述甚丰，有《诗礼疑义》、《左史后议》、《老子别注》、《离骚荀扬文中子补注》、《庄子注论》、《史余集》等。

李铠（？—1706 年后），字公凯，号惺庵，江南山阳人。顺治辛丑（1661年）进士，礼部观政补奉天盖平知县。由户部主事邵延龄、内阁中书王毂振荐举，试列二等，授编修，官至内阁学士兼礼部侍郎，1704 年以疾告归。著有《史断》、《读史杂述》等书。

李铠"少孤力学，释褐后益博综群籍，历知绥阳、盖平二县，皆著循绩。于书无不窥，至老愈勤，政事、文学一时称兼擅云"②。阮葵生云其"经筵讲书理明词畅，当时谓不减范祖禹"③。

曹禾（1638—1700 年），字颂嘉，江苏江阴人。康熙三年（1664 年）进士，官内阁中书。召试博学鸿儒，试列二等，授翰林院编修。康熙二十年，充日讲起居注官，典试山东，洊升祭酒。

曹禾天性简易，沉酣六经子史，尝撰《靖难十六功臣传》，论者谓得史汉神髓。罢归后，集后进为文会，著有《峨嵋集》④。于书无所不读，"视近世之所谓株守绳尺者，岸然不屑也"⑤。

上述鸿儒，博学多闻、成果丰硕，堪称为鸿儒学人。他们在鸿儒群体中占

---

① 秦瀛：《己未词科录》卷二，秦松龄条引《江南通志》；永瑢：《四库全书总目》卷一十八，经部诗类《毛诗日笺》。

② 李集：《鹤徵录》卷二，李铠条李遇孙按。

③ 李集：《鹤徵录》卷二，李铠条阮吾山云。

④ 王钟翰点校：《清史列传》卷七十一，文苑传二《曹禾》。

⑤ 徐乾学：《憺园文集》卷二十，《曹峨嵋文集序》。

有较大比重，仅次于诗词优长者一类。他们受到的待遇崇高并普遍得到擢升，如以选任日讲起居注官时，有朱彝尊、曹禾、潘耒、秦松龄四人同时入选，这说明康熙开始注重学问深厚的鸿儒。综观这批鸿儒学人，他们都重视读书，沉酣古籍，研经索史，著述丰富，这不仅得益于其家学的熏陶和友朋的影响，也得益于他们彼此间的相互影响和促进，尤其是己未之后所取得的学术成果，更是如此。大多他们在经学研究方面很有特点，不再株守宋儒经说，而是参核众家，旁及子史，无固陋之习；皆本经训，无游谈不根语。因此，学术之由理学向经史之学转变的过程在鸿儒学人身上体现得十分明显，换句话说，鸿儒学人及其同时代学者是完成这一转变的中坚力量。

四、诗赋之葩，争奇斗妍

诗文有名于当世，是鸿儒受荐举的原因之一。征召之前，各地的文人才士，相当活跃，彼此来往频繁，酬唱应和，蔚为风气，及至众多文人雅士云集京城，借此一展风采，争夺文魁桂冠，显声扬名，无异于一场大型的诗文盛会。所以，那些慕名相识的文人，结伴而行，优游山水，宴饮欢歌，诗酒流连，留下了一桩桩风流趣闻，也留下了大量为人津津乐道的优秀诗篇。鸿儒中工于诗文者尤多，主要有：彭孙遹、倪灿、汪霦、李因笃、王顼龄、陈维崧、秦松龄、徐嘉炎、钱中谐、汪楫、朱彝尊、汪琬、邱象随、李来泰、潘耒、施闰章、米汉文、方象瑛、周清原、陆葇、尤侗、徐釚、黄与坚、李澄中、钱金甫、曹禾、高咏、龙燮、毛升芳、严绳孙等。这些诗文优雅者，还兼擅理学、事功、经史等，多才多能。下面主要简析擅长诗词、古文及兼擅书画的鸿儒。

彭孙遹（1631—1700 年），字骏孙，号羡门，浙江海盐人。顺治己亥（1659 年）进士，候选主事。举荐鸿儒，与试列一等一名，授编修，官至吏部侍郎，1697 年辞归。著有《松桂堂集》、《南淰集》、《香奁集》等。

彭孙遹才学富赡，词采清华，领袖群才。其诗以《南淰集》为最盛之作，可与同时的诗人王士禛的《蜀道集》、李良年的《黔中诗》相媲美。他惊才绝艳，尤工倚声，当时在诗坛颇有影响的王士禛推其为"近今词人第一"①。彭孙遹又工竹枝词，王士禛谓"竹枝，古称刘梦得、杨廉夫，近羡门尤工此体，如广州竹枝等词最佳"②。

倪灿（生卒年不详），字闇公，号雁园，江南上元人，康熙丁巳（1677

---

① 李集：《鹤徵录》卷一，彭孙遹条李富孙按。
② 李集：《鹤徵录》卷一，彭孙遹条李集辑补。

年）举人。召试鸿儒，列一等二名，授检讨，卒于官。倪灿早岁即名重海内，为白门诸名宿领袖。工楷书，书法、诗格秀绝一时①。

王顼龄（1642—1725年），字颛士，号瑁湖，江南华亭人。康熙丙辰（1676年）进士，授太常寺博士。荐举鸿儒，与试列一等五名，授编修，官至工部尚书、武英殿大学士，年八十四卒于位，赠少傅，谥文恭。著有《画舫斋集》、《世恩堂集》、《西征草》。

王顼龄初以文学进，洊历卿曹，谙练典故，居官最久。其《世恩堂集》奏太平黼黻之音，使一时台阁文章迥异乎郊寒岛瘦。《西征草》乃王顼龄主陕西试事毕游历华山等地而作。

周清原，字浣初，一字雅楫，号且朴，江南武进人，国子监生。著有《雁荡山游记》。周清原工书与诗，未遇时奔走四方，卖诗、书以自给。为国子监生时，大学士冯溥见其雍试诸作，目为奇才，其中有"月明有水皆为影，风静无尘别递香"，一时传诵都城，上达宸听，比官翰林，召见犹诵其诗句奖之。毛奇龄云："及天南荡平，大廷献颂，人竞进词赋，君独粹撷六经，捃�摭其成文，纂为百韵诗，而集俪句于其前以为序，东堂学士动容，咨嗟以为仅见。"②

陈维崧（1625—1682年），字其年，号迦陵，江南宜兴人。由诸生应召鸿儒，授检讨。著有《迦陵集》、《湖海楼集》、《乌丝词》、《陈迦陵词集》、《陈检讨四六》等。

陈维崧少抱异才，其名闻于江左，当时的文坛巨匠吴梅村将其列于"江左三凤凰"之一。他最工于词，其词凌厉光怪，变化若神，且词作甚富，多至1800首。《四库全书》称清朝工于四六、见称于世者有陈维崧、吴绮及张藻功，而以维崧为冠。他才力富健，风格浑成，在诸家中独不失六朝四杰之旧格③。陈维崧于文最工骈体，能于徐陵、庾信以外，自辟町畦。他髯美丰仪，风流倜傥，所作歌诗，随处散落人间。"尝自中州入都，同秀水朱竹垞合刻一稿名《朱陈讨词》，后流传入禁中，蒙赐问，文人荣遇，自古罕有。"④

陆葇（1630—1699年），字次友，号义山，又号雅坪，原名世枋，浙江平湖人。康熙丁未（1667年）进士，授内阁典籍。举鸿儒，与试列一等，改翰

---

① 李集：《鹤徵录》卷一，倪灿条李遇孙按。
② 毛奇龄：《西河文集》序十五，《周春坊督学两浙序》。
③ 永瑢：《四库全书总目》卷一七三，集部别集类二六《陈检讨四六》。
④ 秦瀛：《己未词科录》卷二，陈维崧条引蒋景祁《笔记》。

林院编修，官至内阁学士兼礼部侍郎，一年乞休。著有《雅坪诗文稿》、《诗稿》、《词谱》、《选历朝赋格》等。

陆棻 14 岁时，清兵南下，俘获其父，他挺身相救，被俘，诚顺伯马光远命他作文以试其才，喜出望外，遂收抚为子。《浙江通志》记载，庚午（1690年），主福建乡试，癸酉（1693 年）为顺天武乡试副考官，儌值南书房，出《五台金莲花限韵》，赋诗立奏，称旨。康熙三十三年（1694 年），召翰詹 89人，试以《丰泽园赋》、《理学真伪论》，上亲阅卷，取第一，遂由宫赞升内阁学士兼礼部侍郎，人称"圣祖爱其才，一日七迁"。超擢阁学，"尝批红本七十余，长至奏勾决本请出矜疑二十余人。总裁诸书局，高文典册，多出其手。宸翰果馈，赐其优渥"①。

邱象随（1630—1701 年），字季贞，号西轩，江南淮安卫籍湖广宜城人，顺治甲午（1654 年）拔贡生。举鸿儒，列一等，授检讨，官至洗马。著有《西山纪年集》。邱象随 14 岁即工诗，才名早盛，与兄象升有"淮南二邱"之称。

米汉雯（？—1692 年），字紫来，号秀岩，顺天宛平人，明太仆万钟孙。顺治辛丑（1661 年）进士，授江西赣州府推官，改补建昌知县。丁忧，起复，补长葛知县，行取考选主事。荐鸿儒，列二等，授编修。典云南乡试，以事里误，久之，召入供奉内廷，迁侍讲，赐宅西华门，寻病卒。著有《始存集》。

米汉雯为王崇简之婿，好学多技艺，工书画，承其家法，当时呼为"小米"，尤工金石篆刻。其所作诗亦佳，王士禛云："紫来所交游，皆海内名士，与予最相善，颇有唱和。其诗惜为书画所掩，亦散佚无传矣。"②

徐釚（1630—1708 年），字电发，号虹亭，晚号枫江渔父，江南吴江人。举鸿儒，与试列二等，授检讨。因忤权贵意，当外转，遂拂袖而归。康熙帝南巡，两赐御书，以原官起用，不就，年 73 卒。著有《南州草堂集》、《续本事诗》、《词苑丛谈》、《菊庄词》。

徐釚少入"慎交社"，声誉卓起，以诗名江表 30 余年。最工长短句，《续本事诗》皆缘情绮靡之作，而《词苑丛谈》尤盛行于世。所著诗文，脍炙艺苑，少刻《菊庄乐府》，朝鲜贡使仇元吉见之，以金饼购去，赠有诗句"中朝

---

① 秦瀛：《己未词科录》卷二，陆棻条引《浙江通志》。
② 秦瀛：《己未词科录》卷三，米汉雯条引王士禛《香祖笔记》。

携得《菊庄词》，读罢烟霞照海湄"①。

沈筠（？—约1682年），字开平，号晴岩，浙江仁和人。康熙己未（1679年）进士，改庶吉士。由户部主事黄云企荐举，与试列二等，授编修，未几卒。著有《斗虹集》。

沈筠有隽才，嗜学敦内行，"为文唾地立成，而选简清绮。诸子百家，咸集腕下。其诗容与简易，以陶徵士为宗，然未尝以摹仿伤格也"②。

尤侗（1608—1704年），字展成，别字悔庵，又号艮斋，晚号西堂老人，江南长洲人。顺治戊子拔贡生，直隶永平府推官，以事降调。举鸿儒，为同入史馆年最长者，居三年，乞归，优游林壑复20余年。己卯（1699年）圣祖南巡，尤侗献《平朔颂》、《万寿诗》，御书"鹤栖堂"三大字赐之。癸未（1703年），圣祖复南巡，进官侍讲。尤侗著有《西堂杂俎》、《艮斋杂记》、《西堂全集》、《鹤栖堂稿》等。

尤侗博物恰闻，驰声艺苑，早年为文社伦魁。所作诗文，流传禁中，康熙帝览而称善，有意用之。甲寅（1674年）居京师，与三彭（彭南畇、彭宁求、彭孙遹）结坛文星阁。又工乐府，早岁作《读离骚》诸传奇，作有秋波词，经教坊内人弹奏成为宫中雅乐，闻者艳称之，后入翰林时，康熙帝称为"老名士"，其宠遇不亚于李白。尤侗在史馆作《明史乐府》百篇，虽仿李东阳，往往驾出其上，又尝作《外国竹枝词》百首。戊辰（1688年）其子珍亦得馆选，于是他感恩赋诗，尽悔其少年绮靡之作③。

李澄中（1630—1700年），字渭清，号雷田，一号渔村，四川成都籍山东诸城人，康熙壬子（1672年）拔贡生。与试博学鸿儒科，列二等，授检讨，官至翰林院侍读。致仕归里，清白自实，足迹不入公门，遇有关国计民生事，则以兴利除害为念。著有《白云村集》、《卧象山房集》、《艮斋文选》、《滇行日记》等。

李澄中工诗文，其诗"以汉魏人为宗，不屑屑近时习也"。他与庞垲交最契，诗格文格互似。李澄中与颇富时望的王士禛、田雯鼎足而立，士林称"山左三大家"④。

庞垲（1639—1707年），字霁公，号雪崖，直隶任丘人，康熙乙卯（1675

①　秦瀛：《己未词科录》卷三，徐钪条引《江南通志》。
②　秦瀛：《己未词科录》卷三，沈筠条引《浙江通志》。
③　李集：《鹤徵录》卷二，尤侗条李集辑。
④　永瑢：《四库全书总目》卷一百三十八，集部别集类存目《白云村集》。

年）举人。荐举鸿儒，试列二等，授检讨，改工部主事，出为建宁知府。著有《丛碧山房集》。雪崖有诗名，颇通禅理，其诗平正冲淡，不求文饰，朱彝尊谓其善古今诗，曰："诵其诗，雅而醇，奇而不肆，合乎唐开元、天宝之风格，北地之言诗者，未能或之先也"①。

钱金浦（1638—1692年），字越江，江南上海籍华亭人。康熙己未（1679年）进士，授庶吉士。与试博学鸿儒，授编修，官至侍读学士，因病殒于京师。著有《保素堂集》。金浦少负才藻，工诗古文，名盛一时，朱彝尊《钱学士诗序》云："其为诗缠绵悱恻，不失温柔敦厚之遗，其为文条达，无规仿凌驾之迹。"②

毛升芳（生卒年不详），字允大，号乳雪，浙江遂安人，康熙壬子（1672年）拔贡生。由户部主事方元启荐举，与试列二等，授检讨。著有《古获斋骈体》、《竹枝词》。

毛升芳天才敏异，词赋诗歌，滔滔不尽。少时塾师督举子业甚严，每每乘暇窃取诗古文默识之。入翰林，严谨不苟，授经显藩，受到礼敬③。

高咏（1622—?），字阮怀，号遗山，江南宣城人。岁贡生，候选知县。荐举鸿儒，试列二等，授检讨，入翰林未几，以老病去官。著有《遗山堂集》、《若岩堂集》等。

高咏幼有神童之目，书、画与诗，世称三绝，屡试不中，年近六旬始岁贡入太学，昆山徐元文延之家塾。施愚山《遗山堂诗序》云："阮怀夙有俊名，总角补诸生辄仰饩有司，试必称最……阮怀卖书给膏火，壮年丧妻，积数岁不得娶，日夕坚坐，手一编，苦吟至夜半，故其诗优，入乎古人，殆天界之独厚也。"④ 及其卒，潘耒挽诗云："垂老一官荣城下，酷贫佳名满人间"⑤，此乃高咏境遇的真实写照。

龙燮（1640—1691年），字理侯，号石楼，又号雷岸，江南望江人，廪监生。荐举鸿儒，授检讨，官至中允。龙燮有诗名，工词曲，《琼华梦》、《芙蓉城》诸传奇颇称于时⑥。

严绳孙（1623—1702年），字荪友，号藕塘渔人，江南无锡人，明刑部侍

---

① 朱彝尊：《曝书亭集》卷三十七，《丛碧山房诗序》。
② 朱彝尊：《曝书亭集》卷三十七，《钱学士诗序》。
③ 李集：《鹤徵录》卷二，毛升芳条李富孙按。
④ 施闰章：《学余堂文集》卷七，《遗山堂诗序》。
⑤ 秦瀛：《己未词科录》卷三，高咏条贾桼按。
⑥ 李集：《鹤徵录》卷二，龙燮李遇孙按。

郎一鹏孙。以布衣荐举鸿儒，与试未完卷，超擢二等末，授检讨。辛酉（1681 年）典试三晋，擢中允，请假归。著有《秋水集》。

严绳孙六岁即能作径尺大字，以诗古文擅名，早弃诸生。召试博学鸿儒之日，以目疾仅成《省耕诗》八韵，阁中阅卷已不录，康熙帝素重其名，特地超擢，与三布衣同授翰林，独获殊荣。其书法入晋唐人之室，兼工绘事，山水人物花木虫鱼，靡不曲肖。又有《瀛台侍值》七言绝句、诗 20 首流传都下①。同科的徐釚评其诗曰："诗篇意象超越，不为绮靡之音，摘其一二语，犹当遗世独立也。"② 他又擅长古文，朱彝尊云："余特爱其古文辞，淡然而平，盎然而和，雍容纡裕而不迫，庶几可入古人之域"③。

此外，还有一些在理学、事功、经史学方面杰出的鸿儒亦兼善诗文，在文坛上名声显赫，诸如朱彝尊、施闰章、汪琬、李因笃、秦松龄、黄与坚，他们在早年的文社活动中已饮誉一方，甚而名声远播，像朱彝尊与王士禛并称"北王南朱"，享誉诗坛；施闰章与宋琬并称"南施北宋"；汪琬的古文独绝一时，李因笃与李柏、李颙并称"关中三李"；黄与坚弱冠有诗名，吴梅村列之为"娄东十子"之冠；曹禾在京师与田雯、宋荦等相唱和，称"诗中十子"；顺治帝召试《咏鹤诗》，秦松龄有"高鸣常向月，善舞不迎人"之句，皇帝以"此人必有品"，置第一④。

总体来说，文学、文艺特出之士在博学鸿儒的录用中占极大的比例，而且几乎所有的鸿儒都擅长吟诗作文，诗文成为他们必备的基本素质。诗文之士受到的待遇不错，官至侍读、侍讲学士和尚书，少数被黜者，也在康熙南巡时得以复官，得以善终，卒于官位。

作为征召者——康熙帝来说，他有意选用文学才子或享有盛名的士人，成功地笼络他们，达到控制他们以控制整个汉民族的目的。因为诗歌、文赋是汉族先进文化的标志之一，是士人们恃才傲物、鄙视满洲的优势，也是其抒发郁闷和不满情绪的凭借，还是其结社的主要借口和活动内容。康熙帝以诗赋的形式取代八股文，为其张开大网捕获文士提供了有力的保障。而康熙帝本人附庸风雅，经常为文人提供展露才华的机会，令其忘情，令其感恩，以显示出帝王的慷慨与豁达；康熙帝还常常吟唱一些鸿儒所作的名诗佳句，令其感激涕零，

---

① 李集：《鹤徵录》卷二，严绳孙条李富孙按。
② 秦瀛：《己未词科录》卷三，严绳孙条引徐釚《南州草堂集》。
③ 朱彝尊：《曝书亭集》卷三十七，《秋水集序》。
④ 王钟翰点校：《清史列传》卷七十，文苑传一《秦松龄》。

没齿难忘！另外的奖赏和抚慰方式如赐御书、物品，使之如获至宝，荣耀无比！康熙恩威并用，鸿儒士人在不知不觉中束手就擒，可供其选择的唯一自由的道路就是辞官归田。

不过，并非所有的文学之士将诗文视为终身追求，有许多人将诗文视作"余事"，作为业余爱好，视之为交游的工具，其研究的兴趣已渐渐转移到典籍上，转移到德性的修养上，如黄与坚"生平崇尚经术，辑解甚多，词赋盖其余事"①；即便是诗文，也要以是否合于古人、是否有经史依据为评判水平高下的标准，这在上述所列举的对诗文的评价中屡见不鲜；朝廷后来让许多鸿儒参与编纂《全唐诗》、《佩文韵府》等书，说明对诗文的兴趣已转移到诗歌选辑、韵学定正等总结学术文化方面来。

上述将博学鸿儒分属四大类，并非是绝对的，因为有的鸿儒博学多才，兼擅众长。还有一些鸿儒出类拔萃之处不在四大类之列，如笃于孝友一类的张烈、乔莱、周清原、陆葇、冯勖、袁佑、邱象随、施闰章、沈筠、周庆曾、吴元龙、钱金浦、劭吴远等即是。此外，没有分类别出的尚有甘于清贫、不曲迎权贵的鸿儒，等等，本书不便于分得过于细致。不过，这类鸿儒的品行、志节有利于士林清正风气的形成。此外，庞大的博学鸿儒群体，由于文献不足，尚有崔如岳、曹宜溥、黎骞三人的详情不得而知，特此提出，以待将来资料的发掘。

总之，由于清初的理学界仍很活跃，康熙帝兴致勃勃地接受了程朱理学，并逐步形成躬行实践的理学观，他认识到理学在统领人们精神生活中的重大作用，所以较为重视鸿儒中的理学人物，肯定其为官过程中推行儒学教化等行为。但不太主张理学家去争辩门户和探讨深刻的理论问题，将注意力集中到对文献的整理，着重整理宋儒对经典的阐释和传注，为讲求理学者提供御用教材。在经济事功上声名赫赫的鸿儒，并没有得到器重和嘉奖，而是进入翰院，从事文史方面的工作，他们的经世韬略和才能因此被埋没，未能才尽其用。致力于经史古学的鸿儒，进入翰林院后如鱼得水，他们修史论学，讨论热烈，同学共进，甚至引起皇帝瞩目，升任日讲起居注官，编修《一统志》。康熙还对那些归乡后从事学问著述、不生是非的鸿儒进行嘉奖，肯定他们的研究成果，使他们在比较自由的环境中，或闭门读书，或访友请教，推动了经史古学的研究。诗文作为鸿儒的一种基本素质，那些文才之士得到了康熙的关爱和重视。但从后来的趋向看，一部分诗人沉浸在吟诗遣兴的快乐中，而另一部分已开始

①　秦瀛：《己未词科录》卷三，黄与坚条引《江南通志》。

研讨诗学、韵学，并加重了古学作为诗文深厚底蕴的筹码，甚而直接转移到经史之学的研究领域中。

第四节　博学鸿儒的主要文化活动

康熙十八年（1679 年）入荐选用的博学鸿儒云集京城，他们在清廷的授意下，集体开展了一些大型活动。他们的成就主要有哪些，对学术发展有何贡献，他们与朝廷的互动关系对清初文化政策产生了怎样的影响，这都有必要进行阐述。

当时，博学鸿儒一律入翰林院，被授予侍读、侍讲、编修、检讨的官职，并且全都入明史馆，纂修《明史》。在修史的过程中，鸿儒们又不断地被抽调去从事其他的职事，有的充任乡试、会试的考官，有的升任日讲起居注官，有的参与编撰《一统志》、《实录》、《圣训》、《全唐诗》等书籍。其中，鸿儒士人普遍担任的最主要的工作是纂修《明史》，他们投入极大的热情和精力，成效粲然，此后的其他活动只有部分鸿儒得以参与。

一、纂修《明史》

入清以来，政府一直在组织纂修《明史》。首次开修是在顺治二年（1645年），当时战火未熄，人才缺乏，史料不齐，修史时机尚未成熟，整个顺治朝都是如此，故修史进展缓慢。康熙四年（1665 年），曾再度开馆，但修史各方面的条件仍不具备，故仍无着落。直到康熙十八年博学鸿儒开科后，再次开明史馆，纂修工作始顺利开展。3 月底，50 名鸿儒全被授予翰林院官职，成为纂修官；5 月，又命内阁学士徐元文为《明史》监修总裁官，掌院学士叶方蔼、右庶子张玉书为总裁官；12 月，正式开馆办务。

（一）待遇优厚，政策宽松

征召博学鸿儒作为笼络士人的重要手段，清政府对所荐士人各方面都很优遇。纂修《明史》又是朝廷为争取汉族士人而安排的关键一招，故不惜为修史提供最好的条件。

鸿儒之一的毛奇龄，在其所著《史馆兴辍录》中，详细记述了当日鸿儒初入史馆的情况。

> 史官五日一到馆，领题归寓，不过值馆日缴文而已。但本朝原无史馆，诸史官亦并无纂修事，兹专为纂修《明史》而设，祇其仪注有不可考者。自上开制科，以予辈五十人充明史馆官。其到任日，监修、总裁与

诸史官只一揖。监修总裁负北牖南面铺簟登土炕坐，诸史官以次登炕，接总裁南面，东西环坐，东环者转而西面，至门止，西环者转而东面又转而北面，亦至门止，全无比肩抗颜之嫌。其收掌司录皆中书主事，并不上堂参揖；而监修系满汉中堂，凡侍立者皆内阁中书，多进士出身，与诸史官亦并不一肃手。即供事官点茶数巡，自监修总裁诸史官外并不一及。甚至查检史书，则侍立中书执钥，启金龙大柜，取书列长筵翻阅。其一时相形如此。是以当事重举纂修主事并纂修监生，以淆其局，而主事监生亦仍居廊房，未尝上堂。乃复荐诸旧同馆官若干人，并充纂修，则一体升降，有何分别。①

可见，修史官颇受礼遇，地位较高，他们与总裁、监修各官平等、融洽相处，查检史书也很方便。毛奇龄提到的旧同馆官，是指添加卢琦、王鸿绪等16名词臣为史馆纂修官，与鸿儒一道修史，纂修官共计66名。

纂修《明史》初期，康熙帝的政策较为宽松，他接受史臣和总裁上书请求广征文献的建议，不拘明朝遗老，不避忌讳。毛奇龄记载说：

> 日者搜讨崇祯朝死事诸臣，因实录缺失，长编未成，虑其间定多湮灭不传之人，许任意搜讨，不拘分限题目。②

总裁徐元文上《请购明史遗书疏》，请求征集史料，"征遗献"，聘请明代故老，让李清、黄宗羲、曹溶等故老遗民各上所著书。如黄宗羲为明史馆通过官抄、捎带和自献提供了大量史料，仅官抄的就有217卷《明文案》和《明史案》，《明史·儒林传》亦多取《明儒学案》③。汤斌在与黄宗羲的信中称誉道：

> 史局既开，四方藏书大至，独先生著述弘富，一代理学之传如大禹导山导水，脉络分明，事功文章，经纬粲然，真儒林之巨海，吾党之斗杓也。④

---

① 毛奇龄：《西河文集》，《史馆兴辍录》。
② 毛奇龄：《西河文集》札子一，《史馆奉总裁先生》。
③ 赵连稳：《黄宗羲与〈明史〉编纂》，《山东师大学报》（社会科学版）1996年第5期。
④ 汤斌：《汤子遗书》卷四，《答黄太冲书》。

毛奇龄在《寄张岱乞藏史书》中，言辞恳切地向著名的遗民史家张岱请求，将他所藏资料借予史馆参考①。吴梅村的《绥寇纪略》一书曾因其凡例中有涉忌讳之语，致使刻书人邹流漪遭"拘系赴解"②，当《明史》开局后，情况发生了变化，尚未出全的本子，立即有了足本。朱彝尊记述道：

> 明史开局，求天下野史，有旨勿论忌讳，尽上史馆。于是先生足本出，予抄入百六丛书，归田之岁，为友人借失。后十八年，从吴兴书贾购之，怳如目接先生之声欬也。绥寇之本末，言人人殊，先生闻之于朝，虽不比见者之亲切，终胜草野传闻，庶几可资国史之采择者与。③

可见，禁令的确一度有所放松，出现了地方上积极配合献书的局面。

在修史初期，从康熙十九年（1680 年）到康熙二十二年，皇帝很少过问《明史》修纂的具体问题，只是告谕"据实秉公，论断得正"④。研究《明史》的黄云眉先生论证了《明史》修纂受到"时主之钳制"，不过从他列举的例子来看，"时主"这类要求"从公论断"的告谕，最早是在康熙二十二年（1681 年）八月⑤。到康熙中后期，有关修纂明史的政策才越来越严。

清廷征召山林志士，开局修史，这是抚慰士人心灵、缓和汉人民族情绪的最佳药方之一，迎合了遗民的心理，也正中鸿儒们的下怀。因为遗民史家将强烈的民族情绪和经世意识寄托于明史的修撰上，"以故国之史报故国"，他们力图保存故史，以告慰先朝，明前代之得失，告知后人有关明代的典礼制度，反思明亡的原因。这些遗民不愿入仕，拒绝当局的"盛情相邀"，但修史毕竟是他们的未竟事业，是他们的遗恨，所以，遗民很关注官方明史的修纂，在不事清朝的原则之下，为修史而尽量让步。他们为史臣提供了力所能及的帮助，其史学思想也在很大程度上影响着史臣，如潘耒曾将顾炎武的史学观点带入史馆，为大家学习借鉴。这些遗民与鸿儒史官甚至总裁官，还有着亲密的接触和割舍不断的联系。受到遗民的感染，鸿儒将修史作为经世致用的一个途径，他们怀有强烈的责任感，积极参与《明史》的纂修，完成一个史官的使命。

---

① 毛奇龄：《西河文集》书四，《寄张岱乞藏史书》。
② 施闰章：《学余堂文集》卷二十七，《为邹流漪致金长真》。
③ 朱彝尊：《曝书亭集》卷四十四，《跋绥寇纪略》。
④ 蒋廷锡：《东华录》康熙二十二年十一月条。
⑤ 黄云眉：《史学杂稿订存》，齐鲁书社 1980 年版，第 157 页。

（二）积极建言，勉力修史

开馆后，纂修官以五十鸿儒为主体，分为五组，先编洪武至正德间事，由总裁与诸纂修酌定阄派，于康熙十九年（1680 年）正月至二十年六月完成；康熙二十年六月至二十一年四月，分纂明末泰昌、天启、崇祯三朝事迹；康熙二十一年四月至二十二年，分撰嘉靖、隆庆、万历三朝事迹①。

朝廷优待馆臣，禁令略松，鸿儒馆臣踌躇满志，惟思一展才华，修得善史，传信万世。他们纷纷建言，就史书材料、编纂体例及其他具体的、尚存争议的问题道出自己的见解，献言献策。

1. "开献书之赏，下购求之令"

史料是编史的基本材料，是修史的基础。明代的史料虽然丰富，在鸿儒眼里，官方史料只有《实录》、《宝训》而已，不像其他朝代还有起居注、日历、会要、时政纪等。而明代《实录》又几经删改，各种野史、家乘、笔记记载失实，尤其是明末天启以后，《实录》缺载，众多问题记载悬殊，荒诞不经。适值明清易代、种族变更，许多犯民族忌讳的史料并不能公开地去采掇，鉴此，鸿儒馆臣大胆建议、不避忌讳，收集史料。好在当局名义上实行笼络，对此事较为开明，准许多方搜讨。

潘耒上《请广秘府书籍以光文治疏》，请求广收遗籍，备修史之用。他说："……非下求书之令，除忌讳之条，悉访民间记载与夫奏议、志状之流上之史馆不可也。"②潘耒在撰修《食货志》时，因"采料"困难，他不仅采用《实录》中的记载，又博采诸家著述、名臣奏议与典章故实之书。

施闰章在《修史议》中指出修《明史》有八难，其中第一难"考据难"，就是指史料缺乏，无从依据。他说："明史如《大政纪》、《吾学编》、《宪章录》诸书，皆其自洪、永迄于万历，启祯二朝信史缺然，此考据之难也"③，清楚地道明了万历以后史料稀少的状况。

朱彝尊在《史馆上总裁第二书》中提出"史馆急务，莫先聚书"。他认为前代都有采书之官，搜括天下图籍。明代万历时，阁中故书，十亡六七，只有地志俱存。他建议道：

　　　　阁下试访之所司，请于朝，未必不可得。又同馆六十人，类皆勤学洽

---

① 黄爱平：《明史纂修与清初史学》，《清史研究》1994 年第 2 期。
② 潘耒：《遂初堂文集》卷五，《修明史议》。
③ 施闰章：《学余堂文集》卷二十五，《修史议》。

闻之士，必能记忆所阅之书，凡可资采获者，俾各疏所有，捆载入都，储于邸舍，互相考索，然后开列馆中所未有文集、奏议、图经、传记以及碑铭、志碣之属，编为一目，或仿汉唐明之遣使、或牒京尹守道、十四布政使司，力为搜集，上之史馆。其文其事，皎然可寻，于以采撰编次，本末具备，成一代之完书，不大愉快哉！①

另外，针对崇祯朝无实录，他认为编纂长编时，不仅应依据十七年邸报，还应取四方所上之家录野记，并可向朝廷借阅太宗、世祖两朝实录，用以参详同异②。

鸿儒馆臣的这类建议得到了总裁和朝廷的首肯，采书、求遗献的思想很快开始实施。于是，馆臣以极大的热情投入求书、购书的行动中。汤斌为寻找史料，寄信回家。他在信中写道：

> 欲将明朝书细看一番。京师不能寻买，前开去数种，除吾家所有外，你袁二叔公垂子淳皆可借……；已开馆，吾州先辈李司空、蔡司马、鲁光禄、李恭敏、袁司马、李通政并唐定州传，查出与吕新吾先生志传、忧危书寄来。③

2. 统一体例，各抒己见

开馆后，鸿儒认为以往私史强于官修的原因就在于体例的统一上，因此为了尽量避免官修的诸项弊端，强调应充分重视体例。

开馆逾月，未见颁示体例，于是朱彝尊迫不及待地上呈《史馆上总裁第一书》，指出"盖作史者，必先定其例、发其凡，而后一代之事可无纰缪"④。潘耒亦认为：

> 大凡作书最重义例……今为史，亦宜先定规模，发凡起例，去取笔削，略见大旨，何志当增，何志当裁，何传当分，何传当合，先有定式，载笔者奉以从事。及其成也，互相雠勘，总其事者复通为钩考，俾无疏漏

---

①　朱彝尊：《曝书亭集》卷三十二，《史馆上总裁第二书》。
②　朱彝尊：《曝书亭集》卷三十二，《史馆上总裁第七书》。
③　汤斌：《汤子遗书》卷四，《寄示诸子家书》。
④　朱彝尊：《曝书亭集》卷三十二，《史馆上总裁第一书》。

舛复之失，乃可无憾①。

施闰章所谓的"牵制之难"实际上就是指体例统一，以免出自众手，前后矛盾。他说：

> 古人修书出于一人之手，成于一家之学，班、马是也，后此分曹共局，是非抵牾，议论蜂起，腐毫秃翰，相持不下，此牵制之难也②。

于是馆臣就编纂之体例阐发新观点，各抒己见，甚而展开了激烈的争论。

朱彝尊认识到"历代之史，时事不齐，体例因之有异"，并特地指出明代与前代有异的众多问题，以引起总裁重视，便于合理安排体例。诸如建文逊国、长陵靖难、"大礼议"的争端、封藩卫所、土司等，另外河渠志须兼漕运，以及江防、海防、御倭之术，刑法志宜兼厂卫③。彝尊主张立土司传，因为明代仿元朝例，立宣慰、招讨、安抚、长官四司，在云南、广西、贵州、湖广、广东等地分设不等数额的官员。他说："予在史馆，劝立土司传，以补前史所未有。毛检讨大可是予言，撰《蛮司合志》，因以是编资其采择焉。"④ 他还赞成采用史表，认为史表乃历代正史所必不可缺者。他高度赞扬万斯同所作的《万氏历代史表》（含明史表13篇），"揽万里于尺寸之内，罗百世于方册之间，其用心也勤，其考稽也博，俾览者有快于心，而无烦费无用之失者与"⑤。

汤斌对《明史》本纪的编写颇有见识，主张本纪当法《宋史》例。因为《宋史》因事定例，简而有要，如即位、册立诸诏，记其事、删其文可也；如战攻、方略、训诫臣民，志传不能载，于本纪总括数句，一代事迹粲然完备。相比之下，《唐史》过于严格，《元史》过于繁芜⑥。他还提出了一系列具体原则：仿汉唐高祖例，明太祖四代考妣止当于本纪内载明，不必另作附记；睿宗当依《汉书》定陶共王例为妥，睿宗当称兴献王，兴宗当称懿文太子，均

---

① 潘耒：《遂初堂文集》卷五，《修明史议》。
② 施闰章：《学余堂文集》卷二十五，《修史议》。
③ 朱彝尊：《曝书亭集》卷三十二，《史馆上总裁第一书》。
④ 朱彝尊：《曝书亭集》卷四十四，《书土官底簿后》。
⑤ 朱彝尊：《曝书亭集》卷三十五，《万氏历代史表序》。
⑥ 汤斌：《汤子遗书》卷五，《本纪当法宋史议》。

载入诸王下，必君临天下方称纪；宸濠藩镇依《汉书》七国例为妥，不必立叛宗传；文苑必著述成家方可入，若以一二首诗佳便入，则文苑太滥矣；宦官传当分别邪正，未可专论时代①。

至于《道学传》的设立与废除，成为史馆中争论的焦点。《道学传》在《宋史》中始设，从《儒林传》中分离而出，所谓言性理者入《道学》，言经术者入《儒林》，以同乎洛闽者进之道学，异者入之儒林，意在显扬大儒程、朱在发展儒学中的伟绩和显示程朱理学在诸学中的地位。明代中后期，王阳明"心学"产生，推动了程朱理学的发展，但同时又是对理学的否定，最终使理学走向末路。这样，明代就有程朱理学之后学与王门后学的门户之争，势同水火，到清初仍绵延不绝。是否设置《道学传》的核心问题是对王学的定位问题，是否肯定其在整个宋明理学中的地位问题，包括王学是否与理学一脉相承，能否与程朱理学及其后学相提并论等问题。故《道学传》的废置，实际上是思想史上的争论延及《明史》编纂体例之中的表现。彭孙遹提出应"照仿《宋史》例，将明儒学术醇正，与程朱吻合者，编为《道学传》，其他有功传注及学术未醇者，仍入《儒林传》"②。当时，《明史》总裁徐元文、乾学兄弟深刻领会到了最高统治者尊程朱、贬王学的意向，主张设置《道学传》，把他们认为是程朱后学的人收列进去，而王学及其末学置于《儒林传》。但史馆内外大多不同意设置，且角度和立场各不相同。

一向宗程朱、斥王学的张烈，在其《读史质疑》中云，《明史·道学传》不可立。理学大臣陆陇其后来谈及他初闻张烈言论的感受："初甚骇其论，潜玩味之，觉此言非孟浪。窃因其意推之，史有特例，后人不必尽学。"他分析说：

> 《宋史》作《道学传》，前史所未有，盖以周、程、张、朱，绍千圣之绝学，卓然高出于儒林之上，故特起此例以表之，犹之以世家尊孔子耳……于《明史》中去此一目，以示特尊濂、洛、关、闽之意，亦可以止天下之好作而不好述，未尝窥见先儒之源委本末而急欲自成一家者。……今若合而一之，使人知道学之外别无儒者，于以提醒人心，功亦不小。尊道学于儒林之上，所以定儒之宗，归道学于儒林之内，所以正儒

---

① 汤斌：《汤子遗书》，《潜庵先生拟明史稿·明史凡例议》。

② 彭孙遹：《松桂堂集》卷三十五，《明史立道学忠义二传奏》。

之实，宋史、明史相为表里不亦可乎？①

　　陆陇其攻击王阳明好为立异，与程朱等大儒不可同日而语，这与张烈的观点一致。朱彝尊分析说：

　　　　其（《宋史》）意若以经术为粗，而性理为密，朱子为正学，而杨、陆为歧途，默寓轩轾进退予夺之权，比于"春秋之义"。然《六经》者，治世之大法，致君尧舜之术，不外是焉。学者从而修明之，传心之要，会极之理，范围曲成之道，未尝不备，故儒林足以包道学，而道学不足以统儒林②。

　　朱彝尊以为，明代讲道学者薛文清而外寥寥无几，而薛氏立传当在宰辅之列，若取剩下的儒者标为道学，上不足以拟程朱，下不足以敌儒林之盛。这里朱氏重新探讨了"儒"的含义，若欲为明代程朱学派立《道学传》，只能适得其反。

　　汤斌素来不认为朱王有异，而是其后学互为攻击，妄分畛域。不过，他仍有意为王学鸣不平，他分析宋史立《道学传》时体例未为允当，名义上是定儒之宗却并非是以学术高下为选列标准。"学术最正"的蔡元定、吕祖谦、胡安国等没有列入，而黄干、李燔、陈淳等却得以门人附朱子之后。学术贵自得，不专在师传。所以汤斌有两个提议：

　　　　一是依宋史例，则当以薛文清、曹月端、吕泾野、罗整庵等为一卷；王文成、邹东廓、罗念庵等为一卷；顾泾阳、高景逸等为一卷。二是若不立道学传，则薛以相臣、王以勋封俱入大传，儒林则以曹月端、陈白沙、胡敬斋、罗念庵诸公一二十人与注经释传者先后并列③。

　　后来，馆外的主持学术风会的大师黄宗羲作《移史馆论不宜立理学传书》，由汤斌出示史馆。黄氏对徐氏兄弟的《修史条议·理学四款》一一驳

---

①　陆陇其：《三鱼堂文集》卷五，《答徐健庵先生书》。

②　朱彝尊：《曝书亭集》卷三十二，《史馆上总裁第五书》。

③　汤斌：《汤子遗书》，《潜庵先生拟明史稿·明史凡例议》。

诘①。他主要是从学术思想、史学编纂等方面考虑，同时也有为王学、浙东学派呐喊的意味，其立场与汤斌十分相似，但态度更坚决，对最终取消《道学传》的设置作用极大。在众人的褒贬议论声中，在各种因素的影响下，徐氏兄弟最终放弃了设置《道学传》的打算。

3. 考证欲精，以疑存疑

鸿儒欲修成天下公书、一代信史，关键是要刬清事实，秉笔直书。事实确凿，是褒贬议论的基础。修史重考订事实，是中国史家的传统，明代重考据的学者又进一步光大之。明代自万历时起一大批史学家如沈德符、王士贞、焦竑等富有责任心，对《实录》被篡改、野史的虚妄、家乘铭状的拔高等现象进行指责，并考辨其中的舛误，开一代史学考证的风气之先，使野史掌故之书由随手撮记、道听途说向采据《实录》、注重考核的严肃方向发展。② 到了明清之际，这种严肃的史学取向得到了加强，钱谦益、黄宗羲、顾炎武、潘力田等都注重史实的考辨。

潘耒受到其兄潘力田、业师顾炎武的影响，尤其重视考核史实，不因循苟且，他推崇其兄所著的《国史考异》、《松林文献》，认为其最有价值的特点是"考订精核"。故在纂修《明史》时，他提出"考证欲精"，对于所利用的史籍、资料一定要加以考证、辨定是非，核其虚实，参伍众说。对于建文出亡一事所涉及的史料《从亡录》反复申说，对其中多处可疑的说法一一辩驳。

施闰章所说的修史"核实难"，即是指核实所见异闻异词，做到有疑必阙。许多馆臣都很谨慎，不轻下断言，而是以疑存疑。

毛奇龄在史馆时曾起草四川成都府郫县知县赵嘉炜死事一传，已交付收掌房。一年后，他发现所草该传有失实之处。因为崇祯之末，记注未备，而四川又经农民起义的扫荡，民无子遗，他所参考的记载有任意捏撰之嫌。于是，他再三研勘，参考成都城破的时间等要素进行分析，核实诸书，并建议总裁但从阙疑，暂悬其事，以俟再考③。

朱彝尊注意收藏图籍、金石，其目的在于为了寻求历史的客观性，为前代的史书辨正舛误，为后代史书搜寻积累反映事实真相的史料。例如，《实录》中有关高丽硕妃的记载不实，他通过地方史料来加以证实，他在《南京太常寺

① 曹江红：《黄宗羲与〈明史·道学传〉的废置》，《中国社会科学研究生院学报》2002 年第1 期。

② 葛兆光：《明清之间中国史学思潮的变迁》，《北京大学学报》1985 年第 2 期。

③ 毛奇龄：《西河文集》札子一，《奉史馆总裁札子》。

志跋》中写道：

> 谈迁《枣林杂俎》述孝慈高皇后无子，不独长陵为高丽硕妃所出，而懿文太子及秦晋二王皆李淑妃产也，闻者争以为骇。史局初设，彝尊尝以是质诸总裁前辈，总裁谓宜仍实录之旧。今观天启三年《南京太常寺志》，大书孝陵殿宇，中设高皇帝后主，左配生子妃五人，右祗硕妃一人，事足征信。然则实录出于史臣之曲笔，不足从也①。

关于建文朝事，朱彝尊从诸多方面寻觅蛛丝马迹，使事实真相浮出水面。他从方孝孺的文集大多赖其门人、友人传承推论出方氏门人、友人当日并未全及于难，以此知"合门人故友为十族之说亦传之者过与"②。顺治初，大学士冯铨入内阁，见《熹宗实录》中天启四年纪事毁己尤甚，遂去其籍，无完书，因而《实录》真实性值得怀疑；针对后来论世者多以《两朝从信录》是徵，朱彝尊认为该编已不足信③。

在馆中，针对野史及《实录》的失实，鸿儒进行辨析；对明亡的原因、对大礼议等问题都做了深刻的思考和考证。如汤斌对明代《实录》有清醒的认识，他指出《实录》未可尽信，其书方孝孺叩头乞哀不可信，其对于王阳明的议论有不公之处，因为《武宗实录》作于世宗初年，操笔者多忌功争名之辈，难免有不平之论④。

此外，鸿儒关于修史尚有许多有价值的建议和思想，如建议不立年限，从容编纂；天文、地理等专业性较强的志传，要请专家分任、检阅，这些都对当时的修史产生过重大的影响。

（三）秉公持正，价值独特

在史馆人员的共同努力下，康熙二十二年（1683 年）左右，十六朝纪传之稿基本完成，次第呈上史馆。史志则脱稿较晚，如潘耒去馆归家时，其所分撰《食货志》部分，因史料繁杂，才刚刚完成。大部分史臣按时完成了分配任务，亦有因事或逃避推诿离开史馆而未能如期完成，此为初稿。到康熙二十九年左右，第一部纪传志表俱全的史稿初步编成，凡 416 卷，此稿经万斯同修

---

① 朱彝尊：《曝书亭集》卷四十四，《南京太常寺志跋》。
② 朱彝尊：《曝书亭集》卷三十六，《逊志斋文抄序》。
③ 朱彝尊：《曝书亭集》卷四十五，《书两朝从信录后》。
④ 汤斌：《汤子遗书》，《潜庵先生拟明史稿·明史凡例议》。

改，简称"万稿"，为第二稿。此后，王鸿绪修改删减史稿，于五十三年以
205卷之传稿进呈，雍正元年（1722年）以310卷之纪、志、表、传全稿进
呈，此即王稿，为第三稿。从雍正元年至乾隆四年（1739年）修改王稿，乾
隆四十年至五十年修改及考证已刊之张廷玉等进呈本，此是第四稿。

　　康熙二十九年（1690年）之后，鸿儒参与明史纂修的工作甚微，已知的
有李因笃，老病卧床，协助王鸿绪修改《横云山人史稿》，王顼龄曾参与雍正
元年的总裁监修工作，故鸿儒的修史主要集中在康熙二十九年之前，尤其是十
九年至二十四年之间。因为到二十四年止，因各种原因离开史馆的鸿儒已占相
当比重。

　　鸿儒所完成的初稿，应该说是后来几稿的基础。万事开头难，鸿儒史臣在
《明史》材料的全面搜集、编纂体例的初步设定、材料的考核等方面做了大量
艰苦而富有创新的工作，后来的修改者都是在此基础上来增写论赞、论定是
非、分合传目、删改传文、润色词章的。且第三稿是将初稿和万稿同时修改，
并未脱离初稿。到雍正时，仍有人很重视初稿，"蒋继轼将馆中尚存的原纂修
官汤斌、汪琬及诸名人史稿加以整比次第，以资笔削"①。所以，鸿儒所纂
《明史》在整个《明史》系统中的分量不可小觑。

　　修史对新朝来说，是论证清朝的正统地位及以清代明合理性的政治措施，
是统治者加强思想统治的一个重要步骤。官方有一个与私家修史不同的指导思
想和原则，而在《明史》开馆之初，这一政策正在形成，尚未定型。从顺治
朝到康熙前期，统治者的精力主要集中于政治军事的镇压上，无暇顾及思想文
化领域里汉人所流露出的对抗情绪；而博学鸿儒开科前后，政府又极力笼络士
人，直到康熙二十四年（1685年）之前，三藩初定之际，鸿儒拥有一个绝好
的自由空间。因此，鸿儒修史时期是清政府对修纂《明史》控制最松弛的阶
段，这为鸿儒史臣畅所欲言、大胆创新和冲破政治禁锢提供了天赐良机。

　　鸿儒史官在史学思想上，都有以往封建史家所固有的纲常伦理道德规范，
讲究编史的"道法"，看重"春秋大义"，这使他们有较公正平实的史观；在
思想感情上，他们和遗民史家走得很近，具有一定的史学经世的意识，对于可
能影射明清易代的诸多问题有敢于揭示历史真实的良知和识见。这种封建史臣
的史观和良知，是有别于清初正在形成过程中清政府的史观和"公论"的，
直到乾隆中后期，后者才开始与前者并轨，对诸如南明王朝的正统问题、对抗
清的明朝志士才开始转变看法。

---

① 王懋竑：《白田草堂存稿》卷十九，《蒋君西圃墓志铭》。

因此，鸿儒所纂的《明史》初稿，尚未受到统治者严格的限制和干涉，展示出了与官方后来形成的"公论"并非吻合的史学立场和观点。不过，鸿儒史臣也有很多无奈，笔柄最终控制权不在他们手中，他们没有最终的评判权，况且，"文字常伏危机，吹毛动成大戾"①。诸如明末抗清诸人，对明朝来说是忠臣义士，对清朝来说是不识大体的逆贼；判定建文帝是焚死宫中还是出亡他乡，还得看是否有利于清廷；是否立《道学传》，还得看清廷对程朱陆王的取舍去就。鸿儒尚可在一定的范围内坚持己见，如《道学传》的废置，便是鸿儒与讨好清廷的总裁徐元文兄弟间的一个较量。有关"建文逊国"一事，也是如此。总裁王鸿绪在其《明史稿例议》中，武断地采用建文帝在宫中自焚的论断，而诋斥野史记载的建文出亡一说。孟森先生揭示王氏的用意说：

> 清初人尚思明，若朱三太子亦竟以一孩童在罗网之内，历六七十年，为海内遗民之所附丽。当时惟有此嫌忌，故于故君或故君之子，务指为国亡后必不幸存，亦是杜绝人望之私意。横云惟能体清廷之意，而于明代之疑案，特力持其武断之说以迎合之②。

此前，鸿儒史臣对"建文逊国"一事各执一词，邵吴远、徐釚、徐嘉言等都持"出亡"说，当时徐嘉炎坚持认为"即未必有之，亦当存此说于天地之间"③。潘耒、朱彝尊虽然极力攻驳野史《致身录》记载之失实，但朱彝尊并不否认"出亡"说，而是主张传疑，与王鸿绪大异其趣，且许多史臣对建文事迹都在疑信之间。

除开文字狱的残酷和散布的阴云对清初史学所产生的消极影响外，康熙帝通过对封建史学思想的采用和改造，形成了清朝的史学"公论"，逐渐阉割了清初史学思想中的民主性，淡化了人们的故国之思。清初遗民史臣的那种经世史学思想逐步消失，对科举制度、枵腹空谈的批判变为对空疏学风的集中批判，对封建专制、君主集权的批判蜕变成对忠君的片面强调，对民族情绪的抒发、对抗清农民军的歌颂淡化到对忠义气节的单方面的高扬。从鸿儒史臣的原稿与后来几个《明史稿》的对比中，可以清楚地窥视其中的演变步骤，这一

---

① 施闰章：《学余堂文集》卷二十五，《修史议》。
② 孟森：《建文逊国事考》，载《明清史论著集刊》，中华书局1959年版，第7页。
③ 汪景祺：《读书堂西征随笔》，《熊文端明史》，上海书店1984年版。

点葛兆光先生揭示得非常明白①。康熙三十一年（1692 年），康熙在审阅馆臣所呈明史稿后，就评论明代君臣问题发论，曰：

> 熊赐履写签呈奏，于洪武、宣德本纪訾议甚多，朕思洪武系开基之主，功德隆盛，宣德乃守成贤辟，虽运会不同、事迹攸殊，然皆励精著于一时，谟烈垂诸奕世，为君事业，各克殚尽。……朕自返厥躬于古之圣君，既不能逮，何敢轻议前代之令主耶！若表扬洪武、宣德，著为论赞，朕尚可指示词臣，撰文称美，倘深求刻论，非朕意所忍为也②。

康熙站在"一代之王"的立场上指斥史臣，他明白訾议明朝君主，也就为往后的臣子訾议清朝君主留下了空隙，因此他极力维护前朝君主，这就为史臣画定了禁地，随着他对修史的逐步深入的了解和干预，类似的禁地东一片、西一块，拒斥史臣自由的笔端。这就是正史史臣们的悲哀！值得庆幸的是，鸿儒史臣受到的影响较小，使得鸿儒的《明史》初稿具有独特的价值。

鸿儒所撰明史稿大多借文集保留下来，像朱彝尊的《曝书亭集》、潘耒的《遂初堂集》、汤斌的《汤子遗书》、彭孙遹的《松桂堂集》、沈珩的《耿岩文选》，也有专门刊辑所撰史稿，像尤侗的《明史拟稿》、方象瑛的《明史列传拟稿》、施闰章的《明史列传稿》等。他们留存史稿，不仅为了垂名后世，且尚有让后代史家再行考辨、重新评说、做最终决断的意图。如汪琬有言：

> 所撰止于如此，然而舛错迭见，缺略时有，欲无得罪于古人，盖其难矣。既以录上史馆，及归，而犹不能不藏弃此稿者，非敢望名山其人如史迁所说也。孤位苟禄，迁延岁月，亦聊以志愧云尔③。

毛奇龄特地作《武宗外纪》，也有自己的考虑：

> 予观同馆之为史者，其为武宗纪，不忍斥言人主之过，凡实录所载诸可鉴事，皆轶而不录。夫史以垂鉴，不讳好恶，而乃以恶恶之短，而致本

---

① 葛兆光：《明清之间中国史学思想的变迁》，《北京大学学报》（哲学社会科学版）1985 年第 2 期。

② 《清圣祖实录》卷一五四，康熙三十一年正月丁丑条。

③ 汪琬：《尧峰文抄》卷三十，《拟明史列传自序》。

身所行事而皆轶之，是本也而外之矣。因题曰外纪。①

　　从史家观点立场、思想感情上来说，鸿儒史臣是清初遗民史家与正统《明史》纂修官之间的过渡；从史学方法上来说，鸿儒史臣亦是将自明代中期以来的考据方法用于纂史实践的有力推动者。随着文化政策的愈加严格，从康熙后期起，作史者不敢逾越官方论断，于是便在考证历史上下工夫，将此种方法越推越密。

二、典试各省及经筵日讲

　　在修史的过程中，康熙二十年（1681 年）鸿儒到各地去充任乡试考官就开始了。典试地方是一件自由而实惠的事情，鸿儒们无不乐于前往。二十四年，康熙选拔八名新的经筵讲官，有七名是鸿儒。讲官、起居注官直接侍皇帝左右，责任重大而荣耀异常。待到史事大体完毕，那些尚在京师留任的学力深厚的鸿儒，又被选任《一统志》等书籍的纂修官，为清廷效力。

　　（一）典试各地，选拔人才

　　三年一届乡试，这是读书人中举进入仕途的重要途径，是学子及其父母、亲友的希望得以实现的关键一步。慧眼卓识、清廉正直的考官是一个地区选才公正的保证，也是培养国家有用之才的实施者。对于鸿儒来说，他们担任典试，十分荣耀，因此他们竭尽全力去完成使命。

　　自康熙二十年（1681 年）秋季始，鸿儒科诸公就陆续分任各地乡试考官。朱彝尊典试江南，严绳孙主山西，汤斌主浙江，袁佑典试浙江，秦松龄主江西，王顼龄主试陕西，汪霦典试陕西，邵吴远典试广东，沈珩为顺天副考，施闰章主试河南。此后的乡试、会试，皆有鸿儒参与担任考官。如甲子年（1684 年）周庆曾主浙江乡试、秦松龄典顺天乡试。当三藩以次削平，各省次第补行乡试，鸿儒屡屡任考官。乔莱，主考广西壬戌（1682 年）科，方象瑛典试四川癸亥（1683 年）科，米汉雯主考云南癸亥科，徐嘉炎主贵州壬戌科②。

　　在典乡试时，鸿儒都恪尽职守，主张公正，大都有知人之鉴、得人之实，受到广泛赞许，为国家遴选了栋梁之材，也为考官自己获得了一批门生、学者。

　　朱彝尊典江南乡试，"拜命之日，屏客不见。既渡江，誓于神，入闱，矢

---

① 毛奇龄：《西河文集》，《武宗外纪》。
② 王士禛：《池北偶谈》，《补乡试》。

言益厉，关节不到。得胡任舆、陆肯堂、黄梦麟等，尽知名士，人皆悦服"。次年春，复命入都，魏象枢穿着朝服造访，再拜而曰："吾非拜君也，庆朝使之得人也"①。典试时，朱彝尊态度严肃，视之神圣，"作《告江神文》、《贡院誓神文》以自励"②。

施闰章奉命典试河南正主考，冬十二月赴阙复命，作河南乡试策问五道，拟程文三首，首题"十室之邑"一节，次题"柔远人"二句，三题"礼之实"二段，取中举人宋生、张伯行等47人③。

汪霦典试陕西，榜发，皆知名之士，后又主顺天乡试，榜发，论者称其英明；陆棻，主福建庚午（1690年）乡试，所取士多名彦，癸酉（1693年）任顺天武乡试副考官；潘耒，壬戌（1682年）为会试同考官，得士12人，皆天下选；方象瑛典试蜀中，尽心甄录，不苟充赋，蜀士之风，欣然一变；钱金甫，典试江西，知人明鉴；周庆曾，甲子主浙闱，自吴至浙，百姓感激，舟上舟下哭声一片；李澄中典试滇南庚午科，秉公持正，所得皆一时名彦④。

在典试的同时，鸿儒又可乘隙游览山川，遍访友人，十分快意。朱彝尊描述这种惬意说："惟三年一省试，主司毕事而返，不立程限，归时所经历岩壑之胜、友朋文酒之会，偶一流连胜咏，而闻者不以为非。盖圣主尚文，故遇使者特优"⑤；方象瑛于四川既定，诏补省试，奉命遄往，归而雕刻其诗为《锦官集》；王顼龄主陕西试，发榜后，"揽咸阳之胜，浴乎温泉，跻太华颠，出潼关，渡河而北，往还赋诗五十首，乃甄综闱墨以行，镂诗板以示同好"。⑥

（二）经筵讲论，以资启沃

经筵是皇帝学习经史的正式活动之一，它由讲官讲授，皇帝恭听，一般于春秋两季举行，每月三次。讲官多是在政治、学术、道德等方面出类拔萃之人，其作用可谓巨大，宋代理学家程颐曾云："天下重任，惟宰相与经筵。天下治乱系宰相，君德成就责经筵。"⑦

康熙九年（1670年）十月，在熊赐履讲经的启示下，康熙认识到"帝王

---

① 杨谦：《朱竹垞先生年谱》，康熙二十年53岁、康熙二十一年54岁条。
② 王钟翰点校：《清史列传》卷七十一，文苑二《朱彝尊》。
③ 施念曾：《施愚山先生年谱》，康熙二十年64岁条。
④ 秦瀛：《己未词科录》卷二、卷三。
⑤ 朱彝尊：《曝书亭集》卷三十七，《方编修锦官集序》。
⑥ 朱彝尊：《曝书亭集》卷三十七，《王学士西征草序》。
⑦ 程颐、程颢：《二程集》（第二册）卷六，《论经筵第一札子》。

图治，必稽古典学，以资启沃之益。经筵日讲，允属大典，宜即举行"①。于是，开始经筵讲习。十年三月，康熙又接受复设起居注的请求，初设起居注官八员，他们是在许多重大场合随侍皇帝左右、专门记载皇帝言行的官员。在康熙早年的经筵日讲中，熊赐履等一大批儒臣将程朱理学灌输给这位少年天子，使之很快进入了儒学之门、朱子之室，形成了自己的思想体系和治国之道。随着康熙对汉文化的认识愈加深刻，他对汉族大臣、文人愈加倚重，于康熙十六年设南书房，选进一批儒臣，经常与之商讨国是。

博学鸿儒开科后，"康熙辛酉（1681 年），增起居注日讲官八人，为峨嵋（曹禾）暨汤潜庵、秦对岩、徐健庵、王瑁湖、朱竹垞、严藕渔、潘稼堂，鸿词居其七云"②，除徐乾学外，其余全是鸿儒中人，皇帝对鸿儒的优遇可窥一斑。当事人汤斌详细叙述了这次增补的经过，正月二十七上谕添设讲官，并谕"如汤斌可引荐之"。后皇帝在宫中写下八人姓名：汤斌、李来泰、施闰章、曹禾、秦松龄、朱彝尊、严绳孙、徐乾学。上曰："此朕所素知皆学问最优者，内阁掌院再斟酌，如还有好的，开来看。"次日掌院荐胡简敬、卢琦、邵吴远、徐秉义、彭孙遹、王顼龄、潘耒七人，后经裁择决定人选。由此看出，康熙了解到鸿儒中多悉经通史的理学儒士，他们是经筵讲官的合适人选。这次康熙大规模新增经筵讲官，无疑给"日讲"添加一种新气象、一股活力。后来，增添日讲官的事也常有之，乔莱就是一例，皇帝称赞他"学问优长，文章古雅，爰命君充日讲官，知起居注……"③

入选的鸿儒讲官，深知讲官的责任重大，正如汤斌所谓"讲官所职者大，君心正而天下治，如天之枢纽转运众星而人不之见，讲官又是默令枢纽能转运底是何等关系"④。汤斌在康熙二十年（1681 年）初侍讲筵时，曾赋诗表白其雄心："经陈谟典天心正，学阐勋华帝道昌，敢向朝称管晏，何须文藻继班扬"⑤，可谓雄心勃勃！重任在肩，讲官们十分勤谨，丝毫不敢懈怠。汤斌自言入起居馆后，事务烦费，不如在史馆从容暇豫，接近岁末年节之时，都不辍日讲，"白雪盈阶，青宫黎明，御讲筵若不知有岁除者，直至二十五日祫祭斋戒始停讲。正月十九日即开讲，未尝一日间辍"⑥。汤斌又感慨此职难任，如

---

① 王士禛：《池北偶谈》，《经筵日讲》。
② 李集：《鹤徵录》卷二，曹禾条李遇孙按。
③ 朱彝尊：《曝书亭集》卷七十三，《翰林院侍读乔君墓表》。
④ 杨椿：《汤子遗书》卷首，《年谱定本》，康熙二十一年 54 岁条。
⑤ 汤斌：《汤子遗书》卷十，《辛酉二月初侍讲筵纪事二首》。
⑥ 汤斌：《汤子遗书》卷四，《寄示诸子家书》。

临深渊，他说：

> 皇上圣学日茂，近来工夫更加精密，每日讲《春秋》十条、《礼记》二十条，读史五十页，更研究性理之旨，词臣不能望其厓岸。当今官之难称职未有如词臣者也①。

相对而言，充任起居注官就要轻松愉快得多，一如朱彝尊所述：

> 今天子复立起居注，兼充日讲官，凡视朝听政，郊祀燕饮，靡弗趋侍，至瀛台避暑，则侍立双金螭畔，去黼座尤近。士子预是选，亦荣矣②。

朱彝尊在充起居注官期间，得到百般优容，试看他在康熙二十二年（1683年）侍班的情形：元日朝驾，赐宴太和门；十三日赐宴乾清宫，是夜赐内纾表二里；十五日仕食保和殿，是日再入保和殿侍宴；二十日，召入南书房供奉，赐禁中骑马；三十日，上自南苑回，赐所射兔③。真是荣极一时！

起居注官有机会接近皇帝，得睹天颜，还经常受到皇帝的赏赐，自然十分荣耀。但是，在记注时也得讲究一定的史法，尽管皇帝一般是不查阅的，但也有例外，如康熙晚年偶尔翻阅起居注时，发现记注官内多"年少微员"，皆非谙练事务之人，便取消起居注官。

经筵和日讲起居注活动显示了康熙对鸿儒讲官的优待和笼络，同时也是讲师对皇帝授课甚至规劝、发挥他们间接影响的重要机会。讲官潘耒在《进通鉴讲义表》中说：

> 《四书讲义》已于康熙二十四年闰五月遵旨先期汇进，今将讲过通鉴讲义缮写装潢题明进呈，伏愿圣心折衷于诵读之余，发挥于施行之际，则文武之道传在一人，尧舜之治永传万代矣④。

---

① 汤斌：《汤子遗书》卷四，《寄示诸子家书》。
② 朱彝尊：《曝书亭集》卷三十七，《严中允瀛台侍直诗序》。
③ 杨谦：《朱竹垞先生年谱》，康熙二十二年55岁条。
④ 潘耒：《遂初堂文集》卷四，《进通鉴讲义表》。

可见，鸿儒讲官比较珍惜这种机会，他们并非仅仅解释经传而已，而是力图成就君德。讲论之余，也是双方交流、商讨治国之道、处理国家大事的机会，在交流中互相启发和影响。

康熙的学习态度值得讲官欣慰。他主动复习，并自己要求复述已讲解过的内容，并议论历史人物、历史事件。讲习完毕，他还询问讲师对时政的看法，请讲官出谋划策。康熙往往命臣下将所讲经筵内容编成书籍，并为之作序，诸如此类的有《日讲四书解义序》、《日讲诗经解义序》、《日讲春秋解义序》，并作有《讲筵绪论》多则，谈论他对具体史事、史书、经典的认识，对于经史作用的看法等。如他写道："经学在于切实通明，折衷诸说，史学在于始末淹贯，论定是非，二者皆确有证据，难于支离其说，故必由积累之功涵泳之久"①。可见，康熙确实学有所获，这在政治上对他成为一代明君之作用不言而喻，在学术思想上为他尊崇经学、顺应当时的学术向经学方面转化产生了重大作用。因此，有学者评价经筵日讲在清初的特殊意义时说：

> 它不仅表明统治者对汉文化的认同，亦为思想界的发展起了引导作用。而日讲的施行，不仅为帝王修身养性、治国平天下提供了思想依据；身为讲官的儒臣，亦得由上通下达，以其思想直接或间接影响帝王，促使其对文化政策加以调整。这一积极意义，对清初动荡的社会局势来说，是极为关键的②。

（三）担任他职，恪尽职守

康熙二十四年（1685年），《明史》纂修已告一段落，因去世的、因事因病请假归乡的、升迁的、罢官黜级的，留在史馆的鸿儒已为数不多。康熙二十五年，康熙又抽调几位学问淹洽的人员去担任《大清一统志》的编修。曹禾充任副总裁，参与《一统志》的鸿儒还有：吴志伊、彭孙遹、钱金甫、徐嘉炎、黄与坚、米汉雯等。这对于他们来说，可谓轻车熟路，他们视之为神圣的职责，尽心尽力，如黄与坚修《一统志》，浙江郡县部分皆其所裁定，所论辩刊削极为精当。

除了纂修《明史》、《一统志》之外，鸿儒士人还承担当时修书、整理古籍的任务，并出色地完成使命。如乔莱充《太祖高皇帝实录》纂修官，将

---

① 《圣祖御制文集》（初集）卷二十七，《讲筵绪论》。
② 林存阳：《清初三礼学》，社会科学文献出版社2002年版，第287页。

《实录》由满文译成汉文，曲畅本旨，语简而事详，丝毫没有文义前后龃龉的现象，呈进后，天子称善；潘未充日讲起居注官，纂修《实录》、《圣训》；张烈纂修《明史》、《典训》及《四书讲义》诸书，恪勤厥职，编辑精当；汪霦，历迁内阁学士，编纂《佩文韵府》成，擢户部右侍郎，旋命纂辑《佩文斋历代咏物诗》①。汪霦年逾六十，仍然重任在身，除编纂《佩文韵府》外，还参与编纂《咏物唐诗》、《广群芳谱》等②。

汪楫风度俊伟，才识敏决，时逢有诏简选出使流求的使者，廷臣首推汪楫。当汪楫呈上数条便宜之事，部议俱不准时，皇帝特出中旨屈从其请，可谓优渥。汪楫出使后，声名播于属国，愈年而返，奉皇帝之命作《使流求录》诸书，搜辑完备，依据可靠。呈进后，该书得以收藏进金匮石室③。

在完成这些使命及任务时，鸿儒士人充分发挥自己的特长，争取不负征召的知遇之恩，不愧对博学鸿儒科的名声。

总而言之，博学鸿儒科的集体活动，或者说是参与的官方活动，以纂修《明史》、经筵日讲和典试为主。这些活动本身是康熙对鸿儒笼络的一种表现，但在这些活动中，鸿儒以其热忱和才智，为学术发展、政治稳定作出了重大的贡献。

其中，纂修《明史》功不可没。今天的《明史》是中国古代正史之中质量上乘的一部，从康熙十八年（1679 年）正式开始大规模修纂，共经历四稿，其中前三稿皆成于康熙末年以前。经过两次修改，至第三稿《明史》的内容和体例框架已基本定型，第三稿乃是将万稿与原来馆臣所修的第一稿相糅合④。可见，鸿儒的初稿在《明史》中占有较重分量，而且鸿儒做了许多开创性的工作，对《明史》修纂的贡献不小。随着官方修史工作的开展，清初以来私家修明史日臻沉寂，其中的原因之一便是鸿儒已将遗老史家的心愿代为实现，使他们对故国的情思得到了一些慰藉。鸿儒馆臣在史学思想和立场上，与乾隆中期以后所修《明史》时基本一致，属于比较正统的封建史学，鸿儒与官方有限的斗争，显示了他们的价值。

鸿儒中的经筵日讲官，除了向康熙皇帝灌输儒家思想以外，他们重视经学的观念也影响了皇帝，使之逐渐明白道学离不开经学、帝王之学重在经学的道

---

① 秦瀛辑：《己未词科录》卷二、卷三。
② 汪景祺：《读书堂西征随笔》，《熊文端明史》。
③ 汪琬：《尧峰文抄》卷二十四，《送宗人舟次出使流求序》。
④ 姜胜利：《清人明史学探研》，南开大学出版社 1997 年版，第 11 页。

理，这对于促进学术向经学方面的转变是不言而喻的。鸿儒身份特殊，他们许多来自山林，在与帝王的接触中，可以代为反映一些民间的信息和平民的思想，不自觉地打通了遗民与朝廷之间交流的渠道。

第二章 个案研究：鸿儒学人的学术走向

第一节 明末清初的多元思潮与主脉凸显

明末清初是中国历史上一个动荡起伏的时代，各种思想、思潮如洪波涌起，气象万千，学术上也呈现出曲折演变的态势，一个突出的主脉是由理学向经学的转变。

学术思想的主体是士人，在传统儒学思想的熏陶下，他们中的佼佼者怀抱着主强臣贤、政治清明的理想，具有"先天下之忧而忧，后天下之乐而乐"的高度责任感，力图让学术思想成为道德和正义的引导力量，让自身在家国富强和民族振兴的过程中发挥中坚作用。因此，社会、政治中的任何变故和动荡，都会引起他们的警醒，并做好挺身而出等积极应变的准备。从这一角度上看，明末清初的动荡不啻给他们提供了活动的舞台。阉党乱政、农民起义、明朝覆亡、满族入主、薙发易服，每一事件都深深震撼着士人群体，引起他们不绝如缕的回应。这些回应反映到思想和学术的领域，同样也是不同凡响，无异于一出激烈、悲壮而又精彩纷呈的合奏曲。

从学术史本身来讲，明末清初思想和学术的演变，始于王阳明对理学的革新。明中后期，王阳明发表"心即理"、"知行合一"、"致良知"的心学论题，对"天理"进行了重新阐释，将程朱理学所规定的客观外界强加在人身上的"理"变成了人们主观可以感知的"心"。从此，阳明学掀起学术思想上的波澜。"宗守仁者曰姚江之学，别立宗旨，显与朱子背驰，门徒遍天下，流传逾百年，其教大行，其弊滋甚。嘉、隆而后，笃信程、朱，不迁异说者，无复几人矣"①。王门后学中泰州学派大胆立异，蔑视礼法，宣扬自主精神，发

---

① 张廷玉：《明史》卷二百八十二，儒林一。

展平民化倾向，冲破"天理"观的束缚，致使王学末流最终走向程朱理学的另一个极端。封建伦理道德的绝对权威因此受到严重挑战，成为思想混乱、道德式微、社会失序等局面的一个导因。面对晚明社会的危机四伏，有识之士满腹忧患。阳明末学成为各方面关注的对象，理学内部对立派的批驳、攻击；阳明学传人的调和、修正；明朝覆亡反思者的不满、指斥；实学提倡者的指责、纠弊；新兴考据学者从学术方法上的另辟蹊径，等等。这些学术思想上的革新，基本上都是因阳明学及其末学的种种弊端而起的。

一、东林复社倡导由虚入实

东林学派以无锡东林书院讲学的顾宪成、高攀龙等为代表，面对当时朝廷的阉党专权所造成的政治混乱以及其它社会危机，有感于当时士人的不问世事、只醉心于讲求性命、切磨道义，他们首先从风靡一时的讲学活动中清醒过来，开始触及王学末流的弊端，纠正王学的空疏学风，正如有的学者所言：

> 所谓东林派的思想是以克服明末阳明学左派的猖狂自大为目标的，而阳明学左派这种猖狂自大的胚胎是在无善无恶的思想中孕育的①。

"东林讲学大体有两端：一在矫挽王学之末流；一在抨弹政治之现状"②。东林士人对王学中龙溪、泰州以后的学风流弊持有异议，对于阳明的天泉证道的"无善无恶心之体"一句辩难尤力，并推及辩论"工夫本体"。因为王学后人正是凭借"无善无恶"之说，终日谈本体，不讲功夫，拘执"无善无恶"，不讲"为善去恶"，猖狂妄行。高景逸明确指出："不患本体不明，只患工夫不密"③。此外，类似的辩难还有"气质之性"与"义理之性"，盖蔑弃气质而空言义理，正与蔑弃工夫高谈本体同病，论学侧重工夫，论性应着眼于气质。清初的黄宗羲、陈确、王夫之等论性畅发"日生日成"之理与东林学派的辩论宗旨一脉相承，"总之皆由虚实之辨、本体工夫之辨一贯而来。此则清初学术新趋，由东林开其端也"④。顾、高等人在论辩时，鉴于王阳明及其后学过分凸显心灵自觉的意义，造成道德约束力的瓦解，也试图重新引进程朱之学，调和陆王心学，以纠正蔑视礼法、放纵欲望的浮诞士习。这种调和朱王、

① ［日］沟口雄山：《中国前近代思想的演变》，中华书局1997年版，第345页。
② 钱穆：《中国近三百年学术史》，商务印书馆1997年版，第10页。
③ 黄宗羲：《明儒学案》卷五十八。
④ 钱穆：《中国近三百年学术史》上册，商务印书馆1997年版，第13页。

由王返朱的做法，东林学派首开其风，明清之际的刘宗周、孙奇逢、李颙等沿波而起。另一方面，东林士人利用书院讲学，议论朝廷政事、裁量人物，成为清议所宗，在变革社会现状方面倾注了极大的精力。其倡导的实行风气，推崇忠孝名节，真可谓度越前代，遗响后人。因此，不论是在学术思想上，还是在社会实践上，东林士人都首开由空虚入实行的风气。

复社，继东林而起，议论时政、讥刺得失，被视为东林之续。复社盟主张溥"期与四方之士共兴复古学，将使异日者务为有用。因名曰复社"①。兴复古学、培育人才、改良朝政是复社的奋斗目标。在学术上，复社的宗旨就是兴复古学，务为有用，即"尊遗经，砭俗学"。针对当时泛滥成灾的"俗学"，即读书之人不通六艺、弃经不学、一心钻营利禄、士习奔进和王学末流的束书不观、逃之于禅的现象，张溥倡明经学，发挥六经中的经世精神和治世方略，以经民体国，利于国计民生。他说："经学之不明，讲说之害也。予心恻焉，意欲废讲说而专存经解。"② 这种思想无疑是对经学的倡导，是由空讲义理向经本位的复归。张溥倡导治经之风，对黄宗羲、顾炎武、方以智等复社后进最终完成"经学"复兴的倡导，影响很大。

复社的另一领袖陈子龙同样怀有经世致用的实学思想。他不满于那些麻木不仁、浅薄空疏的士人，立志匡时救世、建功立业。为了倡导注重实际的学风，掌握救时济世的本领，陈子龙毅然致力于实际学问的研究，主持编辑《明经世文编》，整理刊印《农政全书》。《明经世文编》是复社的集体杰作，编选明代人物的经世良策和治国主张，以备救时急务之借鉴。两部书籍的编纂和刊出，说明当时的有识之士，已具有较浓的实学意识。这对空阔无用的学问形成有力地冲击，号召人们转入实际学问的探讨中来。

总之，当明末社稷倾危之际，复社结合传入的西学，针对空疏无用之学，较早地举起了"实学"大旗，提倡"复古通经"、"通经致用"，致力于农业、水利、边防、漕运等实际问题的研究和解决，不愧是明末清初实学思潮的有力推动者。后来，顾炎武等人在明朝颠覆后反思明亡的原因，归咎于明末的清谈误国。其不惜力改此风，倡导经世致用，正是沿着早期复社成员开辟的道路前进的。

二、思想学术对明亡的回应

明末危机四伏，有识之士怀有强烈的忧患意识，纷纷卷入了实学的大潮，

---

① 陆世仪：《复社纪略》卷一。
② 张溥：《古文存稿》卷二，《五经注疏大全合纂序》。

进行政治、社会、思想的改良活动，以挽救危亡。但是，风雨飘摇的大明王朝
最终垮台，竟为满族取代，于是故国遗老的民族情绪喷薄而出，浓烈而急切。
在强烈的震撼之下，他们立即投入了反清复明的武装斗争，同时开始反思，总
结明亡的经验教训，设想"复明"的道路。随着"复明"的愿望渐渐破灭，
反思逐步深刻、冷静，对整个封建制度、古今之变、天地之理都重新思考，萌
生了接近于近代西方启蒙思想的民主思想。

　　民族主义在儒家文化里主要表现为"华夷之分"的观念，是自春秋战国
以来就逐步建构并积淀而成的。孔子十分强调中原居民与周围民族文化位势的
区别，他说："微管仲，吾其被发左衽矣"，认为事关国家民族之大局。经历
了明清鼎革的士大夫，大多怀有悲怆、激愤的民族情绪，他们的民族观念里渗
透着浓厚的文化意味。王夫之认为，"天下之大防二，中国、夷狄也，君子、
小人也"[1]，把华夏和夷狄的种族差异，看成是君子与小人即文明与野蛮的差
异。顾炎武的著名论断同样隐含有文化危机的忧虑，他说：

　　　　有亡国有亡天下。亡国与亡天下奚辨？曰：易姓改号，谓之亡国。仁
　　义充塞，而至于率兽食人，人将相食，谓之亡天下[2]。

　　在顾炎武看来，汉族文化的沦丧比明朝政权的沦丧后果更为严重，正如葛
兆光先生分析的一样："中国"一词在这里是"文明"的代名词，"文明"是
一种道德正确，并不是地域空间[3]。另一个具有民族主义思想的人物是吕留
良，他指出"华夷之分大于君臣之伦"，他很看重士大夫的出处去留，认为那
是士人的大节所在。这样，他们将民族主义的气节浓缩为对历史文化的认同与
坚守。那么，一旦清统治者认同了汉族的传统文化，并遵循这种"文明"的
规则，将儒家思想纳入统治体系作为正统思想，新王朝就占有了比民族主义更
高的道德制高点，民族主义便被釜底抽薪，无所凭借。这就是清初民族主义走
向衰退的深层次的原因。

　　明遗民在痛定之后的反思中，把明朝灭亡的原因不止局限于崇祯一朝，而
认为是长久的政治积弊所致，他们进一步认识到是封建君主专制制度本身的原
因。于是，他们开始了对封建君主专制制度进行大胆揭露和深刻批判，形成了

---

　①　王夫之：《读通鉴论》卷十四，中华书局 1975 年版，第 431 页。
　②　顾炎武：《日知录》卷十三，《正始》。
　③　葛兆光：《中国思想史》第二卷，复旦大学出版社 2001 年版，第 387 页。

明清之际人文启蒙思潮。黄宗羲和唐甄是清初批判君主专制的两位健将。黄宗羲淋漓尽致地揭露封建君主是"天下之大害者"，是"独夫"，是"民贼"，明确主张"天子之所是未必是，天子之所非未必非"，公开对天子的权威提出挑战[①]。他提出了一系列变革君主制、限制君主权力的主张，如"设学校以公是非"、"置相"、"分治"等。还提出了一系列与社会现实相关的重大理论和现实问题，如揭露封建专制与提倡民主权利，限制封建特权与保护工商利益，要求法律平等和赋税改革等。唐甄在《潜书》中表达的见解与黄宗羲略同，"自秦以来，凡为帝王者，皆贼也"[②]。顾炎武提出了"天下兴亡，匹夫有责"，其中蕴涵的"匹夫"的权利与义务可视为对封建专制的抗议[③]。

　　清初的启蒙思想中还包括个性解放的内容，阐发新的情理观和义利观。黄宗羲和傅山继承了晚明李贽等人的"童心"、"性灵"、"至情"观，傅山呼唤"复情"、"尽情"的人性复归和个性解放；王夫之纳情于理，认为"天理人情，元无二致"，反对"桎梏人情"，这显然是对宋明理学的情理观的反叛。清初新的义利观表现出对功利的肯定，唐甄把"为利"作为人类一切活动的最终目的，把"利"看做是"义"的基础；颜元一反传统的义利之辩，主张"正其谊而谋其利，明其道而计其功"[④]。与此义利观相一致，黄宗羲"工商皆本"的主张，及唐甄、陈确有关"治生"主张，都符合经济发展的需求和实际，透出时代气息。

三、考据学的兴起

　　"王阳明学说的出现把儒学内部反智识主义的倾向推拓尽致"[⑤]，致使很多学者强调主观体悟，忽视对经典的讲求，造成"经"、"道"分离。他们一味讲求道德修养，忽视实行和博学，致使"道问学"与"尊德性"分离。但这种学风和思想很早就遭到了另一些学者的质疑。罗钦顺站在朱子学营垒，提出"气"的概念与王阳明的"心"相对，还在读书博学和对经典的态度方面与王学立异。他认识到自陆象山"六经皆我注脚"的言论流及近世，士人都轻看了圣贤经书，只向内心求道德的升华，而书可不必读。于是他针锋相对地提出："学而不取证于经书，一切师心自用，未有不自误者也。"[⑥]

---

① 黄宗羲：《明夷待访录·原君》。
② 唐甄：《潜书》下篇下，《室语》。
③ 侯外庐：《中国思想通史》第五卷，人民出版社1956年版，第236页。
④ 颜元：《颜元集》卷一，《大学》。
⑤ 余英时：《论戴震与章学诚》，生活·读书·新知三联书店2000年版，第296页。
⑥ 罗钦顺：《困知记》卷二，第13页。

　　尔后，杨慎、焦竑、陈第、胡应麟、方以智等都从"道问学"的角度，提倡尊经，身体力行地从事经学的研究。以博洽著称的杨慎不满时人惟宋人是尊、不读经典的做法，也不满宋儒否定汉唐注疏、肆意解经改经的习惯，提出用"训诂章句"的办法"求朱子以前六经"①。"杨慎所著《丹铅录》、《谭苑醍醐》等数十种，虽疏舛伪妄，在所不免，然读书稽古，崇尚考据之风实从此起"②。明清之际的学者方以智"平生雅志在经史"，极其尊崇经书，提出"圣人之经即圣人之道"、"藏经学于理学"③的观点。

　　明代考据诸家在理学风靡一时、人人争附的形势下，冷静地看出王学末流的弊端，大胆地追求新的学术方法，为学术指出了新的尝试路径，这是非常难能可贵的。他们中有的本来身在理学阵营，深受理学思想的束缚，但是他们能够审视理学，开始质疑理学的"六经注我"的思路和观念，导引人们重新审视儒学的发展，开始挖掘经典的原始内涵，寻求经典的本义。就连"王阳明已经要讲《古本大学》了，王学左派的焦弱侯竟以古学著名了……古学复兴的机运由此打开"④。他们不仅对当时占统治地位的心学发起进攻，而且还在扎扎实实的问学过程中，逐步积累了一套考据学特有的严谨、求实的方法，对清代考据学的发展产生了很大影响。清初经学倡导者费密著《道脉谱》，历引王鏊、郑晓、归有光等人推崇汉唐注疏的话语，因此，胡适认为清代汉学风气已起于明中叶以后⑤。在论证清代考据学的起源时，学者们都赞成明中后期考据成为一种风气的观点⑥。

　　明代考据学"风气既开，国初顾炎武、阎若璩、朱彝尊等沿波而起，始一扫悬揣之空谈"⑦。清初考据学从治学方法和理论体系上直接承袭宋明考证而来，顾炎武、阎若璩对经典的研究和小学的研习深受明人的影响。引导阎若璩逐渐走向经史考据殿堂的是明人邵宝的《简端录》和宋人王应麟的《困学纪闻》⑧，而具体着手《古文尚书》的考证辨伪，亦"非自创辟"，而是在明季梅鷟《古文尚书考异》的基础上展开的。顾炎武治古音，也是承接明人陈

①　杨慎：《升庵全集》卷六，《答重庆太守刘嵩阳》。
②　稽文甫：《晚明考证学风的兴起》，《郑州大学学报》1963 年第 8 期。
③　方以智：《青原志略》卷三，《仁树楼别录》凡例。
④　稽文甫：《晚明考证学风的兴起》，《郑州大学学报》1963 年第 8 期。
⑤　《胡适文存》第二集，上海书局 1989 年版，第 70—71 页。
⑥　郭康松：《清代考据学研究》，湖北辞书出版社 2001 年版，第 5 页。
⑦　永瑢：《四库全书总目》卷一百一十九，子部杂家类三《通雅》版。
⑧　陈祖武：《清儒学术拾零》，湖南人民出版社 2002 年版，第 135 页。

第的遗绪①。

　　清初，顾炎武等人大力倡导经史考据，充当了领头雁。正如陈祖武先生所说：

　　　　入清以后，以经学济理学之穷的努力由钱谦益肇其端，经顾炎武、李颙、费密张大其说，至毛奇龄、阎若璩、胡渭而成风气。②

　　学者们借古代经典中的治世之术，引古筹今，以史为鉴。钱谦益指出，"圣人之经，即圣人之道也"③，并将经学与整顿人心的风俗紧密相连，即："诚欲正人心，必自反经始；诚欲反经，必自正经学始"④。顾炎武提出"经学即理学"的主张，并倡议"人苟遍读五经，略通史鉴，天下之事自可洞然"。⑤费密认为："圣人之道，唯经存之。舍经，无所谓圣人之道。"⑥ 黄宗羲认为："六经皆载道之书，而礼其节目也……大而类埋巡狩，皆为实治；小而进退揖让，皆为实行也"，所以明确主张"受业者必先穷经，经术所以经世"，还"兼令读史"⑦。在研究中，顾炎武还建立了治学的规范，强调了小学的重要性和治学路径，"读九经自考文始，考文自知音始，以至诸子百家之书亦莫不然"⑧。经过诸位大师的提倡，与顾炎武同时而后的学者，如阎若璩、胡渭、毛奇龄、朱彝尊、姚际恒等人经过努力钻研，成果颇丰，使得清初考据学取得实质性的进展。然而，也正是他们，使以经世致用为宗旨的经史考据之学转入了纯粹"为学问而学问"的狭径⑨。

　　余英时先生在《从宋明儒学的发展论清代思想史》一文中，着重分析了明中后期由理学向考据学的转变过程，其中包括朱学、王学的人物逐步由"义理"的讲论到重视书籍和博学多闻，并最终以对经典的回归作为辨别道学真伪的标准⑩。由此可见，明末清初，无论从求取知识的方法上，还是从理学

---

① 钱穆：《中国近三百年学术史》，商务印书馆1997年版，第150页。

② 陈祖武：《清初学术思辨录》，中国社会科学出版社1992年版，第295页。

③ 钱谦益：《牧斋初学集》卷二十八，《新刻十三经注疏序》。

④ 同上。

⑤ 顾炎武：《亭林文集》卷六，《与杨雪臣》。

⑥ 费密：《弘道书·道脉谱论》。

⑦ 全祖望：《鲒埼亭集》卷十一，《梨洲先生神道碑文》。

⑧ 顾炎武：《亭林文集》卷四，《答李子德书》。

⑨ 梁启超：《中国近三百年学术史》，山西古籍出版社2001年版，第14页。

⑩ 余英时：《论戴震与章学诚》，生活·读书·新知三联书店2000年版，第290页。

本身发展的需要上，以及救世济民的现实需要上最终都归向了考经证史一途。

四、西学输入引起反响

明中后期，西方传教士东来，致使中西文明迎面相遇，这对当时的中国思想文化产生了很大影响。

首先，传教士带来的科学技术在中国经过改造后"为我所用"。传教士以西方科技及其新产品作为结交中国士大夫和皇帝的见面礼，在明末清初天文历法出现危机的当口，其先进的历法乘虚而入，几经波折后，由传教士主持编修的《崇祯历法》得到康熙帝的首肯，许多士人也开始研究西历，将之与中国历法比照，掀起了学习历法的热潮。而且，西学传入后，与明末的实学思潮互相促进。传教士和一些士大夫合作，翻译的《几何原本》等几部重要的科技著作，成为士人的重要读本；地理、风俗等方面的著述，让中国人接触到新的宇宙观，逐步丰富有关世界各地的知识；机械、水利等方面的译介著作，也得到士人们的青睐，试图将之改造后加以利用。这些都增加了明清士人的科学技术知识，有利于他们的实学活动。但到了清初，遗民提出"西学中源"说，经康熙帝的阐扬，学者由会通中西逐渐转变为研究中国古典历算学，向经典回归。

其次，西学东渐对儒家思想的发展和演变也有重大意义。在某种程度上说，它既启发了晚明的异端思想家，同时也为儒学思想体系的重建提供了新的思想资源。利玛窦，作为第一个真正掌握汉语的传教士，他对中国的古典文明进行过相当深入的钻研，对孔子的哲学极为钦佩，把孔子及《四书》、《五经》介绍给西方。传教士在研究中国儒学后，指出中国早期儒学和基督教的精神是一致的，后儒尤其是宋儒，不察正理，专于拘虚，而曲论古学之真意，虽与佛老不同，实则殊途而同归。因此，他们主张中国文化的发展应该是批判后儒而退于先儒，进而再通过对先儒精义的阐释与重建，最终达到超儒，以建立中国文明的新体系。传教士真正的意图是在中国传播天主教，故竭力将天主教对人类心灵安慰的功能移植到中国，此即所谓合儒、益儒、补儒和超儒。早期传教士的这种苦心没有白费，迎合了士大夫改造儒学的心理，符合当时的学术潮流，故而争取了徐光启、李之藻等儒臣对天主教的信仰。在徐光启看来，天主教文明可以补儒易佛，是一种格物穷理之学。当然，他们并没有对中国固有文化尤其是儒学传统失去信心，而是持一种多元开放的文化心态，即取中西古今之所长，"参合诸家，兼收西法"，重建中国文化的新体系。到了清初，"中体西用"的思想开始萌芽，学者只接受西学中先进科学技术，而摒弃西方的宗教观念。对待科学技术，则表现为接受具体的科技知识，而对科学理论不予重视。

五、对宋明理学的修正与挑战

（一）王门后儒的修正

明清之际，由于受实学思潮的影响和明亡的冲击，即便讲理学的大儒也开始抛却空谈心性、不问世事的习气，因而王学传人在当时的形势下，也不得不顺应时代潮流，对理学进行总结和反思，自觉进行理论改造，像刘宗周、孙奇逢、黄宗羲、李颙等大儒，接东林之风，调和朱、陆两派，淡去禅学气息，增添注重博学、实行等内容。

刘宗周出身王学，但对王学作了重大的修正。他提出以"慎独"为宗，"独"是本心之谓，相当于王阳明的"良知"，是人具有的一种主观道德能力，"慎独"则是一种内省的道德修养工夫。刘宗周把"慎独"提到了很高的地位，认为"君子之学，慎独而已矣"。在当时历史条件下提出"慎独"，主要是针对当时的士风，希望通过内省的功夫，收拾人心，以解救"世道之祸"。继东林士人之后修正王学的，不独刘宗周一人，他们都试图采用一些补救的方法，诸如慎独、忏悔、监督等，来限制心灵的过分膨胀和自我的过分外溢①。

到了清初，王学在南北学界仍有势力，南有黄宗羲，北有孙奇逢，西有李颙。他们或多或少地对王学有所修正、变通。黄宗羲继乃师刘宗周之后进一步修正王学，他在晚年曾说："盈天地皆心也，变化不测，不能不万殊。心无本体，功夫所至，即其本体。故穷理者，穷此心之万殊，非穷万物之万殊也。"②此段话清楚地表明了他站在王学立场，却强调"工夫"的重要性，相比王阳明的即知即行、以知代行，更注重实行。黄宗羲倡导经史之学，提出"经术所以经世，治经还兼读史"。黄宗羲晚年复兴证人书院，与明末讲学形式虽同，然朴实地讲经论史，内容显然有别，这些都对当时的学风影响极大。

关中地区的大儒李颙力图振兴宋代张载开创的关学。他立足王学，进而向会通朱陆的方向转化，开始形成以陆王之学为本体，以程朱之学为工夫的"明体适用"的学说③。李颙学术的核心是"悔过自新"说，是针对当时士人"昧义命，鲜羞恶，而礼义廉耻之大闲多荡而不可问"的现象而提出的，要求士人能检点自己的行为，以"礼义廉耻"为规范，达到正人心、移风俗的目的。"悔过自新"说目的是为了"明体适用"，他登坛讲学，并非是空谈心性，

---

① 葛兆光：《中国思想史》第二卷，复旦大学出版社 2001 年版，第 382 页。
② 黄宗羲：《南雷文定四集》卷一，《明儒学案·自序》。
③ 陈祖武：《清儒学术拾零》，湖南人民出版社 1999 年版，第 101 页。

而是匡时济世，使清初的讲学渗入了经世致用的思想内容。

孙奇逢宗本阳明、兼合朱熹，既主张尽心知性、体认天理，又强调躬行践履、经世宰物，即："其学以慎独为宗，以体认天理为要，以日用伦常为实际。"① 孙奇逢强调了"慎独"工夫，"论本体只是性善，论工夫只是慎独"，"慎独"就是存养省察人心所具的善性良知。他区分"心无善无不善"为禅宗说，而阳明"无善无恶"是理之静为儒家说，这种区分有助于去掉王学中的禅宗气息。另外，孙奇逢还力改王学的空虚，"在空虚中求得一个把柄"，此把柄即是"礼"，以"礼"来说"理"，所谓"天下归仁者，乾坤浑是一个礼，盖舍了天下，即无处寄我之仁"，把宋儒的"理"转化为有条理、有把柄、比较实在的"礼"。可以说这一论见实为戴东原的先驱②。

（二）复兴传统儒学的尝试

晚明时期，士风日颓，政治腐败，内忧外患，社会危机日益严重。这种状况促使有识之士对理学产生了怀疑，出现了幻灭感，陷入迷惑的境地。出于对王学末流的不满，他们在向朱学寻求思想资源时向朱学复归，却又意识到朱学的内在缺陷。于是又试图超越朱学，向早期儒学复归，溯本追源，回到孔孟之处，重建儒家思想新体系，以自己理想中的真正的儒学来挽救现实状况。这与当时回归经典，寻求经典原始内蕴的学术活动非常契合。理学中程朱陆王之间的争端，也需要以孔孟之言为标准，"凡儒先之言，一以孔孟之学正之，则是非无遁情"③。这样，许多思想者都在努力恢复传统儒学，以自己对经典的理解来建构新的理论，以之解决自己所遭遇的重大问题，因此，明末清初思想界可谓异彩纷呈、十分活跃。

刘宗周的弟子潘平格，可视为重建儒学体系的一个典型例子。他一生经历了由程朱陆王到佛老，最后回到孔孟的过程。他说："自孟子后，圣学久绝。诸贤各以己意为学，各以己意发明《大学》，而《大学》之道贸乱而无所适从。"④ 潘平格径接孔孟，以恢复孔孟圣学为己任，提出了"求仁"说。"求仁"说由"浑然天地万物一体"说、"致知格物"说和"笃志力行"说三部分组成。他还批驳理学中杂入佛老的现象，指斥"朱子羽、陆子释"。潘平格的学说对当时黄宗羲的几个弟子诸如万斯同、毛文强有很大吸引力。

---

① 汤斌：《汤子遗书》卷六，《征君孙钟元先生墓志铭》。
② 杨向奎：《清儒学案新编》一，齐鲁书社 1985 年版，第 6—7 页。
③ 陈确：《陈确集》卷三，《复张考夫书》。
④ 潘平格：《求仁录辑要》卷一，《辨清学脉》上。

清初，复兴儒学的重要尝试者是颜李学派创始人物颜元、李塨。颜元早年曾研治兵家之学，弃科举之业，努力探求陆王心学，随即幡然改志，转向尊奉程朱。然而，颜元为养祖母居丧期间，遵照朱熹《家礼》，"少食哀毁几乎病饿致死"，遂对程朱理学产生怀疑，逐渐认识到宋儒的不切实际。他说：

> 予未南游时，尚有将程朱附之圣门支派之意，自一南游，见人人禅子、家家虚文，直与孔门敌对，必破一分程朱，始入一分孔孟。乃定以为孔孟、程朱判然两途，不愿作道统中乡愿矣①。

颜元站在宋明理学的对立面，对其展开了批判，所著《存性编》、《存学编》，力斥宋儒静坐读书、存心养性之说，提倡"实文、实行、实体、实用"的务实之学。他以重倡尧舜周孔之学为己任，指出真正的儒学是尧、舜、周、孔所言的开物成务的实学，即是尧舜三事、六府之道，和周公孔子六德、六行、六艺之学。颜元的思想，经其弟子李塨的传播，形成了清初思想史上别具一格的"颜李学派"。梁启超曾评价说：

> 举朱陆汉宋诸派所凭借者一切摧陷廓清之，对二千年来思想界，为极猛烈极诚挚的大革命运动。其所树的旗号曰"复古"，而其精神纯为"现代的"②。

不过，颜学有其自身的缺陷，难以真正施行，以致李塨在宣扬颜学的过程中，已不能尽守师说，其逐步变通，最后走上了与经史考据合流的道路，在某些方面违背了创始者的初衷。

在明末以来强大的实学潮流中，王学的空疏无用，几乎成为众矢之的。王学后儒在修正中，注意添加"尊经"和实行的因素，而抛弃了近禅的空虚习气，最终使王学转向"悔过自新"、"慎独"等道德方面的反省和约束。相反，程朱理学因其重视"格物致知"、重视知识积累，在"尊经"和实行的风气中，尚有一席容身之地。自东林学派主张"由王返朱"之后，和者渐众。康熙本人受程朱理学的影响较深，十分推崇朱子，而对王学顿悟的简捷和空谈无用产生反感。康熙五十一年，他将程朱理学作为正统思想，定于一尊，一些宗

---

① 李塨：《颜习斋年谱》卷下 58 岁条。
② 梁启超：《中国近三百年学术史》，山西古籍出版社 2001 年版，第 107 页。

朱的学者及其附和者趁机推波助澜，大肆攻击王学。加之学者的兴趣逐步转移到经史考据上，王学不得不退居一角，形成了程朱理学高踞庙堂、王学暗中潜移转化的局面。

在明末清初的多元思潮中，我们可以看出，崇实和尊经成为两大主要趋向，而且，随着清初形势的发展，二者合而为一，汇成通经致用的主流。

第二节　汤斌：躬行实践，倡导经学

清初的学术风气，逐渐由空疏转为实证，由空谈性理转变为通经致用，增添了"经世致用"的实学因素。士大夫所讲的理学，逐渐"由王返朱"，由专宗王学转变为调和朱王，由"内圣"转向"外王"，发挥儒学的经世效用。汤斌作为一个儒者，能顺应这种转变的形势，并在其中发挥了重要的作用。他出可为庙堂，隐而为山中学道人；内修德性，外行儒效；调和朱王，倡导经学，在清初思想学术界影响颇大。

汤斌[①]自小师从乡里塾师王慕祥，入京师后与曹本荣、魏象枢交游问学。其间，上书请求为明末"抗节不屈审议自裁者"立史传。乞病养亲归家，于康熙五年前往夏峰拜大儒孙奇逢为师，同订《理学宗传》。在从师受业时，与同门师友耿介、魏莲陆、窦克勤、张沐等交往甚密，互相探讨道义。此后汤斌离开夏峰，与同里友人田兰芳等夹辅切劘，讲习身心性命、纲常伦理，研习《四书》、《五经》、大儒语录，成立志在复兴儒学的志学会。康熙十二年（1673年），在业师的授意下，编成《洛学编》。次年，创立绘川书院，以振兴后学。康熙十五年，修《睢州志》。康熙十八年，经魏象枢、金铉举荐，应博学鸿儒之试，入明史馆，参与《明史》的编修，并奉旨任明史馆总裁。不久，升任日讲起居注官，为康熙讲解《易经》。康熙二十一年，充任浙江乡试主考官。回京后，接受黄宗羲的恳请，为其师刘宗周的文录撰序，并与黄氏切磋学术。汤斌与博学鸿儒科的施闰章、汪琬、徐釚、汪楫等彼此交情深厚，相互论学。康熙二十三年，从江宁巡抚而擢升内阁学士兼礼部侍郎，并荣任太子之师。二十五年，又升任礼部尚书。

在汤斌的政治生涯与学术活动中，显示出其不仅在宦海中卓有成效，且在学术上饶有建树，与诸多学者都有交往，推动了当时学术的发展。汤斌的学术成就主要体现在理学思想和经史之学两方面。

---

① 简介见本书第一章第三节。

一、躬行务实，讲求儒效的理学思想与实践

（一）"古今一理"，随时体认

汤斌在理学方面超迈前人之处就是主张躬行实践、践履理学，发挥儒学的实际效用，这得力于他在当时实学思潮的冲击下能不断革新思想，也与他究心圣贤之学、当仁不让的志向和深厚的理学学养关系甚大。

在对"天理"的认识上，汤斌承袭了先儒的理论。认为天理无所不在，天理在人即是心、性、仁，古今一理，四海之内，此心同，此理同。他认为：

> 道之大原出于天，天不变道亦不变，苟得其本心之同，然则千百世之上、千百世之下固无异亲授受于一堂者。
>
> 天之所以赋人者无二理，圣人之所以承天者无二学。盖天命流行，化育万物秀而灵者为人，本性之中五常具备，其见于外也，见亲则知孝，见长则知弟，见可矜之事则恻隐，可耻之事则羞恶，不学不虑之良人固无异于圣人也①。

他将朱熹的"月印万川"和陆象山的"四海同心"等理论一并接受，他还将古圣贤的理论加以融会，贯通一体。他认为人性本善，人天赋中即有孟子所谓的"恻隐之心"，"可见人一身内浑是天理，于此便见人性皆善……"②，又推崇王阳明的"良知"说，视之为"圣学真脉"。

但是，天生的善性，也会遇到物欲的侵袭，使人迷失本真、丧失天性，要拂去人欲的侵扰，必须格物穷理。汤斌认为，格物、穷理、诚意是一回事，都是为达到知本、复本真、复性、求仁、明善、上达天德一类的境界。他说：

> 圣学入手惟在诚意，而致知格物则诚意之功也，原不得分为二事。所谓格物者格明德新民之物也，明德新民虽并举，其实总是明德。明德即是仁，仁者以天地万物为一体。一民未新，即吾德有未明处，故曰明明德于天下者，明德新民必止于至善，则格物为圣学彻始彻终工夫可知矣③。
>
> 其曰穷理者亦穷天所与我之理也，故可以尽性而至命，博学审问慎思

① 汤斌：《汤子遗书》卷三，《理学宗传序》。
② 汤斌：《汤子遗书》卷一，语录。
③ 汤斌：《汤子遗书》卷四，《上孙徵君先生书》。

明辨皆其功也①。

这样，汤斌明确提出要明辨义利，强调体认天理、舍弃物欲功利，他告知门人道："学问之道全在收拾此心，此心不曾收拾，毋论声色货利，皆是戕害我身之具，即读书诵诗亦为玩物丧志"②。

格物穷理须要随时体认，随事而发。他引程子的话说：

穷理亦多端，或读书讲明义理、或论古今人物而别其是非，或应事接物而处其当，皆穷理也，又曰致知之要当知至善之所在，如父止于慈、子止于孝之类③。

"天理"二字不可不时时体察，用力既久，愈见亲切，从此行将去，自然仰不愧、俯不怍④。

在与顾炎武的信中，他指出："孔子所与终日言而不违者今《论语》所载不过'问仁'、'问为邦'两章而已，言仁以视听言动合礼为目，为邦以虞夏商周制度为准"⑤。他称顾宁人的"博文约礼"也就是孔子的"为邦为仁"，亦即义利之辨、为学治世都是格物穷理的主要内容。汤斌把不可捉摸的"天理"具体化为日常处世的规矩，使之切实可行，使人们有所遵循，褪掉了其中玄妙的成分。格物穷理并非高不可攀，日用常事、为学治世即穷理尽性。

（二）不辨门户，斥责末学

汤斌持古今一理、四海同心之论，并兼取诸家。他认为，古今的圣人儒者不过同是在体认天理，他们的理论是针对出现的问题而进行的随时补救，不存在孰是孰非，故水火不容的门户之分没有必要。汤斌在《理学宗传序》中阐明：惟圣人能体察天理之本，由尧舜禹以十六字相授受，由汤、文、武、周公、孔子以至颜、曾、思、孟传道，秦汉以后道丧文敝，赖唐朝韩愈衍其端绪，周子、程、张、邵、朱以及阳明，他们"虽所至或有浅深，气象不无少异，而中所自得，心心相印，针芥不爽"⑥。朱子、阳明都是圣学系统中的一名传道

---

① 汤斌：《汤子遗书》卷三，《蕺山刘先生文录序》。
② 汤斌：《汤子遗书》卷一，语录。
③ 汤斌：《汤子遗书》卷四，《上孙徵君先生书》。
④ 汤斌：《汤子遗书》卷一，语录。
⑤ 汤斌：《汤子遗书》卷四，《答顾宁人书》。
⑥ 汤斌：《汤子遗书》卷三，《理学宗传序》。

人，虽见解有偏全，用力有深浅，要以不谬圣人为归，使天理长存，道统永续。汤斌始终以继承道统、兴复儒学为己任，孙奇逢称他是"当仁不让"。

孙奇逢主张调和程朱陆王，汤斌深受影响并恪守师学。他不偏主一家，既肯定朱子的"天理"，又推奉阳明的"良知"乃圣学真脉。他对朱子和阳明的学说及彼此的得失进行分析：首先论及古本《大学》。朱子以古本《大学》有错简，用心良苦地进行改正。汤斌认为，其实古本《大学》直截归一，不用改正，因而阳明恢复古本是合理的。其次，关于格物与良知的问题。汤斌不赞成阳明以朱子"穷至事物之理"为偏，认为朱子的格物与程子的穷理、孔子的博约、孟子的"详说"同义，并非徒求外物而不验之身心。汤斌推崇阳明"良知"说，比之为孟子的"性善"，能"示人以大本大原"。阳明所言"无善无恶心之体"本来精确无误，但弟子王畿因此"并意知物皆为无善无恶"，误入禅学。再次，是朱子为经作注的问题。汤斌认为朱子羁往哲、考经传是必要的，只是朱子后学中那些不善学者，过分在汗简竹册中消耗精神，致使本性泪没。汤斌分析朱学、王学遭人攻击的原因是：朱子后学沉溺训诂，殊失程朱本义；王守仁"致良知"之学正救朱子末学流弊，但语多失中，门人又以虚见失其宗旨，致滋后人之议①。

因此，汤斌大力批评朱学、王学的末流。他反感那些陷溺于词章的书生，指责他们忽略对天理本性的体悟、对道德的讲求，而专以训诂词章求功利，"训诂词章固是害道，而功利之害为甚，今人起一念举一事，细微追求，未有不从功利起见者"②。汤斌对阳明末学陷入禅学空疏、不务世事同样痛加诋斥。他说："慈湖以传子静者失子静，龙溪以传阳明者失阳明。儒而杂禅，不可不辨。苟无致知力学之实，徒凭揣摩亿度以轩轾先贤，先生之所不与也。"③ 他严儒释之辨，毫不含糊，"佛氏之言心言性似与吾儒相近，而外人伦遗事物，其心起于自私自利，而其道不可以治天下国家"，而儒学是内讲修身养性，外讲治国平天下，是王道体用合一的④。

汤斌对清初的那些以攻弹王学为能事的人很鄙视，揭露了他们的根底：

　　盖天下相尚以伪久矣。巨公倡之于上，随声附和者多，更有沉溺利欲

① 汤斌：《汤子遗书》卷首，杨椿《年谱》定本。
② 汤斌：《汤子遗书》卷四，《与田篑山书》。
③ 汤斌：《汤子遗书》卷三，《孙徵君先生文集序》。
④ 汤斌：《汤子遗书》卷三，《理学宗传序》。

之场，毁弃坊隅，节行亏丧者，亦皆著书镂板，肆口讥弹曰"吾以趋时
局也"。亦有心未究程朱之理，目不见姚江之书，连篇累牍，无一字发明
学术，但抉摘其居乡居家隐微之私，以自居卫道闲邪之功夫，讦以为直圣
贤恶之惟学术所关不容不辨……①

汤斌表白自己不愿树藩篱的态度时说：

故仆之不敢诋斥阳明者，非笃信阳明之学也，非博长厚之誉也，以为
欲明程朱之道者，当心程朱之心，学程朱之学；穷理必极其精，居敬必极
其至，喜怒哀乐必求中节，视听言动必求合礼，子臣弟友必求尽分，久
之，人心咸孚，声应自众，即笃信阳明者，亦晓然知圣学之有真也，而翻
然从之……②

汤斌的批驳是有针对性的，向那些随声附和的伪理学者敲响了警钟，为清
初理学的求真、求实树起了一面旗帜。

（三）注重躬行，体现儒效

汤斌在明末清初实学思潮的影响下，主张将明心见性与行王道相结合，将
讲道与践履合为一事，发挥圣贤之道的经世作用。为此，他一再强调躬行实
践，以实际的作为而不是以空口讲论来挽救和承传衰微的圣道，这也是他不愿
妄分畛域、攻击先儒的原因之一。他说：

窃以学者要在力行，今之讲学者只是说闲话耳，诋毁先儒，争长竞
短，原未见先儒真面目，学者不从日用伦常躬行实践体验天命流行，何由
上达天德？何由与千古圣贤默相契会？如此即推奉先儒与诋毁先儒皆无
当也③。

汤斌不主张讲学，谓："学当躬行实践，不在乎讲，讲则必有异同，有异
同便是门户争端。……若必登坛南面聚众而谈，何异禅门家数？"④

---

① 汤斌：《汤子遗书》卷四，《答陆稼书书》。
② 同上。
③ 汤斌：《汤子遗书》卷四，《答黄太冲书》。
④ 汤斌：《汤子遗书》卷一，语录。

汤斌主张从日常生活中窥知天德，随时体察，有学者指出："人事外其复有天下，不尽人事便是违天"，充分强调"尽人事"的重要，这是汤斌"思想的卓越处"①。在知行观上，汤斌突出"行"。康熙二十二年（1683 年），皇帝召见汤斌，君臣问答：

> 召至乾清宫天语良久……时方有议阳明者，谓阳明用力处在知，而得力处亦在知；紫阳用力处在行，而得力处亦在行。
> 先生云：紫阳得力于行而要必先之以知，阳明得力于知而尤必推极于行，知行自不容分也，大学统论知行之先后，明知先行后而归重于行。孟子析论智圣之始终，明圣终不离智，始与大学互相发也。②
> 上独然先生之论，于是时议衰息。

这里，汤斌澄清了朱、王的知行观，强调了知行一体，突出了"行"，同时有意维护阳明，试图消除对阳明的误解。

汤斌明白，国家兴治化在正人心，而正人心在崇经术，故他究心圣学，以孔孟圣道为归，其目的就是力图弘扬儒学的真精神，发挥儒学本身固有的经世作用。所以，汤斌无论是在外为官，还是归养乡里，都不忘推行教化，维护纲常，正人心，移风俗。在任地方官期间，在文化风俗方面他主要做了两项工作：一是提倡教化，端正人心。他经常告谕地方：兴复社学，以端蒙养，复乡饮酒礼，以表耆德，崇祀先贤，以重风教，修复先儒书院，以崇正学。他重修苏州府学，定期讲学于堂，让远近诸生执经问业，将其友耿介所著《孝经易知》颁示诸生，让其朝夕阅读③。二是大力整治地方风俗。他先后发布严禁左道、严禁溺杀女子、严禁妇女入寺庙燃香、禁止赌博等告谕，又举乡约、旌表异节以励风化。苏州地区经济繁荣，民风浮华，因此淳化风俗是他为政的重点。他下令毁弃苏州上方山有数百年历史的五通祠，以清除异教对人们的迷惑，避免入祠拜神引起风俗败坏和秩序混乱，引导人心回归儒家规范的正轨，达到改观风俗的目的。

尽管类似推行教化、整饬风俗的行为在今天看来过于拘执、迂腐，但在处于封建社会的清初，尚是儒学思想的重要内涵之一，也是士大夫实现治国抱负

---

① 杨向奎：《清儒学案新编》，《潜庵学案》，第 46 页。
② 汤斌：《汤子遗书》卷首，王廷灿《年谱》初本，康熙二十二年 57 岁条。
③ 汤斌：《汤子遗书》卷三，《孝经易知序》。

的主要方面，汤斌在发挥儒学的实效方面成绩可观。

二、倡导经学，勉力修史

汤斌倡导继孔孟之绝学，体悟先儒的"一贯之道"，而圣贤义理载于《五经》、《四书》，自然离不开对先儒语录和六经的探研。汤斌反对空谈心性，反对讲学，主张读书体悟。他反感朱子后学沉溺辞章训诂，并非反对他们读经研义，而是反对他们以此"求功利"。汤斌曾任国史院检讨，后又参与了《明史》的编修，他在史学方面，有识见、有勇气，兼有朴实的史学作风，取得了较大的成绩。

（一）"崇经术以悟道"

国家兴治化在正人心，正人心在崇经术，汤斌认识到经术的重要性，他描述了汉代因"崇经术"所形成的良好秩序：

> 汉儒专门名家师说相承。当诗书煨烬之余，仪文器数之目，删定传授之旨犹存十一于千百，且其时选举不以词章，通经学古之士，皆得上闻。朝廷定大议，断大疑，博士据经以对，故其时士大夫勇于自立，无苟简之心，孝弟廉让之行更衰乱而不变，此重经术之效也①。

这里，汤斌点明了崇经术的重大效果，他指明经学与人才兴盛也有密切关系，典型的例子就是宋代范仲淹。范氏深于经学，其教以经义为本，当时太学取以为法，为宋世人才之兴盛奠定了基础。汤斌还认识到"经"与帝王之治的关系：

> 天地之理备于经，帝王之道本于学。学之不修则治之隆替可知也，而经之不明，则学之纯驳又可知也。历观诗书所载，自尧舜三代何尝有不学问之天子乎？②

其次，经道不容分离。汤斌认识到：

> 夫所谓道学者，《六、经》、《四书》之旨，体验于心，躬行而有得之谓也。非经书之外，更有不传之道学也。故离经书而言道，此异端之所谓

---

① 汤斌：《汤子遗书》卷三，《重修苏州府儒学碑记》。
② 汤斌：《汤子遗书》卷五，《诸儒执经问难论》。

道也，外身心而言经，此俗儒之所谓经也①。

这一论断，与顾炎武"经学即理学"的论断非常接近，身为理学家的汤斌能将经学提到与理学并重的地位，并认为经学是理学的一部分确实难能可贵！我们不能断言这是汤斌独自做出的论断，但他不愧是倡导经学的早期人物之一。此篇碑记作于康熙二十五年，即汤斌去世的前一年，估计当时汤斌已经接受了顾炎武、黄宗羲等人的经学倡导，不过汤斌是从理学发展的本身体会到经学的重要，是站在理学的角度而言的。

汤斌意识到经义的重要性，便鼓励府学诸生读经，还要求自己的子孙多读经书。他在家信中谆谆教诲："四儿既能读书，再读几部经，不通经不可言学，时文何须多读！诸孙中有好学者令多读经，勿虚费光阴也！"② 汤斌学问功底深厚，作为皇帝的日讲官及太子师，讲解经史，阐明治世之理，没有深厚的学问功底是难以胜任的。他熟悉诸经，经常引经据典，思考经典中蕴涵的道理，比如：在思索"一贯之道"时，从《论语》中稽考孔子"博文"、"约礼"的含义，从《中庸》中体悟孔子的"一贯之道"、"仁"，"及读《易·乾卦》、《象传》与《中庸》首章，而后知道之大莫明于斯也。盖道之大原出于天。而仁者，天道之元也，知天人同原则知吾心与天地流通而往来无间，民胞物与之念油然而生，而戒慎恐惧自不容已"③，这样才豁然贯通。在接到孙奇逢编《洛学编》的任务前，汤斌曾有专门治经的打算。他说：

> 某近苦经书训注太繁，论说不一，虽反复翻阅终无心得。欲斟酌先儒之说，平心理会圣人立言之意，不穿凿不附会，定为一编。《五经》中《易》与《春秋》为难，故先治其难者，此非数年工夫不能草草脱稿，今奉先生命，欲暂辍经书从事洛学……④

当然，最终汤斌没有进一步去研究经学，没有深入讲求文字音韵和考辨经典。

汤斌的观念已转变到"崇经"上来，提倡读经，不过，他是就经典对体

---

① 汤斌：《汤子遗书》卷三，《重修苏州府儒学碑记》。
② 汤斌：《汤子遗书》卷四，《寄示诸子家书》。
③ 汤斌：《汤子遗书》卷三，《嵩阳书院记》。
④ 汤斌：《汤子遗书》卷四，《三上孙徵君先生书》。

悟"圣道"的有用性而言，只有理解经义，才能明白"道"的真谛。一言以蔽之，即经学是为儒学服务的，是为达到修齐治平的最终目的。在这一点上，汤斌与顾炎武经学大师是有差别的，二者倡导经学的出发点不同，对于以经学致世用的理解也不一样，而且顾氏的经学造诣和巨大的成就亦非汤氏所能望其项背。

（二）"道法明而事辞备"的史学观

汤斌称得上是博学多识的。他的朋友田兰芳评价他的史才道："吾里汤潜庵司空，学精而闻博，居平于天道人事、往古今来之变，皆已洞悉几微，与人言敷陈详明，而事族所会直抉片言，人皆服为不凡。"① 如此的史学素养，是汤斌发表史学创见和从事修史工作的坚实基础。

汤斌认为，"史"是以"经"作为指导思想的。他阐述道：

> 苏洵曰："经以道法胜，史以事辞胜，经非一代之实录，史非万世之常法"，是不明《尚书》之义、《春秋》之旨也。夫经史之法同条共贯，《尚书》备帝王之业，经也而通史；《春秋》定万世之宪，史也而为经，修史者盖未有不祖此者也②。

在此，汤斌提出了类似"六经皆史"的观点，强调修史是应讲"春秋大义"的，以之来定褒贬、决是非。此即所谓的修史要遵循的"道法"，即儒家史学的基本思想，修史要合乎儒家的伦理道德标准，合乎维护封建统治的需要。汤斌这种传统的史学观，是由他的理学立场和封建官僚的身份决定的。汤斌据此将史书分为三等："故道法明而事辞备，此史之上也；事辞章而道义犹不悖焉，次也；二者皆失，斯为下矣"③。正是这种史学观，使得汤斌能为那些忠诚义士鸣冤，伸张正义，他上疏顺治帝说：

> （顺治）元、二年间，亦有未达天心，徒抱片节硜硜之志，百折靡悔，虽逆我颜，行有乖倒戈之义，而临危致命，实表岁寒之心，此与海内混一窃名叛逆者情事不同。伏望皇上以万世之心为心，焕发纶音，概从宽

---

① 汤斌：《汤子遗书》，《潜庵先生拟明史稿》前田兰芳序。
② 汤斌：《汤子遗书》卷五，《二十一史论》。
③ 同上。

宥，俾史臣纂修俱免瞻顾。……①

　　在当时，当汉族士大夫还怀有强烈的抵触清朝的情绪而统治者正苦恼无法控制局势时，汤斌敢于上疏，请求皇帝以《宋史》不讳文天祥之忠、《元史》不讳丁好礼之义为例，为明末抗清之士作传正名，他这种"在史言史，不适忌讳"的胆识让人佩服！汤斌的愿望直到乾隆时期才得以真正实现。

　　汤斌一方面主张"道法明"，继承了传统的史学思想；另一方面，也不忽视"事辞备"。表现在材料的运用上，要求取材广泛、材料充分、史事完备、真实无误；在叙事时，要求裁剪得当，叙述简洁。这是以"收罗之博，裁断之精"为"大君子"的新型观念②，汤斌的这种重视收罗材料和核实考证的史学观念顺应了当时考据学风兴起的潮流，使他成为较早的实践者。这一观念是考据史学的前奏。

　　汤斌主张竭尽全力地收集史料。

　　　　窃以为立法宜严，取材贵备。实录所纪，恐有不详，臣谨取其大略为我皇上陈之。如靖难兵起，建文易号，永乐命臣重修实录，则低昂高下之间，恐未可据。他如土木之变、大礼之议，事多忌讳，况天启以后实录无存，将何所依据焉？一也。二百七十余年，英贤辈出。有身未登朝而懿行堪著；或名仅闾巷而至性可风，万一辒轩未采，金匮失登，则姓字无传，何以发潜德之光。前代史书如隐逸、独行、孝友、列女诸传，多实录所未备者，二也。……臣谓今日时代不远，故老犹存，遗书未烬，当及此时开献书之赏，下购求之令，凡先儒记载有关史事者，择其可信并许参考，庶几道法明而事辞备矣③。

　　汤斌以史家的高度责任感，提出广泛采集明朝遗书，这与当时许多学者所见略同。

　　然后，是对史料进行考证鉴别。汤斌对于《实录》的可信性和其他史料的利用极为审慎，他参酌诸家，认真辨别，不拘于一家之言。他说："立传以《实录》为主，以诸家记录参酌，若诸本皆不载，未便以便稿作据。"有关明

---

① 汤斌：《汤子遗书》卷二，《敬陈史法疏》。
② 顾炎武：《亭林文集》卷三，《答汤荆岘书》。
③ 汤斌：《汤子遗书》卷二，《敬陈史法疏》。

太祖被诸将奉为吴国公的时间问题，汤斌曾仔细核实考辨。

> 《实录》载至正十六年秋七月己卯朔，诸将奉太祖为吴国公，而牧斋
> 先生据俞本记事录、叶子奇上孙炎书，以为当在二十一年正月，相去六
> 年。窃以当年史臣与太祖同时，不应舛误至此，太祖是时兼总江南行中书
> 省事，则书中丞相之称亦无足疑，故仍以《实录》为正①。

汤斌在具体修史过程中，讲究剪裁得体，安排得当。他对本纪的纂修尤有
心得，认为《唐书》删去皇帝的诏辞，仅存高祖一诏，致使王言无征，而
《宋史》因事定例，不似《唐书》之严，对即位、册立诸诏，记其事、删其
文，对战攻、方略、训诫臣民等诏，志传不能载，于本纪总括数句，能使一代
事迹粲然完备，而《元史》过分繁芜不足观。故他主张体例方面，本纪应当
效法《宋史》②。

（三）总结学术思想以致用

宋明理学发展到清初时，受到了来自各方面的冲击，引起人们对理学的反
思，总结理学的时机逐步成熟。有的学者从学术发展的体系来辨章学术考镜源
流，有的从重振理学、发挥理学的经世作用来纂修理学史。汤斌除参加明史的
编修、置喙于"道学传"的废立的争论外，他早年编定的《洛学编》，就是一
部旨在弘扬地方学术的史学作品。

《洛学编》以理学的开创者程颢、程颐为核心，将河洛地区的儒学大家一
一罗列，展示了由北宋迄清初该地区方兴未艾的学术思想。

汤斌不主门户之辨的思想，成为该书编纂的指导性思想。他将汉代的经学
家郑众、伏子虔等、唐代的韩愈一并收录，反映了他不树藩篱、以孔孟圣学为
归的主张，正如张舜徽先生所言："（汤）斌意盖不独调和朱陆，且欲以泯汉
宋之畛域"③。他严儒释之辨，反对流于佛老，虽肯定魏晋的王弼注疏大易，
有功圣学，但因他祖尚老庄，故不予收入。

《洛学编》是汤斌在其师孙奇逢的授意下编写的。他说："今奉先生命欲
暂辍经书从事洛学，但敝州书籍甚少，恐有遗漏，且义例、体裁未奉明示，钱

---

① 汤斌：《汤子遗书》，《潜庵先生拟明史稿》本纪条例。
② 汤斌：《汤子遗书》卷五，《本纪当法宋史议》。
③ 张舜徽：《清人文集别录》，中华书局 1963 年版，第 51 页。

君侨曾言及此如有稿本，乞发下参酌，庶可早竣事也。"① 除了汤斌外，孙奇逢的另一弟子魏一鳌也承担了类似的任务，编纂了《北学编》，这类书构成了地方理学发展史的体系。他们师徒，尤其是汤斌，有以复兴儒学为己任的抱负，力图振兴地方学术，为困境中的理学找到一条出路。孙奇逢阐明《洛学编》的编纂意旨道：

　　盖洛之有学，所以合天人之归，定先后之统，所关甚巨也。厥后废而复明，绝而续。学问渊源，天中尤盛，宋兴伊洛、元大苏门、至有明而两河八郡各有传人。余移家夏峰，每怀往哲，怅微言之未泯，喜绝学之当新。汤子少负远志，壮岁即以病请，孜孜以斯道为己任。十年以来，余见其学日进而心日虚，洛学之兴，端有所属，因念斯道在人求之，即得表前贤以励后进……爰题数语，以记汤子兴学之功云。②

　　由此看出，他们师徒完全是为振兴地方学术、复兴洛学为目的，即所谓承前贤、继绝学、求斯道、励后进、续薪火、存遗献。这个编纂意旨与明末冯从吾的《关学编》一样，即"恢复孔孟儒之正传，索引关中道统之脉络"③。

　　总之，从《洛学编》的编纂意旨和辑录原则来看，其不持门户异同、旨在振兴学术的特点，正反映出在清初理学衰微的情况下，汤斌实实在在地为经世致用所做出的努力。

三、余论

　　汤斌于康熙二十六年（1687 年）离世，雍正癸丑（1733 年），其牌位入贤良祠，祀于京城，乾隆元年（1736 年），追谥文正，道光三年（1823 年），从祀孔庙。在清代，汤斌是少有的几位从祀孔庙的人物之一，其地位之隆、声望之高，可想而知。

　　汤斌在学问、品行、功业三方面都值得称道，其学问功底深厚、学以致用，品德高尚、廉洁奉公，功绩卓著、儒效显著。同入博学鸿儒科的毛奇龄评价他：圣贤、事功、文章俱佳，为"圣朝儒术之冠"，"践履笃实、务为善去恶，以求慎独；出而应世则入参宰执，出领方州，明明有实效见诸成事"④。

---

① 汤斌：《汤子遗书》卷四，《三上孙徵君先生书》。
② 汤斌辑：《洛学编》，孙奇逢序。
③ 冯从吾撰，陈俊民、徐兴海点校：《关学编》点校说明，中华书局1987年版。
④ 汤斌：《汤子遗书》卷首，毛奇龄原序。

以往学者多是将汤斌置于理学家的行列，充分肯定其深于圣学、行儒术之效，在清初理学家中特立独行、不趋炎附势的功业及品行。如《清儒学案》论曰："潜庵承师法而兼宗程朱，出而为政，膏泽及民，清节冠世，独立不挠，儒术之效，于斯为大。"① 近代学者梁启超在《中国近三百年学术史》中，评价说：

> 　　至于那些'以名臣兼名儒'的大人先生们，内中如汤斌、如魏裔介、如魏象枢等，风骨尚可钦，但他们都是孙夏峰门生，半带王学色彩，汤斌并且很受排挤不得志②。

当代著名学者杨向奎先生《清儒学案新编》中，肯定《清儒学案》的评价"并非过誉"，他认为，"在清初显宦中讲理学而能言行相顾，潜庵实为佼佼者"③。他们都能将汤斌区别于陆陇其和熊赐履、李光地等"伪理学"者，以及一般的"依草附木"者，这些都是可取的。

导致汤斌成就功业的思想根源，值得一书。在明末清初实学思潮的冲击下，在倡导学风由虚入实的过程中，作为理学家，汤斌修正了所继承的程朱、阳明的理学思想，增添了躬行、笃实的因素，主张不辨门户，调和朱王。这种顺应思想学术新形势的发展，其躬行实践、不树藩篱的理学主张，与清初统治者所尊崇的正统理学非常契合。康熙褒扬他道：

> 　　道学者必在身体力行，见诸实事，非徒托之空言。今视汉官内务道学之名者甚多，考其究竟，言行相悖。……精通道学自古为难，朕闻汤斌曾与河南姓孙之人相与讲明，如此尚与道学相近。且汤斌前典试浙江，操守甚善，著补授江宁巡抚④。

汤斌在思想学术史上的另一贡献和影响常为评论者所忽视。此即汤斌重视经典，尊崇经术，倡导经学，不仅自己读经解义，还令府学生和他自己的后代读经学史，使理学由枵腹空谈向引经据典转变。作为理学家，反倒来倡导经

---

① 徐世昌：《清儒学案》卷九，《潜庵学案》。
② 梁启超：《中国近三百年学术史》，山西古籍出版社 2001 年版，第 105 页。
③ 杨向奎：《清儒学案新编》，《潜庵学案》，齐鲁书社 1988 年版，第 49 页。
④ 《康熙起居注》康熙二十三年六月二十三日条。

学，其推动当时学风转变的意义不言而喻。

汤斌不止一次地透露振兴儒学、"欲求孔孟之道"的意图，他说："窃谓补偏救弊，各有深心，愿学者识圣人之真，身体力行，久之当自有得"①。他这种弘扬学术文化，为身处困境中的理学寻找出路，志在恢复儒学的精神；将经典学术与帝王之道紧密联系，将崇学术与端正地方学风、整饬风俗结合起来的努力，就是一种经世致用的精神。

总体上说，汤斌是一位顺应时代思潮和形势的理学家，他几乎与顾炎武同时，共同推动了当时的学术由理学向通经致用方面转化，成为清初学术转变活生生的例证。

第三节　朱彝尊：笃实问学，研经博物

朱彝尊②，是清初闻名遐迩的诗人、词人。其诗，与王士禛齐名，被称为"南朱北王"；其词，开创了清代浙西词派；其古文辞，与侯方域、汪琬并称为清初散文三大家。"兼有众长"的朱彝尊，并非只是一介文士，他致力于经史之学，造诣赅博，故诗词歌赋都富有内涵和深度。张舜徽先生在《清人文集别录》中指出：

> 余则以为彝尊之所以大过人者，在其学问功力深厚，不仅非王（士禛）、汪（琬）所能望，即毛氏（奇龄）抑犹逊其笃实。盖奇龄才胜其学，而彝尊学副其才，斯又两家之辨也。至于根底庞固，文辞渊雅，有学而能宣，能文而有本，又远出并世诸儒之上③。

以往对朱彝尊的研究多集中于其诗词方面，近年研究者开始注意到他在目录学、藏书方面的成就，而对朱彝尊在经史考据方面的贡献，则研究有限。朱彝尊"研经博物"，证经补史，又收罗金石，编纂书籍，在将人们的视线引向经史领域和文献整理上发挥了重要作用。"其考订所得，与一时经师顾炎武、黄宗羲、黄宗炎、阎若璩、胡渭、姚际恒、毛奇龄等，同调共鸣，相得益彰，

---

① 汤斌：《汤子遗书》卷首，杨椿《年谱》定本，康熙二十二年 57 岁条。
② 简介见本书第一章第三节。
③ 张舜徽：《清人文集别录》，华中师范大学出版社 2004 年，第 52 页。

为清代汉学的兴起开了先路。"①

一、广泛交游，学兼众长

朱彝尊在清初的文坛名噪一时，在学术界也很有影响，其成就离不开家学的熏陶和朋友的启发。他总结自己的治学经验道："时过然后学则勤苦而难成，独学而无友则孤陋而寡闻。"②

他一生浪迹南北，交游极广，出于庙堂，优游林下，结交的诗人、学者，如李良年、陈维崧、毛奇龄、顾炎武、曹溶、孙承泽、王士禛、徐乾学等，其中有明朝遗民，有清朝官员。朱彝尊在诸多方面兴趣的产生、知识的积累、方法的演进以及成果的最终完成都得益于与友人的切磋、探讨及协作，故而考察他的交游大有必要。朱彝尊的交游对象按阶段大致分为三类：一是他儿时的亲友；二是南来北往时期的师友；三是入宫后结交的学者。

（一）家学熏陶，友朋唱和

朱彝尊的尊祖父朱国祚是明代显宦，官拜礼部尚书兼东阁大学士，浙江秀水朱氏自此成为浙西望族。明清之际，江南复社成立，士人纷纷加入，吟诗作赋，为文酒之会。朱彝尊的父辈活跃其间，咸有文名，朱家成为南北文人在浙西聚会的一个重要据点。

出身名门的朱彝尊，从小受到江南士风的熏染和家学的传承。童蒙时，祖母徐安人（徐阶曾孙）将徐阶所订《诗韵辑略》授予他，彝尊自此知道分别四声。其父朱茂晖，好博览，经史之外诸子百家靡不兼综。此后，彝尊同诸位表兄弟谭吉璁、左瑄、陆世楷、陆葇受学于苇园（即叔父朱茂皖），苇园不满时文浮华骈俪，他看清河北盗贼、中朝朋党、动乱将成的形势后，劝告侄儿"学以时艺不如舍之学古"，于是教授他《周官》、《春秋左氏传》、《楚辞》、《文选》、《丹元子》、《步天歌》等③，时人皆笑其迂腐，而彝尊古学功底因此奠定。此外，鉴赏书画、碑刻、珍玩器皿，也承之于家学。15岁时，随叔父茂曤观同里卜氏所藏帖，其中有《汉淳于长夏承仲兖碑》，经他们考证是宋代拓本，可见其时已初解隶法。在《感旧集序》中，他记述了一些鉴赏常识，"儿时见先王父母，治酒食燕宾客，瓷碗多宣德、成化款识，近亦嘉靖年物；酒杯则画芳草斗鸡其上，谓之鸡缸，若万历窑所制，至或下劳傔从，见闻所

---

① 陈祖武：《朱彝尊与〈经义考〉》，《文史》第40辑，中华书局1994年版。
② 钱仪吉：《碑传集》卷四十五，《日讲官起居注翰林院检讨朱公彝尊墓志铭》。
③ 杨谦：《朱竹垞先生年谱》，崇祯十五年14岁条。

习，无足异也"①。类似的耳闻目染，在潜移默化中增长了朱彝尊的见识，从知识、方法、兴趣等方面为他以后走向收藏、编纂、考证等打下了坚实的功底。

朱彝尊步入青年时期，他与同乡的青年士子往还唱和，为诗酒文会，游名胜，结诗社。顺治六年（1649 年），彝尊 21 岁，移居梅会里，与同里的王翃、周筼、缪泳、沈进及李良年三兄弟为诗课时，远近有诗名者，咸来讨论风雅流派，鲜有不为彝尊所心折。彝尊与乡里朋友、世交及亲戚之间的这种吟唱情深意厚，彼此间建立了真挚的友谊，终生不渝。如谭吉璁、陆莱、李良年、周筼等与彝尊后来始终交往不辍，或鸿雁传书，或登门拜访，或同游山水，情同兄弟。朱彝尊与李良年订交时，相与论古文流别，听凭四座评论，后在旅途中相见，遂同游京师，题诗西山；晚年彝尊罢官后，两人仍往还不已。②

当时，朱彝尊与沈进齐名，乡人目为"朱沈"。同里长辈曹溶见到彝尊的诗文，十分赞赏。名声渐大的朱彝尊，经常参加大型士人的集会，结识江浙地区的名人学士。顺治七年（1650 年），在嘉兴南湖举行的"十郡大社"，当时毛奇龄、吴伟业、宋德宜、彭珑、尤侗、计东、徐乾学、陆圻等皆来赴会，彝尊与之"越三日，订交乃去"③。在这一时期，秘密抗清成为彝尊与友人的活动内容。顺治十二年，他游山阴，特地"过梅市访祁公子"，即后来涉嫌魏耕"通海案"的祁理孙、班孙兄弟。

（二）游历南北，师友切磋

从顺治十三年（1656 年）起，迫于生计，朱彝尊踏上了外出游幕的征途。朱彝尊入幕期间，先后游历于岭南、山陕、京师、山东、淮扬等地，这一时期是他广交朋友、切磋探讨学术的重要阶段。他与友朋一道赋诗饮酒、考察历史遗迹、搜讨史料、鉴赏书画铭文，朱彝尊凭借自己极好的禀赋和家学素养，在曹溶、顾炎武、孙承泽等师友的提携和影响下，其学问进入了蕴涵生机的积累阶段。

来到岭南，朱彝尊投靠同里的亲戚朝中大吏曹溶，拜访了表亲陆世楷，结交了当地的著名诗人和抗清人士屈大均、陈恭彦等，他们在诗歌的酬唱和反清情绪的酝酿中结下了深厚的友谊。曹溶官广东布政使，辑《岭南诗选》，彝尊为之甄录，并引同里钟渊映为助，抄撮群书。朱彝尊从事词的创作较晚，其初

---

① 朱彝尊：《曝书亭集》卷三十六，《感旧集序》。
② 朱彝尊：《曝书亭集》卷八十，《徵士李君行状》。
③ 杨谦：《朱竹垞先生年谱》，顺治七年 22 岁条。

习依声之道，曹溶实为之先导①，在与曹溶等友人灯阑酒酣中，以小令、慢词，更迭唱和，逐渐培育了朱彝尊这位清初大词家。

山陕地区是朱彝尊游幕的第二站。康熙三年（1664年）五月，朱彝尊到大同，投奔任山西按察副使的曹溶，直到康熙六年，彝尊都穿梭来往于山陕地区。这里是汉、晋、唐、五代等朝历史遗迹存留较多，因此，朱彝尊先后游晋祠、游风峪观石刻佛经至蒙山访碑，结识了傅山、顾炎武；西出雁门关，在关中，结识了五位诗友，即富平李因笃、三原孙枝蔚、晋阳李念慈、华阴王弘撰、邰阳王又旦。朱彝尊每到一处，十分留心史料的收集，包括碑刻的探访、鉴别，并以碑文进行考证。在晋阳，他"欲注《五代史》，以五代之主其三皆起晋阳，最后刘昊三世固守其地，恒策马纵游，览其废墟冢墓之文、祠堂佛刹之记，靡不搜剔以资考证"②。

曹溶是朱彝尊从事金石鉴别、收藏、考证等学术活动的重要引路人。其人，雄才博赡，爱奖掖人才，嘉惠学林。他藏书弘富，藏有宋元人文集，其"《静惕堂书目》所载宋自柳开以下凡一百八十家，自元耶律楚材以下凡一百十有五家"；在修明史时，辑《崇祯疏抄》、《传谕录》以呈史馆。③ 晚年，杜门著述，手辑《学海类编》，收罗弘富，采有431种，多人所未见之秘本。④ 朱彝尊对曹氏的藏书曾经寓目和抄录，对其中一些书籍的版本、残缺情况及价值都了如指掌，他了解到《隶续》一书，本是21卷，而曹氏古林所藏仅7卷，《梦粱录》仅存一半，只有10卷。朱彝尊抄录了曹氏《五代会要》，该书是一部有关五代典章制度的不可多得的文献，因为欧阳修所作《新五代史》"仅成司天、职方二考"⑤。在编纂书籍时，朱彝尊还托曹溶帮助收集相关资料。曹溶曾在致彝尊的短信上言："……惠借诸书，皆敝箧所乏。近年江左藏书绝少，偶有所见，则为大力所先。承命采入《道古录》，恐无足以报拳拳者。统驽车息轸，悉出恣搜罗耳。"⑥

值得注意的是，曹、朱二人对金石收藏可谓"同好"，曹溶藏有十分珍贵的金石拓本、钟鼎铭文。曹溶曾将自己收藏的《宋拓本钟鼎款识》交与朱彝尊赏鉴，并让他题跋。该本系宋绍兴年间秦桧之子收集，其中"楚公钟、师

---

① 谢正光：《清初诗文与士人交游考》，南京大学出版社2001年版，第271页。

② 杨谦：《朱竹垞先生年谱》，康熙四年37岁条。

③ 李集：《鹤徵录》卷三，曹溶条李富孙按，引《池北偶谈》。

④ 李集：《鹤徵录》卷三，曹溶条引《池北偶谈》。

⑤ 朱彝尊：《曝书亭集》卷四十五，《五代会要跋》。

⑥ 曹溶：《倦圃尺牍》卷上。

旦鼎，皆一德格天阁中物"①，令朱彝尊爱不释手。另有《晋王墓二碑》，朱彝尊在题跋中写道："金石之文，自欧阳永叔、赵明诚后，世无笃好之者……同里曹先生博采金石，有欧阳赵氏之好，出（晋王墓）二碑于土，摹之拓本，俾予审定其字若干，遂书其后归之。"②在山西时，曹、朱二人还一同访碑，亲自椎拓碑文。在汶上县，他们和傅山一同观看了汉步兵校尉衡方碑③。在太原东北的唐大历十三年（778 年）所立之碑，朱彝尊记载了同观的情形："吾思古人嗜金石文字者多矣，考斯碑未著于录，椎而拓之，装界而藏之，古林曹侍郎溶也；以八分书其后者，布衣秀水彝尊也。"④

顾炎武是朱彝尊在山陕地区结识且在日后的学术生涯中对其产生过重大影响的学者。有人认为他们二位的订交，不仅因为是学问上的诤友，还因为同为遗民，都有四处漂泊的身世之感⑤。二者在学术上是有共同语言的，他们对当时学风看法一致并且有共同的兴趣爱好。亭林在其著名的《广师篇》中这样赞许朱彝尊："文章尔雅，宅心和厚，吾不如朱锡鬯"，他曾称赞彝尊的古文辞出于侯朝宗之上，因为彝尊的古文穿经穴史，文能载道，思想内涵丰富。亭林反对空疏的学风，倡导经学，主张经世致用，并重视文字音韵的考订，着力于金石的搜讨，著有《音学五书》、《金石文字记》。朱彝尊自幼弃科举时文，力治古学，兴趣广泛，致力金石之学，以碑证史。两人均主张博学，反对浮躁空谈。顾炎武提出"博学于文，行己有耻"，朱彝尊反感时人专宗一家之言，注意广闻博涉，博通经史。

顾、朱二人是康熙五年（1666 年）在太原相识的，彼此推许，酬诗唱和，一同访碑考史，彼此的情谊不断加深，又不断结交新的同志，朱彝尊与孙承泽的相识就是亭林牵线搭桥的。亭林与彝尊学术上多有交流，书信往还，一道考察古迹，共同赏析收藏文物。朱彝尊对亭林著述中的错误经常提出质疑，如彝尊在《与顾宁人书》中指出亭林即将刊刻的《诗本音》一书中"苓"字的音义问题，不应是"凡零、令"等字悉当读若"邻"，而应读为"怜"，并针对顾氏的旁证加以辩驳，劝其更正⑥；在《郎中郑固碑跋》中，彝尊谓亭林将"逡遁"理解作"逡巡"的异文有误，他依据后来查到的《集韵》一书而证

---

①　朱彝尊：《曝书亭集》卷四十六，《宋拓钟鼎款识跋》。

②　朱彝尊：《曝书亭集》卷五十，《晋王墓二碑跋》。

③　朱彝尊：《曝书亭集》卷四十七，《衡方碑跋》。

④　朱彝尊：《曝书亭集》卷四十九，《平定州唐李谭妒神颂跋》。

⑤　谢正光：《清初诗文与士人交游考》，南京大学出版社 2001 年版，第 358 页。

⑥　朱彝尊：《曝书亭集》卷三十一，《与顾宁人书》。

二者是一种假借①；在《重刊广韵序》中，彝尊认为顾氏校勘《广韵》仍据"明内库镂板，缘古本笺注"是"颇失作者之旨"②；《跋唐博城令祭岳诗》中，他认为顾氏和吴任臣将"伎"疑为"应"是想当然③。此外，还在考史证误方面提出质疑，徐乾学在《日下旧闻序》中写道：

> 君（朱彝尊）有嗜古癖，考证尤精，家舅亭林先生尝叹服。亭林先生《金石文字记》言"闵忠寺碑'唐'字、'史思明'字类磨去，史思明伏诛后重刻者"，君辨之："文中凡唐字其初必'燕'字，安庆绪赐史思明姓名为安荣国，其初必安荣国也，思明降而复叛既诛之后，安有反为勒名之理"，恐亭林复生不能难也④。

顾、朱二人，亭林提携和引导，彝尊乘风而起，质疑问难，后浪推前浪，学术潮流滚滚向前。

孙承泽是朱彝尊游幕京师时结交的师友。孙承泽，号北海，又号退谷、退翁，在清初享有大名。孙氏虽为贰臣，且年纪颇长，彝尊却引为"知己"。他在《祭孙侍郎文》沉痛哀悼："回忆公言，声悲益吞，仅一人知己，而又不存，觞酒在筵，挺烛在几，我涕有尽，我哀何底！"⑤ 如此的交谊，如此的哀伤，应该缘于学问上的"同好"！当初孙氏初识彝尊，见其旅寓插架，书册甚多，谓人曰："吾见客长安者，务攀缘驰逐车尘蓬勃间，不废著述者惟秀水朱十一人而已"⑥，遂定为忘年交。

退翁广泛论及经史、舆地，而金石书画和钟鼎彝器的鉴赏乃其专精之学，所著《庚子消夏记》一直被推为艺林中的经典；他又是当时屈指可数的藏书家和文物收藏家。其广博的治学兴趣、丰富的图籍和文物收藏以及慷慨好客的性格，使之结交了一批包括遗民在内的诗人和学者，如龚鼎孳、吴伟业、曹溶、顾炎武、谭吉璁、王士禛等。朱彝尊经常同其他友人一道欣赏退翁的藏书珍玩，并为之和韵、题跋。丁未（1667 年），同谭吉璁在退翁的砚山斋观《王

---

① 朱彝尊：《曝书亭集》卷四十七，《郎中郑固碑跋》。

② 朱彝尊：《曝书亭集》卷三十四，《重刊广韵序》。

③ 朱彝尊：《曝书亭集》卷四十九，《跋唐博城令祭岳诗》。

④ 徐乾学：《憺园文集》卷二十，《日下旧闻序》。

⑤ 朱彝尊：《曝书亭集》卷八十，《祭孙侍郎文》。

⑥ 杨谦：《朱竹垞先生年谱》，康熙六年 39 岁条。

纯碑》①；己酉（1669 年）之冬，同顾炎武、陆元辅观退翁的《郎中郑固碑》藏本②；庚戌（1670 年）于砚山斋与顾炎武、陆元辅、申涵光、谭吉璁同观《李龙眠九歌图卷》③。在聚会时，他们宴饮作诗，切磋探讨学问，仿佛置身世外，其乐无穷。

朱彝尊对退翁的收藏了如指掌，对其中的汉碑的来龙去脉都一清二楚，在《汉博陵太守孔彪碑跋》中说："是本曩见之于宛平孙侍郎宅……孙氏所藏汉隶，约三十余种，尚有张表、衡方、夏承、王纯、侯成、戚伯著诸碑，皆宋时拓本，今尽散失，睹此如睹故人。"④ 睹物思人，竹垞对这些藏本都有一种特殊的感情。他为那些能落到退翁手里的藏品而庆幸，认为物得其所。竹垞对退翁的学问修养，推崇备至，对其治学的态度和见识，十分赞赏。

> 予惟经学之不明，非一日矣……。先生是书（《五经翼》）所为述也，当万历中，周藩宗正灌甫藏书八万余卷，至黄河水决，遗籍尽亡。初，先生知祥符县事，时从其孙永之借抄诸经义，后又益以秘阁流传诸书，故多世所未见者……因述先生之老而好学，无愧于古之致仕者，以为当世法，俾读其书，若见淳史，且及其采辑所从来，盖历数十年而始成，洵匪易矣⑤。

在《王维伏生图跋》中，朱彝尊写道："先生今年七十有八，犹治《尚书》不辍，所注《禹贡》、《洪范》，其发明经义甚详。对先生之容，益悟（王）维之貌（伏）生能入神也。"⑥ 时时留心并抢救性地收集藏书，是孙、朱二人的共识。为经学的兴复而努力，是彝尊服膺退翁的重要原因。

（三）入朝为官，学友切磋

康熙十八年（1679 年），朱彝尊以布衣身份应试博学鸿儒科，与试者多是昔日旧友。中试后，授为明史馆检讨，任日讲起居注官、江南乡试官等。竹垞在史馆非常活跃，七上总裁书，论定凡例，辨《从亡致身录》不可信，于建文一朝史事多所考订。与史馆同侪探讨学术、编选书籍、编纂《明史》。其

---

① 朱彝尊：《曝书亭集》卷四十七，《书王纯碑后》。
② 朱彝尊：《曝书亭集》卷四十七，《郎中郑固碑跋》。
③ 朱彝尊：《曝书亭集》卷五十四，《李龙眠九歌图卷跋》。
④ 朱彝尊：《曝书亭集》卷四十七，《汉博陵太守孔彪碑跋》。
⑤ 朱彝尊：《曝书亭集》卷三十四，《五经翼序》。
⑥ 朱彝尊：《曝书亭集》卷五十四，《王维伏生图跋》。

间，他与鸿儒毛奇龄、潘耒、乔莱、徐钒、《一统志》《明史》撰修者徐乾学、姜宸英、黄稷虞、阎若璩，以及其他官员如高士奇、纳兰成若等皆有学术上的交流。这一时期不仅是朱彝尊学术的积累阶段，也是收获阶段，成果丰硕。《明史》的编纂、《瀛洲道古录》和《日下旧闻》的编写，都无疑得益于这些朋友的帮助与启迪。其中他与徐乾学及其门人学术交往尤其值得一书。

徐乾学，字元一，号健庵，顾炎武的外甥。徐乾学在学术上受到舅氏的指授，根底深厚，持论通核，"健庵博识，多通史学、舆地、礼制、掌故，延纳众长，规模宏大，乾嘉学派之先声，于此肇焉"①。健庵任明史馆总裁时，朱彝尊先后七次上明史馆总裁书，就《明史》修纂过程中的诸多问题与之深入探讨。徐乾学藏书丰富，其传是楼有"藏书甲天下"的美称，多藏宋元旧本。竹垞在此抄录图书，得以寓目许多珍本秘藏。像《太平寰宇记》一书，竹垞曾抄自王士禛的池北书库，缺 70 余卷，后二年，从传是楼本缮写补之②。还有宋拓本《晋王大令保母砖志》，健庵初以十镒白金购得，竹垞前往观看，验证是宋朝嘉泰年间拓本，同观者还有姜宸英、黄虞稷、沈元衡③。得到一件珍品，对这些收藏家和鉴赏者来说真可谓是一大乐事！此外，徐乾学还利用他在朝中的地位，请求发放内库藏书，以资考验，这大大方便了朱彝尊等学者，让他们如沐春风，尽情徜徉于书海。

健庵与竹垞还有考辨经史的共同兴趣。健庵于礼学有深入研究，尤其是丧礼，所著《读礼通考》"为古今言丧礼者最备之书"。竹垞为之作序，称"摭采之博而择之精，考据之详而执之要，此天壤间必不可少之书也"④。竹垞感叹"慎终追远之义辍而不讲，斯民德之日归于薄矣"，因此劝健庵并修吉、军、宾、嘉四礼，使《读礼通考》成为完书。健庵组织编纂的《通志堂经解》，"为唐以后说经渊薮"，而其缘起，却是得自竹垞的建议。健庵在《新刊经解序》中写道：

> 往秀水朱竹垞念予书策莫繇莜于今日而古籍渐替，若经解廑有存者，弥当珍惜矣……予感竹垞之言，深惧今时所存十百之一，又复沦敦责在后死，岂可他诿？⑤

---

① 徐世昌：《清儒学案》卷三十三，《健庵学案》。
② 朱彝尊：《曝书亭集》卷四十四，《太平寰宇记跋》。
③ 朱彝尊：《曝书亭集》卷四十八，《晋王大令保母砖志宋拓本跋》。
④ 朱彝尊：《曝书亭集》卷三十四，《读礼通考序》。
⑤ 徐乾学：《憺园文集》卷二十一，《新刊经解序》。

爱护经典保存古籍是他们共同的愿望。竹垞著《日下旧闻》，考察京都的历史古迹，徐乾学也曾有同样的志向，他在为该书序言中透露：

> 余年二十五充贡入太学，摩挲石鼓文字，讨论燕昭以来雄都旧迹，一时茫然无所质证。后数来京师，谒王文贞公少宰、北海孙公，为言旧迹甚悉，亦略辨记载之讹尔，时抠衣循墙侍先生长者侧，未敢越席而问。既入翰林苑，交秀水竹垞朱君。君博学洽闻，叩之不竭，尝与联骑出指示某处某朝旧迹若指诸掌……①

徐、朱二人同受顾炎武的影响，有相同的兴趣、相同的学术取向，又同样地博闻广识，自然关系亲密，且二位皆富有挽救文献整理学术的高度责任感，他们互相促进，互相协助，共同推进经学的复兴、考据风气的盛大。

徐乾学是清初有名的学人幕府之主，他借修书之名笼络了一批学者，自由聚会，为其提供了便利的学术条件②。朱彝尊与徐乾学相交甚笃，与徐氏的门人姜宸英、黄虞稷、徐善、阎若璩，以及徐氏的好友高士奇、纳兰成德也互相爱慕、相交甚洽，形成了一个较大的学术群体，多次就藏书、经史考据、辨伪等方面的问题展开讨论。

晚年，朱彝尊偃息于田，优游林下，藏书、编纂不辍，披阅经史，考证、阐释经文，在目录学、史学考证、诗词编纂方面取得了重大成果。其中《经义考》是其学术综合实力的代表作。此时，竹垞所往来的多是旧时的相知和门人，主要有毛奇龄、潘耒、查慎行、徐釚、陈廷敬、郑元庆等，他们一如既往，为竹垞的收藏和著述提供了有益帮助，在此不一一叙述。

二、保护典籍，致力经史

良好的古学功底，师友的切磋共进，使朱彝尊博通经史，在藏书、金石学、目录学、史学考证等方面硕果累累。"考证之学，虽非如同时阎潜邱、毛西河之专家，而网罗宏富、持论和平。集中序跋诸作，论者谓在黄伯思、楼钥之上。"③ 而金石、目录学，竹垞尤有过人之处，非阎、毛二氏可比。

（一）整理文献，保护典籍

明末清初，古学复兴。有志于古学的人士无不感慨典籍的零落散失和文献

---

① 徐乾学：《憺园文集》卷二十，《日下旧闻序》。
② 尚小明：《徐乾学幕府研究》，《史学月刊》1998 年第 5 期。
③ 徐世昌：《清儒学案》卷三十二，《竹垞学案》。

的舛误、伪书的泛滥以及战乱对书籍造成的破坏和损失。为了重振古学，厘清思想，考辨史实，朱彝尊之类的读书人，纷纷以保护文献为己任，收罗旧籍、清理图册。

明代，江南地区就有几位大的藏书家，如宁波范氏天一阁、山阴祁氏澹生堂、常熟毛氏汲古阁、白门黄氏等，他们收藏珍贵秘籍，抄写保存，还刻写出版，以广流传，嘉惠学林，为后来的藏书家提供了有益的借鉴。朱彝尊继承了他们的优良传统，具有高度责任感，这种责任感主要体现在他力图挽救即将散佚的图书和面临失传的古代学术两方面。

朱彝尊力图纠正由于学术思想的偏见所致的古学失传，以及相关方面图籍的弃置不传。他针对宋元以来言道学者必宗朱子，弃汉唐诸儒而不论，置七十子而不顾，致使历代经学著作失传的学风驳斥道：

> 夫圣人之道，著在六经，是岂一师之所能囊括者与？世之治举业者，以四书为先务，视六经可缓。以言《诗》、《易》，非朱子之传义，弗敢道也；以言《礼》，非朱子之家礼弗敢行也；推是而言《尚书》、言《春秋》，非朱子所授则朱子所与也。道德之一，莫逾此时矣①。
>
> 今日谈经者，局守一家之言，先儒遗编，失传者十九②。

因此他倾向研究道学者要追根溯源，研究经学，博学详说，对于尚存的经学书籍进行梳理，推源析流，不可忽视先秦汉唐的经书。

朱彝尊认识到当时经义传注历经宋明时代后已非原貌，混乱出入，应选出好的经典注疏本，包括科举所试的经义选本，使应试举子有所依据。例如，朱子的《周易本义》12卷，存《汉志》篇目，原本与程子《易传》不同。而临海董楷辑《周易传义附录》一书，强行合朱、程二书，移易本义次序以就程传。明初用之取士，其后习举子业者，渐渐变成依朱子本义、程传次序，这种不伦不类的选本一直沿用至清初，致使科举试题爻象并发，违背朱子意旨。因此，当竹垞见到朱子的《周易本义》后，呼吁立即开雕，颁布学宫③。其他的经典选本和古学也存在类似的问题。

朱彝尊有感于古代的礼学、金石学、小学等方面的研究受到冷落，后继无

---

① 朱彝尊：《曝书亭集》卷三十五，《道传录序》。
② 朱彝尊：《曝书亭集》卷三十三，《寄礼部韩尚书》。
③ 朱彝尊：《曝书亭集》卷四十二，《书周易本义后》。

人，而相关书籍面临失传，便大力倡导重兴，保存相关文献。他建议徐乾学完成丧、吉、军、宾、嘉五礼的"通考"，以兴复古礼。朱彝尊不满"小学不讲、俗书繁兴"的现状，认为学不应分大小，"未有不识字而能通天地人之故者。宋儒持论，以洒扫应对进退为小学，由是《说文》、《玉篇》皆置不问……而小学放绝焉"①。他主张重刊文字音韵书籍，并极力敦促实施。《汗简》是后周宗正丞书学博士郭忠恕集 71 家篆法，并有略序目录的一部奇古之书，《宋史·艺文志》未著录，亦无雕本。竹垞偶得其抄本，"坚请发雕"。他做了大量类似的工作：

> 予也侨吴五载，力赞毛上舍扆刊《说文解字》、张上舍士俊刊《玉篇》、《广韵》、曹通政寅刊丁度《集韵》、司马光《类篇》，将来徐锴之《说文系传》、欧阳德隆之《韵略释疑》，必有好事之君子镂板行之者，庶几学者免为俗学所惑也夫！②

朱竹垞对于图书十分珍视，为一些罕为人知的古籍、碑文论证其价值，呼吁人们进行保护，并身先士卒，而对于那些无视典籍的珍贵、任其流失的做法尤其反感。对明代的文渊阁藏书的损失，尤为痛惜：

> （明初）购求遗书，皆储之文渊阁内。相传雕本十三，抄本十七，盖合宋金元之所储而汇于一，缥缃之富古未有也。考唐宋元藏书皆极其慎重，献书有赍，储书有库，勘书有人，曝书有会。至明以百万卷秘书，顾责之典籍一官守视，其人皆贽生，不知爱重。而又设科专尚帖括，四子书易诗第宗朱子，《书》遵蔡氏，《春秋》用胡氏，《礼》主陈氏。爱博者窥大全而止，不敢旁及诸家。秘省所藏，土苴视之、盗窃听之，百年之后，无完书矣。待万历乙巳……校理遗籍，惟地志仅存，亦皆嘉、隆后书，初非旧本，经典散失，寥寥无几③。

对于那些面临遗失的文献材料，无论是书籍还是碑刻，竹垞尽全力保护。《汉北海相景君碑》是汉代济宁州儒学孔子庙门所列的五碑之一，竹垞发现

---

① 朱彝尊：《曝书亭集》卷三十四，《重刊玉篇序》。
② 朱彝尊：《曝书亭集》卷四十三，《汗简跋》。
③ 朱彝尊：《曝书亭集》卷四十四，《文渊阁书目跋》。

时，已经"碑辞漫漶，其阴旁右壁，工以不能椎拓辞"，竹垞为此留宿三天，"强令拓之"①。万历以后的进士题名碑，罕有拓而传者，《北京国子监进士题名碑》却徒僵立于风雨冰雪之中，任其剥蚀，性嗜金石文字的竹垞于此十分痛心，不能坐视不管，"属二公扶其踣者，并拓之"②。

（二）金石碑版，补经证史

朱彝尊一生无书不读，融通群经，熟悉史书、典故，恰如《清儒学案》所称：

> 先生博洽多闻，通诸经。其论《书》，谓《书》百篇皆掌之外史、谕之行人，孔子非有损益于其间，又辨古文孔传之伪，而谓书序先出，汉孝武时即有之。论诗谓孔子未尝删，又谓毛诗序本乎子夏门弟子，授受间有补师说之未及，毛公因而存之不废。其论《春秋》，谓鲁史旧文不过述一国之事，《周官》邦国之志小史掌之，四方之志外史掌之，合之自孔子始，故述也，而谓之作。具详所撰诸论中，皆实事求是，不轻附会③。

朱彝尊在饱览群书、融汇经义的基础上，做了大量考辨疑义、正讹纠谬的工作。他的考证有独特的过人之处，即旁征博引，尤其充分利用金石文字考经论史。而金石碑刻的收罗与考证，反过来又进一步丰富了他的学问和见识，使其结论建立在可信的基础上。

1. 以碑证史

朱彝尊嗜好金石文字，他寻遍荒崖破冢，刻意收集残碑断简，并利用这些材料来考经证史，补旧史之缺。以碑文来验证史书记载，若相合，则史不诬；若有出入，他则倚重碑刻作考证，力求切合历史真实；有些碑文所刻，往往不见于史书，他便以碑文来填补，力求史料详赡，史实丰富。

在长期的学术生涯中，朱彝尊常常以碑石考证经史。汉郃阳令曹全碑，是明万历中县民掘地所得，因为晚出，字画完好，是保存到清初时最好的汉碑。对比相关史籍，彝尊发现史载人名为"和得"，而碑书"和德"，碑刻明确记载"曹全讨疏勒"一事，而史书没有提及。鉴此，彝尊分析："盖范蔚宗

---

① 朱彝尊：《曝书亭集》卷四十七，《汉北海相景君碑并阴跋》。
② 朱彝尊：《曝书亭集》卷五十一，《北京国子监进士题名碑跋》。
③ 徐世昌：《清儒学案》卷三十二，《竹垞学案》。

（晔）去汉二百余年，传闻失真，要当以碑为正也"①。在《建雄节度使相里金碑跋》中，他亦持同样的看法：

　　碑辞与五代史传略同，惟史称字"奉金"，而碑云字"国宝"；史称"赠太师"，而碑云"赠太子太师"，则碑为可信已②。

他根据碑传纠正他人著作中的失误，证据凿凿，如他据碑版《名绩录》来指责钱谦益考证失真：

　　（《名绩录》）卷第五载卢熊所撰《迁善先生郭君墓志铭》，郭君，名翼，字义仲，善七言近体诗，人号郭五十六。虞山钱尚书《列朝诗集》入之明人之列，且云："洪武初，徵授学官，度不能有所自见，怏怏而卒"。不知翼卒于至正二十四年七月。熊志可据，其为训导，仕于元也③。

2. 拾遗补阙

金石文字，椎拓著录者少，石崖碑刻，多人烟罕至之迹，故金石所载的内容往往鲜为人知，用作史料大有挖掘的潜力和价值。朱彝尊对此深信不疑，故在平时注意留心，发现了许多新史料。

明代成祖靖难之后，将旧典遗文去之殆尽，致使建文一朝的史实尤其缺乏。在《史馆上总裁书》中，论及建文史事，他提出《明实录》和其他野史记载中的12个"不足信"，诸如太祖崩后燕王入朝一事，建文帝自焚后松阳王景请以天子之礼葬一事，方孝孺被诛九族一事④。一直到竹垞临死，他还牵挂此事，谓其孙曰："《建文实录》，曲学纰缪附会成书，我病少差，尚当考证"⑤。朱彝尊平时留意收集相关史料，不放过"只言片语"，工夫不负有心人，他有许多新的发现。一是霍山庙碑。该碑系建文元年在南郊祀祭上帝时所刻，镶嵌在庙之西壁。竹垞如获至宝，认为：此一片石幸存人间，修《惠宗实录》者当大书特书⑥。二是当时吴江的诗人陶振的《哀吴王濞歌》。陶氏在

①　朱彝尊：《曝书亭集》卷四十七，《汉郡阳令曹全碑跋》。
②　朱彝尊：《曝书亭集》卷五十，《建雄节度使相里金碑跋》。
③　朱彝尊：《曝书亭集》卷四十三，《跋名绩录》。
④　朱彝尊：《曝书亭集》卷三十二，《史馆上总裁第四书》。
⑤　杨谦：《朱竹垞先生年谱》，康熙四十八年81岁条。
⑥　朱彝尊：《曝书亭集》卷五十一，《霍山庙建文元年碑跋》。

洪武时任本县儒学训导，改安化教谕，归隐华亭九峰。燕师起于北平时，他作此诗，存于其《钓鳌集》中，侥幸躲过劫难存留下来①。

朱彝尊还注意到独存桂林的宋代元祐党籍。该党籍由徽宗书写，立石京都端礼门，蔡京又将之颁发郡县，刊石满天下。惟桂林勒之崖壁，故能存留。

朱彝尊以史家所特有的责任心，尽力收集史料，以补旧史。不仅于此，他还放眼将来，为今后的修史者保留资料。他认为古之国史，恒以本朝之人述当代之事，文献足征，因此，他保留其曾祖朱国祚所撰的《孝宗大纪》，送往明史馆，并录其副本，明告子孙②。

朱彝尊曾说："予性嗜金石文，以其可证国史之谬，而昔贤题咏，往往出于载记之外。"③ 他敏锐地看出石刻诗文的史料价值，认为诗歌虽是人们兴之所至，但字里行间也折射出历史的影子。其《跋石桥寺六唐人诗》记述：

> （六人）各四首，刊成二碑，留石桥寺。嘉靖中尚存，都御史江山赵镗修府志，具录之，中间缺文仅六字耳。……二碑不知何年失去，其后官三衢者，改修府志，乃尽删唐人之诗，深可恨也④。

朱彝尊极力主张纂修府志、县志者，当存录传主所作之诗，切勿删去，以免遗憾。

（三）藏书万卷，编纂书目

朱彝尊一生游历南北，结交良师益友，坚持不懈地拓摹碑文，四处求书。因此，读书、购书、抄书、校书、著书成为他生活的主要内容。晚年，朱彝尊得以坐拥书城，编纂书目，撰成皇皇巨著《经义考》。

1. 藏书不遗余力

朱彝尊嗜书成性，他知识丰富，具有睿智的鉴别力，熟悉图书的流传与遗失情况，了解各种文献的价值，这为他藏书提供了质量保证。一旦发现罕见的或是珍贵的图书，不论是私家珍藏，还是内府秘籍，他会不惜代价，或是重金求购，或雇人抄录，或托朋友转借，诚如他在《鹊华山人诗集序》中所写：

---

① 朱彝尊：《曝书亭集》卷五十二，《跋钓鳌集》。
② 朱彝尊：《曝书亭集》卷四十五，《孝宗大纪书后》。
③ 朱彝尊：《曝书亭集》卷四十九，《跋石淙碑》。
④ 朱彝尊：《曝书亭集》卷四十九，《跋石桥寺六唐人诗》。

予中年好抄书，通籍以后集史馆所储，京师学士大夫所藏弆，必借录之。有小史，能识四体书，间作小诗慢词，日课其传写。坐是为院长所弹去官，而私心不悔也①。

因抄书而去官，竹垞无怨无悔。"归田后，家无恒产，聚书三十楹"，书楹铭曰："夺侬七品官，写我万卷书。或默或语，孰智孰愚。"② 有时为求觅一书，几十年始得如愿。如《崇文书目》，求之 40 年不获，归田之后，听说范氏天一阁有藏本，请人转抄寄来。记述海东国历史的《吾妻镜》，竹垞曾于康熙甲辰（1664 年）在郭东高氏之稽古堂见过，43 年后才得以收藏插架③。他求访《淳熙三山志》同样历尽艰辛，几经辗转，他在该书跋中写道：

康熙壬子（1672 年）过福州，访梁丞相《三山志》，无有也。后三十年，睹武进庄氏书目有之，借观不可得。又六年，而昆山徐学使章仲以白金一镒购之，予遂假归录焉④。

在藏书过程中，竹垞精益求精，每当得到不同的版本后，便着手校勘、补正。他的许多藏书都是参考诸家藏本，故对其残全、存佚情况一清二楚。对于即将刊刻之书，竹垞更是慎之又慎，反复验对。吴江沈伯英所著《古今词谱》一书，徐釚准备开雕，竹垞借归雠勘，"始而信，既而不能无疑焉"，因而在该书卷后提醒道：

……此百世之下尤难臆断者也。检讨（徐釚）工于词，所辑《词苑丛谈》流布已久，试取词谱更正之，毋使四声二十八调之序棼丝不治，然后出而镂板传于世，不亦可乎？⑤

竹垞对许多书籍的具体情况都一一悉知，关于《五百家昌黎集注》一书：

是书向藏长洲文伯仁家，归吾乡李太仆君实。盖宋椠之最精者，惜中

① 朱彝尊：《曝书亭集》卷三十九，《鹊华山人诗集序》。
② 朱彝尊：《曝书亭集》卷六十一，《书楹铭》并序。
③ 朱彝尊：《曝书亭集》卷四十四，《跋吾妻镜》。
④ 朱彝尊：《曝书亭集》卷四十四，《淳熙三山志跋》。
⑤ 朱彝尊：《曝书亭集》卷四十三，《书沈氏古今词谱后》。

间阙三卷，后人补抄，原注已失不可复睹，当更访诸藏书家①。

竹垞对众多书籍了如指掌，得益于他见多识广和与藏书家广泛的交流。他的图书来源广泛，他曾经光顾的藏书斋很多，诸如昆山徐乾学的传是楼、宛平孙承泽的研山斋、项子京的天籁阁、李君实的紫桃轩、金陵黄虞稷千顷堂、宁波范氏天一阁、王士禛的池北书库等。他还与棠村梁清标、常熟钱氏、同乡曹溶、上元焦氏、无锡秦氏、琴川毛氏、海虞毛斧季、京师纳兰成德、海盐郑氏等家有藏书者彼此交流，借录珍善秘籍。另外，他还从内府书库以及各地的府县藏书处抄录了大量书籍。到竹垞晚年，曝书亭藏书多达八万卷。他在《曝书亭著录序》中叙述了藏书的过程：游岭南归，阅豫章书肆，买得五箱，藏满一楼，后因明史案而尽毁。其后留江都一年，稍稍收集，以 20 金购项氏万卷楼残帙。当时，曹溶、徐元一皆来传抄。他将束修之入，悉以买书。通籍后，借抄于史馆、宛平孙氏、无锡秦氏、昆山徐氏、晋江黄氏、钱塘龚氏，主江南乡试，合计所得三万卷。归田之后，续收四万余卷，又上海李君赠二千五百卷，于是拥书八万卷②。

2. 编纂目录

朱彝尊一生著述繁多，编纂甚富。像《日下旧闻》、《瀛洲道古录》（未成书）等都显示了他在采录金石文字、轶史遗文、考证经史等方面的成就；《明诗综》和《词综》梳理诗词源流派别、辑录作者小传、改订文字等舛误，显示了他不仅博学多才且具有史家的见识；而《经义考》是竹垞晚年在目录学上的一大杰作，是其勤勉好学考证精审的一大见证；《曝书亭集》是他一生学问著述的结晶，是显示其深厚治学功力的要著。

竹垞将曝书亭的藏书进行整理、编次，写成一部八卷的书目，分经、艺、史、志、子、集、类、说八大类。同时，这些书籍大多都由他亲自题序、跋和著录，使其来源、卷帙、残全、价值及相关典故、读者应注意事项等一目了然。整个《曝书亭集》共 80 卷，其中这类序、跋、铭多达 32 卷，该部分涵盖诗、词、赋、经、史、天文、舆地、金石、书画、文字、音韵诸多方面，极为浩博，可以说是全面的目录著作。

《经义考》是一部专门的经学目录，原名《经义存亡考》。朱彝尊自述：

---

①　朱彝尊：《曝书亭集》卷五十二，《跋五百家昌黎集注》。

②　朱彝尊：《曝书亭集》卷三十五，《曝书亭著录序》。

仿鄮阳马氏《经籍考》而推广之，自周迄今，各疏其大略。微言虽绝，大义间存，编成《经义考》三百卷。分存、佚、阙、未见四门，于十四经外，附以逸经、毖纬、拟经、家学、承师、宣讲、立学、刊石、书壁、镂板、著录，而以通说终焉①。

著录各书时，先列撰者姓氏、书名、卷数，次列题注，标明存、佚、阙、未见，再列原书序、跋、诸儒论断及著者爵里，最后附以作者本人的考证按语。陈祖武先生评论道："有朱氏此书，历代诸儒经学著作秩然在目，存亡可考，文献有徵，在经学史和目录学史上都是一大贡献。"②

该书一个重要特点是：广征博引，集录众说③。竹垞广集前代及清代各类书目、文集、史传、方志、笔记，根据其中的记载，补充艺文目录所遗失的图书。故梁启超称赞说："私人所撰目录学书，没有比它更详博了。"④ 更可贵的是，在每一书的条目中，都辑录了能见到的各种序跋、论述，构成了收罗完备的辑录体巨著，为后人辨章学术、考镜源流提供了可靠的资料保证。竹垞的做法是基于他有这种认识，他曾在《崇文书目跋》中，阐明书目中保存叙释的重要性：

书籍自刘略、荀簿、王至、阮录以来，不仅条其篇目而已，必稍述作者之旨，以诏后学。故赞《七略》者，或美其剖判艺文，或称其略序洪烈。其后，殷淳则有序录，李肇则有释题。必如是而大纲粗举，若尽去之，是犹存虎豹之鞟，与犬羊何别欤。唐志十九家，宋志六十八部，今存者几稀，赖有是书，学者获睹典籍之旧观⑤。

这说明朱彝尊具有高度保存文献的责任心和高超的目录学见识，对推动人们爱护文献和经学研究都起了重大作用。《四库全书》高度评价该书说："编辑之勤，考据之审，网罗之富，实有裨于经学。"⑥

---

① 朱彝尊：《曝书亭集》卷三十三，《寄礼部韩尚书》。
② 陈祖武：《朱彝尊与〈经义考〉》，《文史》第40辑，中华书局1994年版。
③ 刘宝玲、张素霞：《朱彝尊的藏书实践及其目录学成就》，《史学月刊》2003年第3期。
④ 梁启超：《中国近三百年学术史》，山西古籍出版社2001年版，第170页。
⑤ 朱彝尊：《曝书亭集》卷四十四，《崇文书目跋》。
⑥ 《四库全书》，史部《经义考》卷一至卷三。

三、余论

在清初转变学风倡导经学之时，朱彝尊与开启考据学的大师顾炎武等同学共进，首先埋头苦干，开始实实在在的学术研究。其笃实严谨的研究态度、博洽淹贯的风格，对当时学风由虚入实是最有力的推动，是学者由空谈性理向读书问学转变的先驱。朱彝尊的博学淹通，不断受到后人的嘉许。议论一向苛刻的李慈铭，在《越缦堂读书记》中多次予以褒扬：

> 　　终日阅《鲒埼亭外集》。予最喜国朝朱（彝尊）、毛（奇龄）、全（祖望）、钱（大昕）四家文集，所学综博，纂讨不穷。
> 　　次则（朱氏《曝书亭集》）、杭氏《道古堂集》亦儒林钜观，正不得以鸿词之学少之①。

朱彝尊博览群书，学综百家，切实地进行经史之学的研究。在具体为学过程中，他穷力搜讨，网罗宏富，考订精审。故《四库提要总目》称之"博学多闻，学有根底，复与顾炎武、阎若璩颉颃上下"②。将朱彝尊与清初开启考据学的大师相提并论，可见对朱彝尊推崇备至。

那么朱彝尊是否堪称考据学导夫先路者？以往极少有人推崇朱彝尊在考据学方面的地位，梁启超曾呼吁道："竹垞之学，自己没有什么心得，却是收集资料极为淹博，所以在清学界该还他一个位置。"③ 不过，首先梁先生自己就未能"还他一个位置"。在这方面，《清儒学案》对朱彝尊的评价比较中肯，称其"考证之学，虽非如同时阎潜邱、毛西河之专家，而网罗宏富、持论和平。集中序跋诸作，论者谓在黄伯思、楼钥之上。"④

其实，朱彝尊应该算是清代考据学的导夫先路者。顾炎武被推为清代考据学的开山人物，"亭林先生影响于清代学术者，其一在开创考证求真之征实学风，其二在揭示新颖科学之归纳方法，其三在拓广学术研究之门庭路径。此三者，皆'博学于文'之所有事也"⑤。相比之下，竹垞在此三方面丝毫不苟。另外，他与亭林往还交游，互相倾慕，同学共进。他对亭林的著述进行了审定，就考音、证史等方面提出质疑，是亭林名副其实的诤友。

---

① 李慈铭：《越缦堂读书记》，辽宁教育出版社2001年版，第958页。
② 《四库提要总目》卷八五，史部目录类《经义考》。
③ 梁启超：《中国近三百年学术史》，山西古籍出版社2001年版，第170页。
④ 徐世昌：《清儒学案》卷三十二，《竹垞学案》。
⑤ 胡楚生：《清代学术史研究》，（台北）学生书局1988年版，第20页。

朱彝尊虽没有专门的考证经学的著述，没能像阎若璩一样在思想学术界引起巨大轰动，但他能贯穿考证的原则，对许多具体的、细小的问题都力求精确。其《经义考》，考订精审，结论可信，早为人公认，《四库全书总目》在很大程度上采用和参考《经义考》的成果。梁启超肯定该书"把竹垞以前的经学书一概网罗，簿存目录，实史部谱录类一部最重要的书，研究'经史学'的人最不可少"①。朱彝尊在考证史实上，成绩卓著，他采用金石碑版，考证旧史，拾遗补阙，极富特色。陈垣先生曾这样说："竹汀、竹垞之书，未可不一观也。"② 此盖就其学博综百家考据精审而言，其只言片语足为文史研究者宝珍。

朱彝尊在拓广学术研究之门庭路径方面贡献极大。他倡导重视音韵字学，搜讨金石文字，藏书编目，为研究者提供了极大的方便，为经学发展奠定小学的基础扫清了路障。其金石学、目录学对乾嘉学者影响很大，比之顾炎武亦毫不逊色。

就整体而言，清代学术是对以往学术的整理和总结，包括对文献的收集、考辨，对文字音韵等的研究，最后达到探讨义理的目的。阎若璩对经典的辨伪、对史实的考证属于考据学，竹垞对经学、小学的提倡和金石文字的收集利用、对经学史的梳理同样属于考据学，是清代学术的另一方面。清初，朱彝尊在整理、保存文献方面的责任心和成绩可谓首屈一指，远远地走在阎若璩的前面。如果依据张舜徽先生对"文献学"的定义，朱彝尊是一位当之无愧的文献学家。

总之，朱彝尊是清初学术由经世致用向通经学古转变的重要代表，他在倡导实证学风，循着由小学入经学的路径上迈出了坚实的一步；他考证史学，研究经学，在清初考据学的起始阶段所作出的努力和贡献，足以与顾炎武、阎若璩并肩比踵，堪称考据学的开启者。

第四节　潘耒：承亭林学术，宣扬实学

在清初，潘耒③以其资质颖异广学博涉而闻名，又因师事顾炎武而结交广泛，受人关注。潘耒承接其兄潘柽章（字力田）的志向，秉承其师顾炎武经

---

① 梁启超：《中国近三百年学术史》，山西古籍出版社 2001 年版，第 199 页。
② 王建：《朱彝尊佚文二则》，《文教资料》1998 年第 4 期。
③ 简介见本书第一章第三节。

世致用之学，大力倡导经学，致力于史学、音韵的研究，宣扬历算学，成为当时学术转变的有力推动者。

潘耒六岁丧父，十七八岁时，家庭发生巨大变故，其兄潘柽章因事涉庄廷钺"明史案"，被磔于杭州弼教坊，妻、子俱充军宁古塔。此后，潘耒改名隐匿，为了糊口，四处游学处馆。康熙十八年（1679 年），潘耒以布衣起荐博学鸿儒，授检讨，充明史馆撰修，不久，充日讲起居注官，纂修《实录》、《圣训》。康熙二十一年，充会试同考官。后因年轻负盛名，忌者颇众，遂坐浮躁降调，归家。康熙四十二年，圣祖南巡，复原官。从此，力辞友人之荐，优游山水间。

一、师从亭林，明经世致用

潘耒本人对故明的感情并不强烈，对满族入主没有激烈情绪。但是，他的父兄曾是江南地区活跃的抗清志士，是提倡实学运动的复社成员。其兄潘力田，以遗民自居，怀有撰写故明史书的大志，因涉"明史案"被磔，给潘耒造成极大的心灵创伤。在学术志趣上，潘耒因耳濡目染，受其影响亦大。力田遇难后，潘耒拜力田的好友顾炎武为师，亲承名师教诲，深刻领会其师的为学宗旨，努力遵循顾氏开创的学术门径。

（一）家学熏陶

潘耒的父亲潘凯，曾参与复社，受到该社创建者张采、张溥二人的称赞，与同郡吴允夏等以文章行谊相切劘，有经世之志。明清易代时，参与过抗清活动，乱定后归里，觞咏不辍，留下《平望志》、《本草类方》及诗文若干。潘耒幼年丧父后，其母吴氏"开家塾，延师训之，至鬻簪珥供束修膏火"①。潘耒先后执经问难于戴笠（字耘野）、吴炎（字赤溟），15 岁又从学于兄。潘耒师从、交游的人士，大多是力田的同志。

潘力田，"肆力于学，综贯百家，天文地理、皇极太乙之书，无不通晓"②。明亡后弃诸生，隐居乡里。他鉴于明代三百年圣君贤辅、忠臣义士、儒林文苑之伦，天官郊祀、礼乐制度、兵刑律历之属，粲然与三代比隆，因之欲仿司马迁而作《明史记》，而友人吴炎与其所见略同，两人遂同与其事。而与之交谊甚笃的顾亭林，亦有作《明史》的志向，于是竭力襄助，将自己所蓄千余卷史籍慷慨相赠③。不幸，潘、吴二人却带着未遂之愿惨死于文字狱，

---

① 潘耒：《遂初堂文集》卷十八，《先妣封太孺人吴氏行述》。
② 民国《吴江县志》卷三十三，隐逸《潘柽章》。
③ 顾炎武：《亭林文集》卷四，《与次耕书》。

亭林所精心准备的明代史料亦随之烟消云散。不幸中的万幸，潘耒后来得以有机会参与《明史》的编修，来实现其兄"荤然持巨笔，直溯明兴史"的愿望。潘耒在史学方面，继承并弘扬力田的史学原则和方法，收集整理和继续完成力田的未竟之书。在力田的遗作《国史考异》序中，他写道：

> 《考异》全书合有三十许卷，今惟存六卷。高皇、让皇、文皇三朝之事当考正者略具焉，不忍其泯灭，支缀旧刻使之流通。呜呼，前汉之史成于班氏一门，梁、陈之书纂于姚氏两世，余之谫陋不能踵成信史，并考异散佚者亦未遑补续，独抚遗编，惭恨何穷。敢述亡兄著述之本指与裁择之苦心，用告后人，此非史也，而作史之法具焉，虽孤行天下可也①。

可见，潘耒继承亡兄遗志的愿望非常强烈，甚至将自己与亡兄视为一体，与史家班固一门相仿佛。

潘力田对潘耒的影响，远不止于史学方面。力田对天文历算的兴趣、注意综贯百家之学等同样影响了潘耒，且潘耒所从之师，如戴笠、王锡阐、顾炎武等，大多是力田的好友。这使得潘耒不仅在治学兴趣上深受影响，广泛涉猎，以史学为志，而且在力田死难后，还能得到其众多生前同志的大力提携和悉心教导，得以沿着力田的道路继续走下去。

（二）亭林的栽培

顾亭林与潘力田可谓是患难之交、志同道合，他们同是惊隐诗社的诗友，同以遗民自居，同有志于撰写明代历史。力田曾为声援亭林"北学于中国"，与同仁联名发起《为顾宁人征天下书籍启》②。力田遇难，亭林极为悲痛，写下了"一代文章亡左马，千秋仁义在吴潘"③的名言。这是痛失同志的呼号，也是对吴、潘二人学术、人品的评定！悲痛之余，便是对亡友胞弟的深切关怀和教诲。顾亭林为潘耒提供力所能及的帮助，并将这位"太史弟"介绍给自己的朋友，让他们为潘耒提供方便。淮阴的王略，就是因亭林的缘故，十分看重潘耒，将自己的女儿许配与他。

潘耒在经历变故以后，曾化名吴琦，与遗民徐枋等隐居，并拜徐氏为师。

---

① 潘耒：《遂初堂文集》卷六，《国史考异序》。
② 顾炎武：《亭林遗书》附录，《同志赠言》。
③ 顾炎武：《亭林诗集》卷四，《汾州祭吴炎潘柽章二节士》。

潘耒自思奋志读书，决定负笈从游通经博古、蔚为儒宗的顾亭林。① 亭林考虑到自己游历四方、居无定所，同时还要应募垦荒、力图匡复明朝的大业，且最鄙视明代聚徒讲学、构怨门户的风气，所以再三婉辞。然而，面对潘耒的恳求，最终他破例地收下这位唯一的弟子。从此，潘耒受到顾亭林兄长般的关怀。亭林是经师，也是人师，在立志、治学、处世等方面都给予潘耒悉心指导和鼓励。

1. 倡导经世致用

顾炎武在明朝倾覆后，开始反思明亡的教训。他认为王学末流空谈性理最为误国，以致"神州荡覆，宗社丘墟"。于是他致力于学风的改变，力务经世致用的学问，提出"经学即理学"，并且从事舆地、考史的工作。后又从文字音韵入手，探究古代经书中所载的经世之道。顾炎武的经学倡导对潘耒的影响是不言而喻的。潘耒极少提及性理之事，而是从事实际的学问，尤其是史学、经学。他认识到先儒力求"穷经"的道理：

> 先儒之学穷经而已矣，一经明则一身之学术功业皆出焉，其治之也专，其用之也博，故有专家授受之学，而士不通经为不足用②。

此处，潘耒强调经学是根本，学经是为了致用。他又言："盖百王之治虽殊，道实同于师古，而六经之文具在，用之足以宜民，必积累之重深，乃化裁于久大。"③

可是，明代经学衰落了。他分析其中的原因在于科举以帖括取士，并大声疾呼"尊经"：

> 近代取士试之以帖括之文，局之以一家之说，既大异乎古，又先四书而后五经，人争致力乎其先者，而经学益衰。
> 居今之世，欲重实学，必先尊经。欲尊经必令衡文者册专以书义为去取，庶几士勉穷经，而如线之经学不坠于地，此持世教者之责也④。

---

① 陈祖武、朱彤窗：《旷世大儒顾炎武》，河北人民出版社2000年版，第178页。
② 潘耒：《遂初堂文集》卷六，《尚书讲义序》。
③ 潘耒：《遂初堂文集》卷四，《岁终循例题名表》。
④ 潘耒：《遂初堂文集》卷六，《尚书讲义序》。

他还认识到时文俗学鄙陋，破坏人才，应该汰除坊刻，禁绝剿袭熟烂之体，"经之以经，纬之以史，驱天下而为通经学古、明体达用之士"①。潘耒将这些为科举所驱使、为名利而学者尽归为俗学，而非真正的学问。这与顾亭林对俗学的批判如出一辙，亭林曾致信潘耒云：

> 凡今之所以为学者，为利而已，科举是也。其进于此，而为文辞著书一切可传之事者，为名而已，有明三百年之文人是也。君子之为学也，非利己而已也，有明道淑人之心，有拨乱反正之事，知天下之势之何以流极而至于此，则思起而有以救之②。

顾炎武劝潘耒立志，治有用之学。潘耒完全听从其师的教诲，且深刻领会乃师的学术、志向。亭林 50 岁以后，笃志经史，著《音学五书》、《日知录》，此乃亭林"博学"之教中最著名的两部，其深刻用意寓于其中。潘耒在《日知录》序中，评价道：

> 呜呼，先生非一世之人，此书非一世之书。……立言不为一时，录中固已言之矣。异日有整顿民物之责者，读是书而憬然觉悟，采用其说，见诸施行，于世道人心实非小补。如第以考据之精详，文辞之博辨，叹服而称述焉，则非先生所以著此书之意也③。

亭林之学，意在明道救世，而不在"雕虫篆刻"，他说"故凡文之不关于六经之指、当世之务者，一切不为"④。潘耒深刻理解师意，但未敢以光大先生之业自任，他说"耒虽驽下，海内英贤，岂无王基、崔琰、魏征、房玄龄其人者，出而光大先生之业，是耒之幸也夫，是天下之幸也夫!"⑤ 晚年，潘耒惟究心易象数与历算之学，在史学、音韵方面有所建树，努力沿着亭林通经致用的学术路径。不过，由于众多身不由己的客观原因，用世的意味并不那么鲜明，"经世致用"显得力不从心，学术已在潘耒这一代已悄然转变为通经学古。

---

① 潘耒：《遂初堂文集》卷九，《送田纶霞水部督学江南序》。
② 顾炎武：《亭林余集》，《与潘次耕札》。
③ 潘耒：《遂初堂文集》卷六，《日知录序》。
④ 顾炎武：《亭林文集》卷四，《与人书三》。
⑤ 潘耒：《遂初堂文集》卷十，《顾亭林先生六十寿序》。

2. "行己有耻"

顾炎武自守甚卓，教人亦严，对潘耒的成长可谓倾注心力，从立身处世方面对潘耒谆谆教诲。顾炎武不受当局的笼络，以逆旅为家，自身人格傲岸，品性耿介，绝不黯然媚世。出于多种原因，潘耒被迫应征博学鸿儒，于大节有疵。亭林对此深感遗憾，但也表现出了一定的宽容。他写信告诫潘耒："自今以往，当思中材而涉末流之戒，处钝守拙。……若夫不登权门，不涉利路，是又不待老夫之灌灌也"①。此意是，即便入仕为官，也要独善其身，保持自己人格的高洁，行己有耻，不蹈富贵权奸的恶习。潘耒在京四年，浮沉于宦海，以失败告终，回归故里后，"阐亭林志节"，用自己后半生的行动向乃师交出了答卷。圣祖南巡，友人陈廷敬欲荐，潘耒坚辞，说："止止止，吾初志也，吾分也"，作《老马行》之赋以辞谢，终不复出。②

顾炎武强调礼义廉耻，他说：礼义廉耻四维之中，"耻"为尤要。"所以然者，人之不廉而至于悖礼犯义，其原皆生于无耻也。故士大夫之无耻，是谓之国耻。"③潘耒亲承师教，重礼义廉耻，友人评价道：

> 平生慕古人之崇德尚功勋，陈谟猷以济时匡俗而非己之位所得为，则遇其得为者莫不劝厉，有不得遂则忧虞不乐。至出处进退又必辨之明、持之严，虽达可有为不肯或苟，其性行如此。故所为诗若文，多扶树风节，裨于治道④。

潘耒对于业师的有关世道风俗的教导身体力行。他行孝道、遵古礼，以自身为转移风俗人心之马前卒。"遭母丧，哀毁骨立，哭其兄若弟，过时而悲。赎其兄之子为民边外者，婚嫁殡葬；其亲故之尤贫无力者，皆罄其所储为之"⑤。潘耒尤笃师门之谊，知恩图报，徐枋殁后周恤其孤孙；他还"复刊亭林《日知录》、诗文集，犹以未及刊《肇域志》为憾"⑥。自罢官后，潘耒开始游历名山大川，览名胜，探奇险，访旧友，作诗文。他寻访了许多亭林的故友，顾恤他们的后代，并为他们的遗作作序，宣传其学术和气节。如游历广

---

① 顾炎武：《亭林文集》卷四，《与次耕书三》。
② 钱仪吉：《碑传集》卷四十五，《检讨潘先生传》。
③ 顾炎武：《日知录》卷十三，"廉耻"条。
④ 钱仪吉：《碑传集》卷四十五，《检讨潘先生传》。
⑤ 同上。
⑥ 支伟成：《清代朴学大师列传》第一，《顾炎武》附潘耒，岳麓书社 1998 年版。

东，访得屈大钧的遗集，不胜感慨，为其《广东新语》写序，其中有言：

> 先生中年敛华就实，留心世故，练达多通，有用事才，非词人墨客大
> 言无当者比，惜乎生不遇时，终于不用也。先生著书凡十余种，其《四
> 书补注兼考》与何东滨共成者，殊有功于经传，虽经镂板，未行于中州；
> 其《成仁录》表彰尽节诸臣，尤有裨世教，惜未大成，仅有稿本藏于家，
> 将就泯灭矣，独此书流行……①。

二、"搜采欲博，考证欲精"

潘耒秉承顾亭林经世致用的思想，首先表现在史学方面，修一代之史以明
得失；同时也是继承其亡兄的修史遗志，融汇他们的史学思想与主张，贯彻其
指导原则，给后人留下了丰富的史学经验。

潘耒在史学上的最大实践是参与纂修《明史》，他还刊刻续补了潘力田的
史学著作，宣扬顾亭林的史学见解；同时做了一些考史和史评工作，辨正史
实，以其鲜明、深刻的史学观点，强烈的史学意识而超迈他人。潘耒在史馆，
曾著《修明史议》，比较全面地表述了自己的史学思想和见解，包括材料的收
集、史实的核实、史家应有的立场和评断原则等方面。

（一）广采博搜

广采博搜，强调资料的收集必须广博，史料必须翔实。潘耒提出"搜采
欲博"的主张，这与当时的史馆同仁汤斌、朱彝尊等的看法一致。在奉命修
《明史》时，潘耒曾上《请广秘府书籍以光文治疏》，请求广收遗籍，备修史
之用。他说：

> 臣观古来书目所载之书今十亡其六七，民间间有异书，流传不广终归
> 泯灭，至于元明诸人著述，或存或亡无从遍考。臣奉命纂修《明史》，总
> 裁考前史例有艺文志，总载当时现存书籍，大要以内府书目为据。今修
> 《明史》，不凭内府藏书，艺文一志亦难编辑。伏愿皇上及此百废具举之
> 时，广征天下遗书克入秘府……②

在潘耒看来，对于修《明史》来说，广收遗书显得尤为迫切，因为明代

---

①　潘耒：《遂初堂文集》卷七，《广东新语序》。
②　潘耒：《遂初堂文集》卷四，《请广秘府书籍以光文治疏》。

存在史料缺失的情况。他说：

> 前代有起居注、日历、会要诸书，明代独有《实录》，建文、景泰两
> 朝之事既略，熹宗以后遂缺焉。郑氏《今言》、王氏《史料》、朱氏《史
> 概》、何氏《名山藏》诸书皆详于隆、万以前，若珰祸之终始、金陵、
> 闽、粤破亡之本末皆茫无所考。非下求书之令，除忌讳之条，悉访民间记
> 载与夫奏议志状之流上之史馆不可也。①

具体到潘耒所分修的《食货志》，"采料"困难首当其先。在他看来，宋
志有累朝旧史为参考，元志直用经世大典，明代志则绝无所因，一切靠创作，
所以尤为困难。他分任此志，认为作志必先采料，故通读明代《实录》，凡片
言支字有关食货者悉行节出，再博采诸家著述、名臣奏议与典章故实之书，次
第节录，以备参考。② 潘耒以史家为己任，还留意为日后的修史积累资料。他
在上书时，鉴于《起居注》只记人君的言行，提出应仿先朝编纂六部奏章，
记述时政之例，将大臣的建白、庙堂措置别为编纂，条分缕析，俾异日修实
录、传国史者依据采用。③

（二）考证精核

史书，一般要做到三点：事、文、义。到了清初，学者们比较注意征实，
考据之风渐兴，影响到史学领域，便是注意考订事实，确保史实的真实性。潘
力田尤博群书，长于考订，他和吴炎撰《国史考异》积十余年心力而成，为
人称许。他们专门考订国史的目的，是鉴于《实录》有疏略与曲笔，不容不
正，故参酌记载，揆以情理，钩稽画一，使去取出入，皆有明徵，不徇单辞，
不呈臆见，信以传信，疑以传疑，以见全史之良。潘耒深知该书的价值所在，
他评论道：

> 方诸近代，惟王弇州二史考、钱牧斋实录，辨证体制略同，然王氏略
> 发其端而未及博考，钱氏止成洪武一朝而余者缺如，兹编中亦援引二书，
> 而旁罗明辨，多补二家所未及，且有驳二家所未当者④。

---

① 潘耒：《遂初堂文集》卷五，《修明史议》。
② 潘耒：《遂初堂文集》卷五，《上某总裁书》。
③ 潘耒：《遂初堂文集》卷四，《请举词臣旧职以尽官守疏》。
④ 潘耒：《遂初堂文集》卷六，《国史考异序》。

潘力田所著的地志《松林文献》，对旧有的莫氏和徐氏邑志加以更定、增立，订伪补缺，使确有根底。潘耒叹服力田的这些史作，称"其文质其事核，史家之能事毕也"①，并由此认识道：作史犹治狱。作史者一事不核其实，则溢美溢恶而万世无信史。故史笔不难，博闻多识为难，博闻多识不难，参伍而折中之为难②。所以在修纂《明史》时，他提出"考证欲精"，对于所利用的史籍、资料一定要加以考证，辨定是非。因为《实录》舛误较多，钱谦益的辨正可略见一斑，而家乘中爵里、年月可凭而多虚美，野史记事各有不同，附会十居七八，必须以类排纂，核其虚实，参伍众说③。

明朝万历时史辰伯刻《致身录》，言其远祖史仲彬随从护卫建文帝逃亡深山，弘光朝议褒赠殉国诸臣，史仲彬亦在列。当时科臣李映碧摘其四诬驳之，钱谦益、黄宗羲亦斥其荒诞，潘力田所著《国史考异》、《松林文献》中辨之尤晰，此书因而久绌不行。不料，康熙朝时，当朝有意崇奖节义，史氏后裔为仲彬求祀乡贤，又重刻此书，且在史局初开，博求典籍时上之史馆④。鸿儒史臣中，徐钆对该书持肯定态度。潘耒为此撰《正伪录》专辨此事，并写《再与徐虹亭书》进行辩驳，还在《重刻致身录辨》、《书西林集后》等文章中多次申述此事，力求还原事实真相，不让诬妄史籍充斥世间。

（三）立场公正

中国传统史书，自孔子删定《春秋》始，就极富人文色彩，讲求"春秋大义"，以使"乱臣贼子惧"，以"义"定褒贬，将政治伦理道德寓于其中，使史书具有垂教后世、警示世人的作用。这种"义"对史书的真实性和史家的公正立场提出了相当高的要求，隐晦曲笔会被认为是诬妄、是秽史，从而受人鄙弃。顾炎武学问博洽，精于史事，故史馆中不断有信函请教咨询。顾炎武对人物史事持论谨慎，不妄下断语，具有严谨笃实的治学态度，怀疑当时朝廷是否具有公正的史论立场。他主张"据事直书，则是非互见"。他在给潘耒的信中说：

> 自庚申至戊《辰邸》报皆曾寓目，与后来刻本记载之书殊不相同。今之修史者，大段当以《邸报》为主，两造异同之论，一切存之，无轻

---

① 潘耒：《遂初堂文集》卷七，《松林文献序》。
② 潘耒：《遂初堂文集》卷六，《国史考异序》。
③ 潘耒：《遂初堂文集》卷五，《修明史议》。
④ 潘耒：《遂初堂文集》卷十一，《重刻致身录辨》。

删抹，而微其论断之辞，以待后人之自定，斯得之矣①。

依据师说，在《修明史议》中，潘耒讲道：

> 史家大端在善善恶恶，所谓诛奸谀于既死，发潜德之幽光者。其权至
> 重，少有曲笔，便名秽史……明之亡，亡于门户，不特真小人不容借贷，
> 而伪君子亦不当包容，若忠臣烈士抗节致命者，宜如文天祥、谢枋得之
> 例，大书特书，以劝忠义，无或如《五代史》不为韩通立传见讥通人也。
> 至于议礼之得失，夺门之功罪，从亡之疑信，康斋、白沙、阳明之学术，
> 茶陵、江陵、太仓之相业，论者互有同异，或激扬过当，或刻戾失中，惟
> 虚心斟酌、勿主一说而后是非可定，是故秉笔欲直而持论欲平也。②

这里，潘耒指出明代值得争议的史事、人物较多，不能偏向一家，而应坚
持公正立场秉笔直书。潘耒认为，作史是为明得失、知一代兴亡之故，故在其
著述中，屡屡分析明亡原因，总结明亡教训。故对于明代之史事，他认为首先
是要核定、考证，确保成为信史；然后进行评判，看是否合乎义理、道德，再
表彰忠义，斥责邪恶，以利风教，发挥史书的经世作用。潘耒认为：

> 前代殉国之臣未有如明之众者……有明自靖难时殒身湛族者已指不胜
> 屈，比其亡也，中外臣僚捐生殉义，踵背相望，且有未沾一命而奋身报国
> 视死如归者，较之宋朝殆多数倍。
> 然载笔之士，往往拘于忌讳，致使不登志乘，不列简编，岁月浸久，
> 或遂湮灭无闻。③

所以，他对先师戴笠编著《殉国汇编》一事十分钦佩，谓"先生一儒生
而忠义性成"，欣然为之作序④。在《书纂修五朝史传后》中，潘耒勇于发表
自己的见解，表现出了年轻史家的意气。他认为建文帝宽仁好儒，为守成之令
主，而对那些视死如归的忠臣义士如方孝孺、练子宁、黄观等褒扬有加，而将

---

① 顾炎武：《亭林文集》卷四，《与次耕书》。
② 潘耒：《遂初堂文集》卷五，《修明史议》。
③ 潘耒：《遂初堂文集》卷六，《殉国汇编序》。
④ 潘耒：《遂初堂文集》卷六，《殉国汇编序》。

明成祖比附为周武王、曹操，并预言"后有良史，必以篡书"①。

潘耒以史家自任，宣传和实践其兄潘力田、其师顾炎武的史学主张，对修篡《明史》提出了极好的建议，对清初《明史》篡修作出了应有的贡献。他冷静分析明代的历史事实，具有封建史家的立场和胆识，然后敢于直言，讲求春秋大义，较清初的官家立场要公正得多。他提出了修篡地方志的原则和经验，具有借鉴价值。可以说他具备史家应有的史才、史识和史德，其史学见解具有明显的清初史家的特点：广泛收集材料、精详考订事实、据事直书。

三、研究音韵，宣扬实学

姜广辉先生认为，实学不是一门学科，它标示一种学术取向，即首先要学者具有立身的根基（"德行"），要精通治国安民的理论（"经学"），并具有治国安民的才能（"用世"）②。顾炎武所说的实学，包括两个方面，所谓"士而不先言耻则为无本之人，非好古而多闻则为空虚之学"③，"多识于鸟兽虫木之名"只是末学，当务之急是求"圣贤六经之指、国家治乱之源、生民根本之计"④，德行上要"行己有耻"，学问上要"博学于文"。其中，出处去留为"有耻"之事，天下国家为"博学"之事。顾炎武开创了清代博古考据之学，把学者引向经学，以及音韵、金石、文字等，其目的是由知音到考文，再到通经，通经学古，鉴往训今。潘耒学承亭林，在经史之学、音韵学、金石学上均有研究，而又不局限于亭林的兴趣和研究门类。他还承其父兄之兴趣，博涉历算学、医学等学科，在论及治河等实际政务方面也敢于建言立说。可以说，潘耒具有实学取向，已自觉地走向实学，以求经世致用。

（一）音韵学

在音韵学上，潘耒推崇乃师顾炎武，完成其未竟之业。顾亭林深明音学，悯学者泥今而昧古，非常重视古本《广韵》一书，借之考见古音之条理，并首先表彰此书，依其所见的内府刊本校勘，在淮上刊刻。遗憾的是，内府刊本已经删削，该书不尽如人意。顾氏过世之后，潘耒在昆山徐氏处见到该书的宋镂本，借录而归。吴门张颛三在汲古阁毛氏弄得旧刻，潘耒于是用写本精加校雠，并付梓行世，终于完成了顾氏的心愿。他在《广韵》序言中，记述了答问难者之言，亟推该书保持古音之原貌，没有将相近相混的音删去，使今之学

---

① 潘耒：《遂初堂文集》卷十一，《书篡修五朝史传后》。
② 姜广辉：《走出理学》，辽宁教育出版社1997年版，第33页。
③ 顾炎武：《亭林文集》卷三，《与友人论学书》。
④ 顾炎武：《亭林佚文辑补》，《与黄太冲书》。

唐宋诗者，用韵有所依据；又保存了古代文字、地理、物类、方言等。与顾氏对该书的表彰可谓一脉相承！同时他还推介顾氏的其他音韵著作："若夫极论古今音之异同得失而折中之以经，则有先师之《音学五书》在，学者究观焉可也"①。

潘耒继承顾氏的遗绪，并不一味地墨守师说。有关他在音韵学上的师承与成就，张舜徽先生言之甚为精辟：

> 耒之学出自顾炎武，拳拳服膺，事之甚谨。然治学蹊径，不必尽同。即以韵学言，顾氏详于韵，而耒详于声。观乎《音学五书》之与《类音》，即知其趣舍殊方矣。是集（《遂初堂文集》）卷三有《声音元本论》上下、《南北音论》、《古今音论》、《反切音论》诸篇，皆独抒己见，为不刊之弘作。……耒于顾氏之学，入而能出，不囿于师说。所言音理，盖与方以智、刘献廷所致力者为近，而确乎有以自立，此其所以卓也②。

《清史列传》比较了二者音韵学的不同，对潘耒的韵学体系介绍颇详：

> 耒又因炎武《音学五书》为《类音》八卷。炎武欲复古人之遗，耒则务穷后世之变，以为旧字母三十六有复有漏，今删五增十九，成五十母，各具阴阳。每母之字，横播为开口，齐齿合口，撮口四呼，四呼之字各纵转为平上去入四声，四声之中各以四呼分之，惟入声十类，余三声皆二十四类，凡有字之类二十二，有声无字之类二，以有字者排为韵谱，平声得四十九部，上声得三十四部，去声得三十八部，入声得二十六部，共为一百四十七部。盖因等韵之法，而又推求以己意，于古不必合，于今不必可施用，然审辨通微，实自成一家言③。

（二）金石学

金石刻文，记录着真实的历史信息，是原始史料，但易受自然、人为原因的破坏，难以永久留存，需要人们具有保护意识，依赖学者收集刊刻成书后流传。宋代欧阳修、赵明诚始刻意保护收集，创立金石之学；明代杨慎、都玄敬

---

① 潘耒：《遂初堂文集》卷七，《重刊古本广韵序》。
② 张舜徽：《清人文集别录》，华中师范大学出版社 2004 年版，第 82 页。
③ 王钟翰点校：《清史列传》卷七十一，文苑传二《潘耒》。

搜罗古刻，订伪纂异，此学赖以延续，但从事此学者并不多；清初，顾炎武甚为好古，游辙所至，旁搜博采，著成《金石文字记》。由于自宋代以来碑刻湮灭十之七八，故顾氏所采得的现存碑刻及收集到的拓本，共 300 多幅，比欧、赵的数量要少，不过顾炎武考订详细，精核过之①。潘耒出于对业师的仰慕，出于对保存石刻的责任心，养成了探访金石、碑刻的兴趣。他自述道：

> 顾宁人先生实甚好古，行游天下，见闻浩博，著《金石文字记》一书，最为精核，耒心慕焉。年来足迹所至，残碑断碣，靡不搜访，披榛剔苔，必拓一纸而后已②。

潘耒孜孜访求金石古刻，将自己所访得的材料、《金石文字记》未曾收录和欧、赵未录者，均附载于该书之后，使其不致湮没无闻。

潘耒收藏金石不惜代价，"余既落拓不问生产，又好收藏书籍，购古金石刻，意所欲得，典衣得之"③。故潘耒家藏古物丰富，粲然可观。同好者朱彝尊常常鉴赏他的收藏，对之啧啧称道，在《潘氏家藏晋唐小楷册跋》中，谓"次耕博访金石文，一一装界，得此遂为翠墨之冠"④；在《唐济渎庙北海坛置祭器铭跋》中，称"今藏吴江潘氏稼堂，其善藏诸"⑤。金石学的同好者较少，潘耒早年曾与顾炎武、朱彝尊等人一同鉴赏宛平孙承泽的收藏，晚年也只有朱彝尊、闽中的林同人、林吉人兄弟。潘耒收藏石刻，不仅是为了玩赏，而是重视其史料功用，"古金石刻不独文词之典雅，字画之工妙为可爱玩，而先贤事迹、前代制度不详于史者往往著见焉，其有资于博文多识不细矣"⑥。所以，潘耒建议后之君子注意搜罗表章古碑，并鼓励致力于此事者，林氏兄弟随同其父宦游秦地，尽得彼地汉唐诸石刻，归而参伍史书，考求故实，撰成《昭陵石迹考》，使千载以上遗文旧迹赖以不坠。潘耒对此叹赏不已，欣然为之作序。

（三）历算学

潘耒的时代，学者逐渐转入经史考据的实学，步入回归经典的路途。同

---

① 潘耒：《遂初堂文集》卷十一，《书金石文字记后》。
② 潘耒：《遂初堂文集》卷七，《昭陵石迹考序》。
③ 潘耒：《遂初堂文集》卷十八，《亡室封孺人申氏行述》。
④ 朱彝尊：《曝书亭集》卷四十八，《潘氏家藏晋唐小楷册跋》。
⑤ 朱彝尊：《曝书亭集》卷四十九，《唐济渎庙北海坛置祭器铭跋》。
⑥ 潘耒：《遂初堂文集》卷十一，《书金石文字记后》。

时，因明末传入的西方历算，受到清朝最高统治者赞赏和接纳，一般的学者也开始接触到西学。但是，中国士人特有的民族自尊心和文化优越感，让他们在逐渐认同西学时，又不甘心传统历算学就此衰落，他们纷纷寻找、论证古代的天文算学，试图使之复活，或者会通中西之学，以摆脱对外国传教士的依赖。

潘耒对历算学的兴趣来自潘力田的影响，其历算学的功底是在同邑的历算家王锡阐的教导下建立的。王锡阐与潘力田最善，曾馆潘家数年，力田修史书，王氏分任十表。潘耒自称："余少时，君（王锡阐）以为才而弟畜之，讲论常穷日夜，劝余学历，粗有端倪，以事散去，不能竟学。余远游及入仕，君数遗书以古谊相规，深感其意。"① 此后，潘耒逐渐通晓历学，搜寻家中的数种历书，领会其意，并学习西算，亦懂运筹，所著《畟閻秭金》，梅文鼎谓其测食之法，有出于旧术之外②。

潘耒积极参与历算学的探讨活动，声援隐而不彰的历算家，与知名历算家交流质疑，介绍宣传历算著作，引荐新人。王锡阐去世后，潘耒从其家求遗书，录而藏之，寻机镂板，使之广为流传。在《晓庵遗书序》中，他介绍王氏的历学著作有《大统历》、《西历启蒙》、《丁未历稿》、《推步交朔》、《测日小记》、《三辰晷志》、《圜解》。

> 《历法》六卷最为完书。会通中西定著一法，法数备具可用造历，序中言西历之于中历，有不知法意者五事，当辨者十事，非甚深于历，莫能晓也。……历说、历策、左右旋问答、答万充宗、徐圉臣诸书言历事者，尤精核可传。③

潘耒的序言，使王锡阐的历学研究成果得以广为人知，供后之学者研讨借鉴。潘耒还为王氏的《方程论》撰序，将王氏、梅文鼎二者并称，推其为难得的实学之士；又请求梅氏表彰王氏的《圜解》，并补作图，俾其成为完书。真可谓不遗余力！

潘耒遍访历学专家，并访得与王锡阐相当者，即"国朝第一历算家"梅文鼎。潘耒极推崇梅氏，称"勿庵，儒者，学行醇笃，覃精历学若干年，洞

---

① 潘耒：《遂初堂文集》卷六，《晓庵遗书序》。
② 钱仪吉：《碑传集》卷一百三十二，《梅文鼎》附潘耒。
③ 潘耒：《遂初堂文集》卷六，《晓庵遗书序》。

见根底，多所著述，于数学尤钩深索隐，发前人不传之秘"①。潘耒频频与之书信往来，质疑请教，互相交流所藏的历学书籍，交流对其他历算著述的见解和看法，他诚恳地邀请梅文鼎来吴地讲学，打算适时造访；还引荐历学爱好者如张简庵、黄士修等前往拜师求学②。

　　潘耒是将历算学作为一门有用之学，即经学中的六艺和不可缺少的实学来倡导的，为改变当时历算学衰微的状况而呼号，积极地投身于其中。他强调算学的重要性说：

> 古之君子不为无用之学，六艺次乎德行，皆实学足以经世者也。数虽居艺之末，而为用甚巨……古人少而学焉，壮而服习焉，措诸政事、工虞、水火，无不如志。后世训诂帖括之学兴，而六艺俱废，数尤鄙为不足学③。

　　他责无旁贷地弘扬传统历算学，力图改变统治者采用西历、重用外国传教士的现状。其出发点与王锡阐"取西历之材质，归《大统》之型范"相同，他明确地表明自己的观点：

> 诚得张君（雍敬）辈数人相与详求熟讲，推明历意，兼用中西之长而去其短，俾之釐定历法，典司历官，西人可无用也，屏邪教而正官常，岂惟历术之幸哉。序之以为学历者劝④。

　　潘耒的这种心理代表了清初士大夫的普遍想法。正是这种弘扬传统的心理，加上当时的考据学风，使后来的学者沿着"西学中源"的路径，一头潜入古经，去研究古代历算学，误入歧途。

四、余论

　　梁启超先生综括顾炎武在清学界的特殊地位时说，其一在开学风，二在开治学方法，三是开学术门类，"独有生平最注意的经世致用之学，后来因政治环境所压迫，竟没有传人。他的精神，一直到晚清才渐渐复活"⑤。

----

① 潘耒：《遂初堂文集》卷七，《方程论序》。
② 潘耒：《遂初堂文集》卷五，《与梅定九书》。
③ 潘耒：《遂初堂文集》卷七，《方程论序》。
④ 潘耒：《遂初堂文集》卷七，《宣城游学记序》。
⑤ 梁启超：《中国近三百年学术史》，山西古籍出版社2001年版，第67页。

潘耒是顾炎武的入门弟子，学术上直接秉承乃师，是传扬亭林经世致用之学的最合适人选。且潘耒资质颖异，又能深刻领会乃师经世致用、明道救世的学术宗旨，努力承续师学。但为何亭林经世致用之学"竟没有传人"，潘耒是否应引以自责？

其实不然。到了潘耒这一代鸿儒学人时期，经世致用之学难以延续。其原因不仅仅只是政治环境的压迫而已，还有许多方面。首先，孕育经世致用之学的时代危机消失了，士人志在图新、挽救危亡的抱负无所施展。顾炎武到晚年亦只能笃志经史，引古筹今，而明道救世的志向处于潜伏状态。其次，康熙采用的文化政策和对士人的怀柔政策，部分地采纳了这类有志之士的思想主张，接过他们的"话语权"，消弭士人的意志。顾炎武保持晚节、全身远祸之意无可掩饰①。他转入经史之学，从音韵入手，还之淳古，无疑将士人们引上了以学术来实现理想的道路，而其"三代之治"的理想和"代清之王者"的到来却遥遥无期。顾氏所指引的道路，不可避免地发生金蝉脱壳，即学术研究仍按部就班，而学术的致用宗旨却暗中消隐。

所以，潘耒未能传承经世致用的治学精神，是客观的形势所致。他不敢以光大乃师之业自任，是出于不得已。其师之业，在新的时代背景下，已变成"不可为"之业，非"不为"也。师业不可遽传，他所能做到的只有阐扬师学主张，留待后世。所以，他苦心孤诣地刊刻顾氏的《日知录》等著作，所撰写的《日知录》序清楚地揭示出顾炎武"明道救世"的学术宗旨。

潘耒能深刻理解顾炎武学以致用的旨意，积极配合他倡导经学，怀着"明一代之得失"的意愿与修《明史》，并遵循顾氏所指引的为学路径和开启的学术门类，研究金石、音韵之学，并推动实学的发展。因此，我们完全可以说，潘耒不愧为顾炎武的弟子，不愧为顾氏的学术传人。他是清初学术由经世致用转向通经学古的重要代表，其学术是向考据学过渡的重要环节。

第五节　毛奇龄：由理学向经学转化之典范

在清初学界，毛奇龄②以其高才雄辩而闻名。他博览群籍，通晓音律，考辨经传，著述宏富，他站在王学营垒，猛烈地向宋儒尤其是朱熹发起攻击，其言辞之激烈，目标之明确，实为罕见。晚年，毛奇龄以经学为己任，成为一位

①　陈祖武：《清初学术思辨录》，中国社会科学出版社1992年版，第78页。
②　简介见本书第一章第三节。

纯粹的经学家。有学者评价说："毛奇龄是明末清初学术转型过程中出现的一个颇具代表性的人物。他反程朱，反理学，加速了宋明理学的衰亡；他辨正伪书，廓清迷雾，反映了清初学术界普遍回归经学原典的趋势；他博通群经，注重考据，提倡新的治经方法，为后世学者开启了新的学术领域和治学途径。"①的确，毛奇龄是典型的由理学向经学转化的缩影，其学术生涯展示了明末实学由经世致用向专事经史演变的真实轨迹。

一、江南学风和毛奇龄的交游

毛奇龄青年时期生活在明清之际动荡的江南地区，受当时士风的影响，吟诗畅饮，讲求古学，与毛先舒、毛际可齐名，时有"浙江三毛，江南文豪"之称；他又深受浙东地区阳明后学的影响，与刘蕺山的弟子及门徒坐而论道，思想上打下了较深的王学印痕。毛奇龄一生结识了大批诗人、学者，彼此酬唱，诗名远扬，共同探寻救国济民之道；又谈经论道，钻研学术，逐渐酿成清初研究经学的风气。

在明末清初的风云变幻中，活跃在江南地区的士人，顺应形势的变化，除少数隐居者外，大多采取了比较积极地态度。他们纷纷参与集会结社，议论时政，品评人物，试图救亡图存，并掀起实学运动。在结社过程中，为满足应试举子的需要，张溥等复社领袖选辑时文，开始倡导古学，重视古文辞的写作，把人们引向古代经史典籍，形成学习古学的风气。在学术思想上，士人们认识到了王学末流的空疏，以及理学对挽救时事的无济于事，开始修正王学，出现了"由王返朱"的趋向。理学内部的朱、王门户之争，使依据经典成为必要。于是，人们开始阅读经典，辨析经义。

士人们由结社宴饮、吟诗作赋到最终经学风气的形成，经历了几十年的时间。到康熙中晚期，可歌可泣的政治活动逐渐平息，经世致用的思潮逐渐潜移，叱咤风云的人物步入晚年。当年，同样的才学，同样的诗名，同样的热情，如今命运各异，饱经沧桑，感慨今昔，他们不再言诗，而是穷研经籍，以兴复经学为己任。毛奇龄是这一群江南士人中的典型代表，从他身上，可以看到他们学术志趣的转向和士人们的最终归宿；从毛奇龄与他们的交往过程中，可以看出经学逐步恢复的历程。在此，笔者挑选出几位毛奇龄的学友，展示其治学兴趣和成就，以及同毛奇龄切磋学术的情况。

仲兄毛锡龄——毛奇龄自称五岁请读，其母张太君口授完《大学》后，又到市上买一雕本《大学》令读。又尝从其兄毛万龄习书，聪明颖异，有

① 黄爱平：《毛奇龄与明末清初的学术》，《清史研究》1996 年第 4 期。

"小毛生"之称。不过，在学术上对毛奇龄影响最大的是其仲兄毛锡龄。毛锡龄，明亡时自沉，被救起后终身不出。他精通易学，并通晓音律。奇龄学《易》就是缘于其仲兄的嘱咐：

> 先是，出门时，仲兄与三泣送予，谓曰："古贤处忧患者必知《易》，汝知之乎？"予跪而受言。及过吴，丐《朱子易义》一本于顾有孝家。每窃读，茫然曰："三圣之学如是乎？"①

　　毛奇龄最早的一部易学方面的著作《仲氏易》，便是托其兄之名而作。从毛奇龄的追忆中，可看出他非常推崇锡龄的学问和思想。如毛锡龄痛斥明末的士人不读经书、不通典故，他闻其言而记之，"闻先兄锡龄与客论嘉靖年兴献礼议，叹曰：国朝养士数百年，尊之专之，非习八比，即目为他途，亦勿令进，乃究无一读书者。即明典礼，见在六经，虽朝堂数语，可以立决，而乃瞪目张口……试问，当时执政者所读何书，而具令至此"②，他深表同感。两兄弟早年曾立下志向，"相订生平将统著九艺四子诸书，因以补礼与乐之所未逮，且广辑唐后诸史，芟其芜而苴其阙"③。在对待朱子的态度上，奇龄也受锡龄的影响颇深。他说："仆常与先仲兄校论，深叹孔安国旧著极其斟酌，而朱氏袭其文，只改得一句，便是不妥。"④ 锡龄学术精微，遗憾的是，其学术完全借奇龄才为人所知。

　　至交徐咸清——毛奇龄在《制科杂录》中，称"同志有学最相好者惟上虞徐仲山"。徐仲山，名咸清，和毛奇龄一道被荐试鸿儒科，一路同行，到京师后，由毛奇龄推荐与相国冯溥，同受冯氏器重。录用时，康熙帝于上等试卷中抽去一卷，令选择一有名者补上时，冯氏立即推荐徐咸清，但被人所阻，作罢。在京师，徐氏与其他应试者谈论经籍，辨析文字，为人叹服。博通古学的吴志伊，其著《字汇补》中有"水云角鬛"一词，咸清纠正说"《吕览》'水云鱼鳞'，未闻'角'鬛也"。众人十分惊讶。他接着解释说：鱼角鳞鬛，乃字形之误，志伊必是依据有误的坊刻本，而《淮南子》中也有"山云草莽，水云鱼鳞"，《吕览》有误，为何不再考《淮南子》。一席话让众人刮目相

---

① 毛奇龄：《西河文集》墓志铭十一，《自为墓志铭》。
② 毛奇龄：《西河文集》札子二，《又奉史馆总裁札子》。
③ 毛奇龄：《西河文集》墓志铭十一，《自为墓志铭》。
④ 毛奇龄：《西河文集》书五，《答施愚山侍讲问公山弗扰书》。

看①。高阳李蔚精字学，辨"查"、"察"二字，屡屡向前来拜谒的应试者询问，而无应对者，后徐咸清依据史籍，从容辨析，有据有理，不容置辨，让李氏怫然变色。

徐咸清嗜学能诗，一岁识字，五岁通一经。遭遇国难家难，意甚拓落，乃就故居稽山，辟广庭，设长筵，发所藏书，暇则与夫人博考群籍，抽牍赋诗。仲山才无所用，志愿难遂，便打算著书一部，他思忖自己研究经术已久，欲合并群籍而正定之，并勒取其意与事之裨世用者……于是决定著小学之书②。徐氏一生，于字学颇有研究，成绩斐然，著名代表作是《资治文字》③。毛奇龄在该书序言中称：

> 仲山洞精字学，其于《三苍》、《尔雅》诸书，自李程以下正变沿革，源流瞭然。且又博极坟典，资所考核，古文篆隶，无不殚晢。观其发凡，大约有正字正音正义三端，依韵分部，部下分画，画下分母。前正后俗，始古终今，其订证之确，引据之博，自经史子集及九流百氏稗官小说，收辑贯穿，洋洋乎一巨观也。盖将以佐一代同文之治，岂仅为载籍之先资哉④。

徐氏研究文字学，在当时可谓先驱人物，一生以学问自娱，悠然自得，终老林下。他的《传是斋日记》中，有作事物心性之辨，认为紫阳知行俱向外求，未免驰骛向外，与圣贤存心知性之学不合，未若阳明以事物在心上求合理。此观点，毛奇龄深以为是，屡屡征引⑤。

学友毛先舒——字稚黄，原名骙，钱塘人。他与毛奇龄、毛际可并称"三毛"。稚黄是当时杭州"西泠十子"的项领人物，早弃举子业，倡导士君子学为古人文辞，日与诸子赋诗谈道，而专于力行。早年，毛奇龄与稚黄被人戏称为"二毛"。一次，徐咸清与稚黄等一同辨析古韵，议论不合，时张杉、陆圻在座，不置臧否。徐咸清说："景宣宁独无一言乎？二毛难降，予之所以不禽也。"⑥ 盖徐氏意谓"二毛"不相上下。稚黄虽家居不出，名气却大，受人尊

---

① 毛奇龄：《西河文集》，《制科杂录》。
② 毛奇龄：《西河文集》墓碑铭二，《微士徐君墓碑铭》。
③ 同上。
④ 毛奇龄：《西河文集》序十一，《资治文字序》。
⑤ 毛奇龄：《西河文集》，《折客辨学文》。
⑥ 毛奇龄：《西河文集》墓志铭九，《毛稚黄墓志铭》。

敬。毛奇龄归田后，恰逢毛际可来杭州，按察使佟公召集宾客，在湖上置巨舰，延请"三毛"上座，稚黄以年长祭酒。四方宾客在座者多请教稚黄，稚黄一一应答。

毛奇龄与毛先舒的学术志趣相近，于诗、韵学和性理均有专长。先舒早有诗名，十八岁时作《白榆堂诗》，受到陈子龙的赏识，毛先舒为感其知遇之恩，遂拜为师。刘宗周讲学蕺山时，他又执贽问性命之学。自此，他有志圣学，以二氏之说滥漫而不讲，而取宋儒诸习语中有神实行者，自为针砭。稚黄在理学方面颇有体会，其论学以宋儒为归，独《大学》"格物"则专主去欲，谓朱子以去欲为《大学》首功，并以斯旨与学者往复辩难数十万言，观者叹服。他先后著成《圣学真语》、《格物问答》等书。毛先舒生平好谈韵学，著述丰富。其《韵学指归》，认为字有声有音有韵，而韵为尤要，还著有《唐韵四声表》、《词韵》及《南曲韵》诸书①。毛奇龄曾就韵学与之辩论，写成《辨毛稚黄韵学通正书》。

此外，毛奇龄早年结识的互相唱和、辩论的朋友还有许多，诸如来藩、徐伯调，毛奇龄曾作《二友铭》纪念他们。

挚友施闰章——为逃避仇人，毛奇龄流寓江淮间，并先后到过今天的河南、山东、湖北、江西等地，新结交了一大批友人，毛奇龄同他们欢歌宴饮，不断受到启示，接受新的学术思想，主要有施闰章、阎若璩、杨耻庵等。博学鸿儒开科，《明史》开馆，毛奇龄在京师与故友新知，考文征献，应答无穷，与施闰章、朱彝尊、汤斌、汪琬、李因笃、张烈等鸿儒广泛交流。

施闰章，号愚山，久负盛名，与宋琬并称为"南施北宋"。其诗温柔敦厚，颇有诗教风格。愚山世嬗理学，以兴复儒学为己任，不敢以俗学负家学。其取士，必先行而后文，所在讲学重儒术。尝过邹平，拜谒伏生墓，观其祠堂壁间所画晁错受《尚书》状，感慨良久，临去垂涕示诸生，谓经学已绝，其授受亦亟如此②。正是出于这种态度和责任感，在他与顾炎武鸿雁传书、探讨学术时，得到了亭林的首肯，亭林在回信中首次阐发"经学即理学"的主张。

愚山笃穷交好，扶掖后进，为失志才士多方延达，他对毛奇龄即是如此。在淮安读到奇龄所作之诗，极为赞赏，从此两人关系更加密切。奇龄随愚山赴湖西（今江西）治所居住一年。愚山在当地多处兴建书院，如在王阳明讲学之所复建白鹭洲书院，设讲会，请学者讲学。毛奇龄自言曾"三入湖西讲堂，

---

① 毛奇龄：《西河文集》墓志铭九，《毛稚黄墓志铭》。
② 钱仪吉：《碑传集》卷四十三，《翰林院侍读施君闰章墓表》。

以质予曩时所闻于姚江蕺山之学"①。当楚人杨耻庵率徒前来讲阳明学，与愚山辨《诗》、《礼》及《尚书》，愚山不能使之信服，遂以新安之学抵其隙。毛奇龄参与辩难，从杨耻庵的讲论中悟出"求之于心"的王学真谛。

学友阎若璩——号潜邱。在淮安，毛奇龄"与淮之上下无不交，潜邱在其中"。他亲去拜访潜邱，与之同登城东程将军冢，题名而去。开制科时，两人相见于京师，奇龄观潜邱所作论著，叹其洋洋大观。潜邱应试不第，但因谙熟经史，通礼学掌故，为徐乾学所看重，收之门下参与编修《一统志》。阎若璩著有《古文尚书疏证》、《四书释地》等书籍，晚年潜邱游钱塘，出所辨《古文尚书》25篇，奇龄初读，给予高度评价，认为远远超乎唐代的孔颖达、赵宋的王应麟，因此他赞叹潜邱"学博而通"，兼有北方学人"如显处见月，大而未晰"和南方学人的"牖中窥日，见其细而无不烛"的优点，其学可以传之后代②。奇龄一向以经学兴盛为己任，故于阎氏多有嘉许，引为同志。

阎潜邱出入幕府，未尝间断学术研究，他与清初的许多从事经史考据的人士都不失时机地质疑辩难，如顾炎武、黄宗羲、傅山、姚际恒、毛奇龄等。到了垂暮之年，阎、毛二氏针对《古文尚书疏证》一书展开辩驳，西河作《古文尚书冤词》与潜邱对垒。他说："某向亦不惬伪古文一说，宋人诞妄最巨信，及惠教所著《古文尚书疏证》后始怏怏，谓此事经读书人道过，或不应谬，遂置不复理。今就两家说，重为考订……"③本来毛奇龄对潜邱钻研经学是赞赏的，也佩服其学识，但因自己是王学阵营中人，对宋人疑经、毁经的做法深恶痛绝，对俗学中一味依附程朱理学的现象深为不满，故他的气势咄咄逼人。为此，奇龄还专向黄宗羲提出讨论《古文尚书》的真伪，想求得实据④。潜邱并未就《古文尚书》一事答复奇龄，其实，从后来的成书情况看，潜邱还是参酌了西河的意见，进行了一些修改。不过，争论并不妨碍二位学人相互请教质疑，在该信的结尾，毛奇龄写道：

> 拙著并《丧礼》十卷统呈掌记，外《定论》原序数页一并奉览。窃谓潜邱所学，何处不见，原不藉毁经以为能事，且胸藏赅博，必有论辩所未及，考据所未备，以广我庳陋⑤。

① 毛奇龄：《西河文集》碑记一，《白龟圃记》。
② 毛奇龄：《西河文集》序二十四，《送潜邱阎徵君归淮安序》。
③ 毛奇龄：《西河文集》书五，《寄阎潜邱古文尚书冤词书》。
④ 毛奇龄：《西河文集》书七，《与黄梨洲论伪尚书书》。
⑤ 毛奇龄：《西河文集》书五，《寄阎潜邱古文尚书冤词书》。

　　所以，潜邱与西河，二者是真正的同志，是诤友，他们对经学的责任感和学术建树，是相仿佛的，在当时的影响都很大。

　　后生郑元庆——字子余，一字芷畦，湖州人。自幼从叔父习家传易、礼之学，并通史传及金石文字，覃思著述，期有用于世。家贫母老，出游四方，混迹幕府，后以次贡入国子监，抱志以终。芷畦"博物通今"，著述甚富，有《廿一史约编》、《礼记集说参同》、《家礼经典参同》、《湖录》、《石柱记笺释》、《行水金鉴》、《海运议》等书。

　　郑元庆学问博通，虽终生未显达，但毛奇龄、朱彝尊、胡渭诸名人，皆折行辈与之交。他曾画毛、朱二先生合像，记述他随从两位老先生游西湖的情景。① 当时，他与竹垞寓前后楼，时时造请。在游玩之时，兼考察旧迹，亲自探访故迹，以补旧志不实。郑元庆于著作中多所考证，深受二老看重。其《湖州府志订补》（又名《湖录》），依据二老及潘耒所论定的发凡起例，并参考廿一史，博采以往府、县志、笔记、小说等多种文献，遍游七州县，访其故家谱系和老成之士，八年始定，后六易其稿，竭平生之力。毛西河极为叹赏《湖录》，为之写序，称其"博雅士"②。竹垞见其志可嘉，甚喜，尽出曝书亭藏书，供其博览纵观③。郑元庆经学著述，西河亦为之击节，当他读到《家礼参同》，至叹为"盖代一人"④；元庆的《婚礼经典参同》，其中谈及"三族"，认为只是身族上下，断非父族、母族、妻族，西河在《辨三族》一文中，深表赞同，认为"其说甚善"⑤。郑元庆作为晚辈后生，得到二老的引导和提携是他的大幸，其发奋努力，成绩卓著，又显示了江南地区考据学发展的后继有人。

　　门人李塨——西河归田后，专门致力于经学，问学者慕名而来。他曾经"每思建讲堂，集诸生有学者朔望议群经得失，而历求其人不可得，遂尔中止"⑥。不过，西河门下仍是游者如云，知名者有：李塨、邵廷采、陆邦烈、章大来、章世法、方楘如等。他们学习礼乐、讲论经义，后又编纂西河的著作文集，对于传扬西河的学术功不可没。

　　李塨，字恕谷，保定蠡县人。少从其父学礼，既而习闻颜元的学说，成为

① 杨谦：《朱竹垞先生年谱》，康熙四十年73岁条。
② 毛奇龄：《西河文集》序二十九，《湖州府志序》。
③ 王钟翰点校：《清史列传》卷七十一，文苑传二《郑元庆》。
④ 钱仪吉：《碑传集》卷一三三，《郑先生元庆传》。
⑤ 毛奇龄：《西河文集》，《释二辨文》。
⑥ 徐世昌：《清儒学案》卷二十六，《西河学案》下。

清初颜、李学派的重要代表人物，是传扬颜元习行学说的主将。李恕谷之学，与颜元大旨相同，都反对宋明以来诸儒讲学、证悟，枵腹高谈，儒禅混杂，而倡导实行、实务。不过，李塨与乃师并不完全雷同，如他广泛交游，希望通过结交同志之士来宣传"颜学"的主张，完成"颜学"大业。颜元反对读书、著述，而李塨注重研读经典，讲求经义，以正确理解先圣的本义，故李塨不断四处游说，传扬颜元学派，不断拜师结友，加入到研究经学的行列，成果丰硕。

李塨父母去世时，他思索以古礼来为父母守丧致祭，"礼云：居丧未葬，读丧礼，既葬读祭礼，丧复常读乐章。今古乐并亡，谁当读者?"① 于是，有人向他介绍毛西河之《皇言定声录》、《竟山乐录》。既读之后，怳然，毅然不远三千里来就西河受乐。仅用三日，尽得旧所传诸律遗法，且纠正西河著作中的讹谬。② 李塨又从西河受经学，往复辩论。其论《易》，辨太极图、河洛之伪；论《尚书》，辨古文为伪之误；论诗，言小序不可废③，奇龄因而称道他学有根底，超越侪辈。毛奇龄作《古文尚书冤词》一书，就是由李塨问学而起。当时恕谷寓居桐乡，与当地的钱氏作《古文尚书》真伪之辨，列主客两家来请教，西河由此重新考订两家学说④。西河还与李塨讨论《周礼》，他在《与李恕谷论周礼书》中阐明了自己对该书的见解，以消解恕谷的疑惑。

总之，李塨受业于西河，跨入了经学领域，丰富了关于礼乐、经义方面的知识，学有所成，得以跻身于"北派经学家"行列⑤。而毛奇龄也借李塨之名扩大了自己的影响，并且将颜李学派的主将引入了经学的领域，使清初轰轰烈烈的"习行"运动趋于消歇，由经世致用走向通经考古。

二、渊源王学，回归经学

关于毛奇龄学术成就的价值，历来众说纷纭。其中，毛奇龄学术究竟是偏重理学还是经学，学界的看法也不一致。民国的徐世昌在所编纂的《清儒学案》中云：

> 西河经说，阮文达极称之，谓学者不可不亟读。盖自明以来，申明汉儒之学，使人不敢以空言说经，实自西河始，而辨正图书，排击异学，尤

① 毛奇龄：《西河文集》墓表五，《蠡吾李孝悫先生暨马孺人合葬墓表》。
② 同上。
③ 王钟翰点校：《清史列传》卷六十八，儒林传一《李塨》。
④ 毛奇龄：《西河文集》书五，《寄阎潜邱古文尚书冤词书》。
⑤ 支伟成：《清代朴学大师列传》上目录，岳麓书社 1986 年版。

有功于经义。传之恕谷，而其学益昌。至《学案小识》于经学不录西河
而目恕谷为放言无忌，隘矣①。

而杨向奎先生编著的《清儒学案新编》所持的观点正好相反，他针对徐
氏的言论评论道：

这些按语，可说一无是处，西河经学可取处不多，《古文尚书冤词》
尤属荒唐，《学案小识》不录其经学无可厚非。其可取处在于即经说理，
一如亭林之经学即理学。以经学即理学，是亭林之经学代理学，而通经致
用；西河之以经学说理，是以经学就王学，一如阳明之《朱子晚年定
论》，以紫阳就己。西河非汉学之首倡者……而西河学风，枝叶扶疏，作
风不类汉学，而谓其使人不敢以空言说经，实则彼正为以空言说经之首倡
者。……②

《清儒学案》中徐氏将毛奇龄定位于经学倡导者，有功于经义。而杨先生
认为：西河乃理学家，即经说理，而对其汉学成绩不以为然。笔者以为，杨先
生在《清儒学案新编》中，特地肯定西河的王学成就，较之以前的研究者大
多只注意西河的经学建树，可谓独具慧眼！且认为西河是"以经学就王学"，
又可谓慧眼卓识！不过，西河倡导经学之功及其经学成就是不可抹杀的。在清
初，理学家不再空谈性理，而是"以经学济理学之穷"，以经学为依据，理学
家的对垒逐渐转移到经学阵地。西河可谓是这种转变的典型代表，也是较早实
践以经说理的人物之一。作为王学中人，并不妨碍他倡导经学，况且他还以经
学研究为己任，到晚年尤其致力于说经讲经，成绩显著。

（一）根底王学，指斥朱子

1. 渊源王学

明末清初，浙东地区的阳明后学十分兴盛，薪火相传，尤其是刘宗周开证
人书院，讲学其间，为士人向慕之所。毛奇龄生在圣学兴盛之乡，自小受到熏
陶。自述：

自阳明先生讲学于乡，所在立讲堂，而蕺山先生继之。少尝与同志者

---

①　徐世昌：《清儒学案》卷二十六，《西河学案》。
②　杨向奎：《清儒学案新编》，《西河学案》，齐鲁书社 1988 年版，第 227 页。

赴讲，必斋宿以往，归而废然者累日。夫圣学不行久矣，能行圣学曾何藉于讲？而乃不能行而因而讲之，则必讲所以行之之法，使学者就坐言之，起坐即可行[①]。

据毛奇龄的记述，他浪迹四方时，在河南嵩山，遇到一高笠僧，自称渊源有自。僧人出示《大学》，又向奇龄传授"绝学"，称该书是关东贺凌台谧授，即古本《大学》，贺氏之祖受白沙之学，归后在关东设教，几近绝传。奇龄心领神会，体悟出圣学本原，成为"绝学"传人[②]。虽然奇龄记述的有些神秘色彩，有故意将自己的学说"高远其所从来"的嫌疑，但有一点可以肯定，即古本《大学》是奇龄所依据之书，是其思想形成的依据之一。康熙初年，奇龄随施闰章在湖西，出入讲会，从杨耻庵的讲学中，悟出"凡事在心上求，不在事物上求"，这亦属于王学思想。康熙七年（1678年），毛奇龄与刘宗周高徒张奠夫、徐泽蕴、赵禹功会聚一堂，"抗言高论，出入百子，融贯诸儒。"[③] 及至鸿儒开科，编纂《明史》，为是否设"道学传"展开激烈的争辩，同馆张烈倡言阳明非道学，毛奇龄毫不示弱，与之水火不容，争辩"道学乃异学，阳明本是儒"，充分表明了他的王学立场和维护阳明的鲜明态度。

2. 门户之争

毛奇龄之学渊源于王学，他和同时期的许多王学中人却迥乎不同。像孙奇逢、黄宗羲等大儒都顺应学风的转变，从思想理论上修正王学的缺憾，调和程朱陆王。而毛奇龄尽管也阐明了自己的见解，但主体上仍是王学思想倾向，并且他不掩饰自己的立场，竭力进行门户之争，与朱学依附者公然对垒。

（1）明道统

毛奇龄经常提到"明道"、"明学"，呼吁"救经"。在他看来，所谓"明道"，就是要阐明孔孟所讲求的圣道。宋儒走入了释、道之途，将圣学变成了异学，而阳明上承孟子的"心性说"，以圣学继承者自任。毛奇龄对许多理学基本问题的阐发，均未出王学的苑囿，其主旨在攻击朱子及其后学。当毛奇龄被指责"右阳明而左紫阳"时，他援引前人对阳明和紫阳的论述，以表白自己：

---

① 毛奇龄：《西河合集》，《大学知本图说》。
② 毛奇龄：《西河文集》墓志铭十一，《自为墓志铭》。
③ 邵廷采：《思伏堂文集》卷七，《谒毛西河先生书》。

从来论文成者，皆谓其不合紫阳，而予独曰否。……王弇州《正学元勋卷》云："阳明直指心诀，以上合周、程之说，所未合者，朱子耳。"嘉靖中，曾以新建从祀策山西乡试。其议有云："朱子训诂章句为不失圣人之统而已，未必尽得圣人之心，新建致良知，简切痛快，实有接乎孟子性善之说，即其他训诂章句，小不尽合朱子耳，非不尽合圣人也。"①

毛奇龄认为，常人所谓的"道学"，实际上是道家之学。北宋时，华山道士陈抟，搜道书《无极尊经》及张角《九宫》，倡太极、河洛诸教，作《道学纲宗》，而周敦颐、邵雍、程颢兄弟师之，遂篡道教于儒书之间；至南宋，朱熹让史官为陈抟特立《名臣大传》，而又将周、程诸子同列《宋史》的《道学总传》中，使道学代替儒学，凡南宋儒人皆得以附道学为幸。② 从思想内容上看，毛奇龄认为宋儒的许多说法、做法涉嫌释、道二氏，如"主静"是清净教也，"涵养用敬"是"葆秘之事"，"万本一殊"是"佛家万法归一"。毛奇龄在论心性、论知行、论格物时，都借以批驳了宋儒对这类概念的解释。毛奇龄作事物心性之辨时，说"事父不在父上求，非无父也，只在事父之心上求"，而紫阳的知行俱向外求，知则格物，行则求事物，俱驰骛向外，与圣贤存心知性之学有所不合。他甚至比王阳明更直接："吾谓阳明多事，尚周旋俗学，故有事物在心性上求一语。孔孟即不然，孔孟绝去事物，专求心性"③，明确论证宋儒之道是异教，而阳明之学乃本尧、舜、禹、汤相传之道。

（2）道济天下

毛奇龄认为孔子之道，乃忠恕之道，本尧、舜、禹、汤相传之道。圣道须学而成，忠恕乃推己及人、博施广济之事。他说：

> 况博施济众正推己之极，为子贡终身行恕之终事，并不高远。《大学》明德必至新民；《中庸》成己必至成物；《论语》修己必至安人安百姓。《孟子》独善其身必至兼善天下，即《学记》记学，自九年大成后，忽接日夫然后足以化民易俗，近者悦服而远者怀之④。

重事功，尚用事，以民物为怀，以家国天下为己任，圣学在此，圣道

---

①　毛奇龄：《西河文集》，《折客辨学文》。
②　毛奇龄：《西河文集》，《辨圣学非道学文》。
③　毛奇龄：《西河文集》，《折客辨学文》。
④　毛奇龄：《西河文集》，《辨圣学非道学文》。

亦在此。①

　　毛奇龄所说的圣道、圣学，不仅知本，注意修身，而且还要推己及人，齐家治国平天下。而朱子的道学，是道学兼唱佛学。"何至如指月恍惚，尽付借境，况忠恕既借，取譬又借，一身所有，并无着落"②，修身且难，如何关心他人，兼济天下！毛奇龄对圣道的解释，对宋儒的批驳，表明他在实学思潮的影响下，意识到宋明以来的空谈性理无助于世道的改观；偏离了孔孟立教的原意，表明他恢复孔孟真义，学成圣道用以治世的愿望。

　　（3）门户之争的转变

　　到了清初，儒学内部的门户之争，已转移到了经学的阵地，要诉诸训诂的方法，要取证于经书，从哲学论证转移到了历史考据。毛奇龄论证宋儒是异学，而王学是圣学便采取了证之于经典的方法。比如，关于《易》学中"河图洛书"的考证，是为了直接证明宋以后《易》学中所谓"先天"、"太极诸图"是从道教中传来的，与儒家没有关系。余英时先生在论儒家智识主义兴起时，已明确指出了毛奇龄、阎若璩等的经学考证工作是有义理动机的③。这充分印证了此时的门户之争是以经学考辨为表现形式的。毛奇龄对朱熹的《四书章句集注》予以猛烈抨击，先后撰《论语稽求篇》、《大学证文》、《中庸说》、《四书賸言》、《圣门释非录》，攻击朱子臆改经文，妄解经义，晚年又撰《四书改错》，斥责朱子的《四书》无一不错。

　　另外，毛奇龄时代的门户之争已不像前代那样，仅局限于纯粹的学术上的争论和对道统的争夺，它还牵涉到政治因素。由于统治者偏向程朱，意欲立程朱为正统，加之明末清初以来，王学遭遇到来自各方面的质疑，故有些人出于个人利益的考虑依附程朱。正如梁启超所说，"清初程朱之盛，只怕不但是学术界的不幸，还是程朱的不幸哩"④。许多有正义感的学者如汤斌敢于站出来为王阳明辩护，不过，即便是汤斌，也不敢明示自己的王学立场，而毛奇龄做到了，尽管他并非无所顾忌。他一方面直斥朱子，另一方面还要应付世俗的眼光，以及那些依门傍户之人的恶习。他在《与阎潜邱论尚书疏证书》中指出：

---

　　①　毛奇龄：《西河合集》，《圣门释非录》卷四。

　　②　毛奇龄：《西河文集》，《辨圣学非道学文》。

　　③　余英时：《清代思想史的一个新解释》，《从戴震到章学诚》，生活·读书·新知三联书店2000年版，第347页。

　　④　梁启超：《中国近三百年学术史》，山西古籍出版社2001年版，第106页。

今人于圣门忠恕，毫厘不讲，而沾沾于德性，问学硬树门户，此在孩提稚子，亦皆有一诋陆辟王之见存于胸中。以尊兄卓识而拾人牙慧，原不为武，然且趋附之徒，借以捷径，今见有以此而觊进取者①。

皮锡瑞考察阎、毛二人辨《古文尚书》之书，认为二者得失互现：

阎、毛二家互有得失，阎证古文之伪甚确，特当明末宋学方盛，未免沾染其说，夫据古义以斥孔传可也，据宋人以斥孔传则不可。……阎氏此等处，皆据宋人以驳古义，有伪孔本不误而阎误者。盖孔书虽伪，而去汉未远，臆说未兴，信宋人不如信伪孔。毛不信宋人，笃守孔书之义，以为《尚书》可焚，《尚书》之事实不可焚。今溥天之下，老老大大，皆有一武王戡黎封康叔、周公留后治洛典故在其胸中，此千古大冤大枉事。是则毛是而阎非者，学者当分别观之，勿专主一家之说②。

（二）回归经学

1. 以经学为己任

圣道藉乎学，学以至道。少即有志于经籍的毛奇龄，在藏匿途中、彷徨之时，为经籍的现状、自身修德讲学而忧心忡忡。自述云：

少读经，稍长读史。史自唐以后无可问者。而经则六籍皆晦蚀，《易》、《春秋》为尤甚，二千年来，谁则起而考证之？青春白日，消亡尽矣。惟《毛诗》可记忆者，璅璅做问答，散录成帙；稍不可记忆即已之。且念生平无建立，事功既无可期，而乃德不修而学不讲，假寐而泣③。

他学古本《大学》三日，而《大学》全功无不昭揭，始悟从前之讲学皆若梦幻。毛奇龄还认识到为学、求道的过程，必须先读经书。因为家、国、天下，大经大法，尽在六经之中，夫子所言，尽在于此。"且大经大法所系于家国天下者又时时学之，人有数日不读六经者乎？日读六经，即日讲治平之学，

---

① 毛奇龄：《西河文集》书七，《与阎潜邱论古文尚书疏证书》。
② 皮锡瑞：《经学通论》一，《论伪孔经传前人辨之已明阎若璩毛奇龄两家之书互有得失当分别观之》，中华书局1954年版。
③ 毛奇龄：《西河文集》墓志铭十一，《自为墓志铭》。

而亦即日行其诚正之功，是内圣外王，一时可行，亦时时可行。自今兹以至后日日无穷，作圣亦无穷也。"①

经历了入仕，毛奇龄仍然感觉自己无所建树，归田以后，"备举六经之晦蚀者而剖析之，此亦经世大业一要领也"②。可见，在他晚年的思想意识里，当前圣学的要务即是经学。于是，他不再吟诗作词，经学就是他的志向，是他的责任，内圣外王之事皆集矢于经学的昌盛。暮年僦居杭州，故友纷纷谢世，一二老友前来叙旧，感时伤怀，以桑榆经学之不明为憾，再无暇顾及艺文之事。③康熙三十六年（1697 年），在他卧病无聊之时，他还聚集子弟，谈经论经④。在为友人朱彝尊的《经义考》所作的序文中，感慨于宋儒无视经典的原创性，妄改经义，"大声疾呼救经，并救经义"，对于考录经书、增广经典并纂成《经义考》的朱彝尊极为推崇。他写道：

> 少研经学、老而未就，不及见诸书，而年已七十九矣。……今经学大著，圣人之言毕见于斯世，而生其后者复从此而有所考鉴，既宝其书为胜朝庆，而又喜天下后世之有经，并知有义也⑤。

毛奇龄回顾自己的成就时说：

> 友人收予所存稿，合不下四百余卷。予嘱留十一，而余俱去之，惟诗与赋为友人所刻甚多……而学人无赖，未辨六义，恐或以是为藉口，如此盖不可录。独经学数卷，若《易》，若《春秋》，若《诗》、《书》、《礼》，若《论语》、《大学》，若《孟子》，此即千圣相传之用心也。然而存此亦鲜矣，爱我者当为我惜之。予出处未明，不能于朝廷有所报称，徒抱经术，幸遭逢圣明，而未著实用，致空言无补，于心疚焉⑥。

在毛奇龄看来，自己一生值得珍视的著述在经学方面，而唯一的遗憾就是未能在经学上有大建树，未能发挥经学的实用价值。其于经学的高度责任心可

---

① 毛奇龄：《西河合集》，《大学知本图说》。
② 同上。
③ 李集：《鹤徵录》卷七，徐林鸿条。
④ 毛奇龄：《西河文集》碑记十，《客堂冬夜说经记》。
⑤ 毛奇龄：《西河文集》序二十九，《经义考序》，中华书局 1998 年影印本。
⑥ 毛奇龄：《西河文集》墓志铭十一，《自为墓志铭》。

见一斑！

2. 爱护经义

全祖望称毛奇龄："而其所最切齿者为宋人，宋人之中所最切齿者为朱子，其实朱子亦未尝无可议，而西河则狂号怒骂，惟恐不竭其力，如市井无赖之叫嚣者，一时骇之。"①毛奇龄如此痛恨宋儒，如此诋斥朱子，除却门户之争的因素外，主要就是因为宋儒"六经注我"的方式和朱子疑经、改经、删经的行为。毛奇龄对载道之经、圣人之言非常崇敬，故从尊经、护经的立场出发，对宋儒糟粕六经以致经籍晦蚀的做法难以容忍，他说：

> ……有疑《春秋》非夫子作者，有疑《春秋传》非左丘氏书者，有疑《孝经》为六代后增改非七十子所旧传者。而至于《士礼》则废之，《周官》经则明斥之。《王制》、《月令》、《明堂位》诸篇则直祛之诎之，然且有误读《隋书经籍志》，而谓《尚书》为伪书；误读刘歆《讓博士书》，而谓今所传《国风》为伪诗者，是无经也，无经焉得有义？②

他认为，宋人疑经是"无经"，即不承认经典的权威，无视经书的神圣。如果"无经"，说经就失去了依据，论道只能是空口徒说。毛奇龄揭示出人们一味尊崇朱子以致古经被毁、圣贤见弃的原因说：

> 过尊朱氏，宁得罪先圣贤，不敢一字道朱氏之谬。加之入明至今，立学取士皆用其所注书，虽孔子复出无如之何，致使陋略之徒，旁搜曲引，吹毛求瘢，锻炼成狱，古经之冤至此极也！③

鉴此，毛奇龄自己采用"以经解经"的方法。他说：

> 独是予之为经，必以经解经而不自为说。苟说经而坐与经忤，则虽合汉、唐、宋诸儒并为其说，而予所不许。是必以此经质彼经而两无可解，夫然后旁及儒说④。

---

① 全祖望：《鲒埼亭集外编》卷十二，《萧山毛检讨别传》。
② 毛奇龄：《西河文集》序二十九，《经义考序》。
③ 毛奇龄：《西河合集》：《古文尚书冤词》卷三。
④ 毛奇龄：《西河文集》序二十九，《经义考序》。

以经证经，不得已而及传，又不得已而后及诸子百氏，以至汉后儒之说经者。①

汉宋儒对待经典有截然不同的态度。前者尊奉经典的权威，笃信先圣流传下来的言论，是汉学的作风；后者是宋学的作风，以讲义理为重，阐发自己的哲学见解，六经只是为其所用。毛奇龄倾向于前者，而反对宋儒以空言说经。汉儒"我注六经"，是为崇经，但他们解经时过于求据，故反有失经义处。该方法充分相信经是绝对正确、客观的，表明了他尊崇经典的态度。在今天看来，两种作风适应不同的形势需要，是经学和理学的分野。我们不能完全赞同毛奇龄的态度，因为类似朱子、阎若璩等人的疑经也是为了拨开乌云、探寻真正的经义。宋儒作为哲学家来说，其态度无可厚非。不过，毛奇龄尊经的态度，正说明他已真正进入经学之室而操经学之戈。

3. 经学成就举例

毛奇龄作为一个门户很深的理学家，却又以经学为己任，以未能在经学方面作出重大建树而抱憾。其实，他的经学著述相当丰富，于诸经都有研究：其言《诗》，著《国风省篇》、《诗札》、《毛诗写官记》、《诗传诗说驳议》等篇，引证诸书，多所纠正；其言《易》，发明荀虞干侯诸家，旁及卦变卦综之法，自后，儒者多研究汉学，不敢以空言说经，实自毛奇龄始，而辨正"图"、"书"排击异学尤有功于经义；其言《春秋》，条理明晰，考据精核；所著礼学诸书，多发先儒所未及；至于《四书》，各有考据，《大学证文》及《孝经问》，援据古今，辨后儒改经之非，持论亦有可采②。

关于毛奇龄经学成就，学者们已开始关注和研究，例如毛奇龄对于《易》的研究尤为专精，著作繁富，陈祖武先生肯定其易学研究有破有立、个性鲜明③。早在乾嘉时期阮元就评价道：

（毛奇龄）推溯太极、河、洛在胡朏明之先，发明荀虞干侯之《易》在惠定宇之先，于《诗》驳申氏（培）之伪，于《春秋》指胡氏（安国）之偏，三礼、四书所辨正尤博④。

---

① 毛奇龄：《西河合集》，《经问》卷四。
② 蔡冠洛：《清代七百名人传》，朴学《毛奇龄》。
③ 陈祖武：《清初学术思辨录》，中国社会科学出版社1992年版，第285—287页。
④ 阮元：《揅经室二集》卷七，《毛西河检讨全集后序》。

关于毛奇龄的三礼学，清末的皮锡瑞论道，汉立二戴博士是《仪礼》非《礼记》，后世说者多误，毛奇龄始辨正之，在清初经义榛芜之时，"而分别《仪礼》、《礼记》，辨郑樵之误及隋志之误，则极精确"①。关于《周官》一书，他说：

> 毛氏以《周官》为战国时书，不信为周公所作，又力辨非刘歆之伪，而谓周制全亡，赖有《周礼》、《仪礼》、《礼记》三经，有心古学，宜加护卫，最为持平之论②。

此外，黄爱平、林存阳等先生对毛奇龄有关礼学的成就作过论述③，在此不一一引述。

礼学的研究，毛奇龄除辨《周礼》外，著作繁多。其弟子李塨赞叹道：

> 至若昏礼、祭礼、丧礼、庙礼、大小宗礼、大礼仪、礼问之明礼，……无非发前人未发，以救正古先圣王危微一线之绝学，何其大也④。

毛奇龄力图为朝廷建立礼制、厚朴风俗而献言献策。如康熙二十六年（1687年），逢孝庄太后上宾，康熙特谕行三年丧，持服二十七月，诸王大臣纷纷建言。毛奇龄援古证今，极言不可，力谏以日易月。他还考察出古礼三年之丧宜三十六月，这一说法虽遭到异议，然亦言之成理，持之有故。

毛奇龄著《昏礼辨正》一书，畅发对婚礼的见解，大要以驳郑玄说为主。乾隆时四库馆臣评论说："其中论告庙朝至之仪，虽颇有根据，而核其大致，穿凿者多，未足据为定论也。"⑤ 而李慈铭通过对该书反复仔细地阅读，认为许多地方明快直捷，颇有见地。如：

---

① 皮锡瑞：《经学通论》，《论汉立二戴博士是似〈仪礼〉非〈礼记〉后世说者多误毛奇龄始辨正之三》，中华书局1954年版。

② 皮锡瑞：《经学通论》三，《论周官当从何休之说出于六国时人非必出于周公亦非刘韵伪作》，中华书局1954年版。

③ 黄爱平：《毛奇龄与明末清初的学术》，《清史研究》1996年第4期；林存阳：《清初三礼学》，社会科学文献出版社2002年版。

④ 毛奇龄：《西河合集》，李塨《西河合集》总序。

⑤ 永瑢：《四库全书总目》卷二十五，经部礼类存目三《昏礼辨正》。

《昏礼辨正》中以纳采问名据《仪礼·士昏礼》谓二礼一日并行，只以一使将事。问名乃问女所命之名，郑注谓问母姓者非。又谓纳征即纳聘。昏礼自纳采至亲迎皆奠雁，惟纳征用币者，以雁乃贽物，非礼物。又据《谷梁》谓纳采、问名、纳征、请期只四事，无纳吉之礼，问名后不当又纳吉。以命卜当在纳采之前，卜亦不必告女家。皆援据甚确。

又谓《曾子问》"妇三月而后庙见姑成妇"之说，乃指舅姑已亡者。若姑舅在，则妇至之夕，舅姑迎之……帅以谒庙，次日质明，上堂行妇见礼，谓之成妇，不必三月始庙见也。尤足发千古之蔽①。

《四库》只收《辨定祭礼通俗谱》，余皆附存目，尤深斥其《丧礼吾说篇》，谓颠舛乖谬，莫过于是。然其谓丧服有齐衰，无斩衰，及父在不当为母期年、父母不当为长子三年等，诚为钜谬。其言丧礼立重诸儒所说近于非理，因谓重即铭旌，所以识别死者，即所以依神，故重有主道，重之为言憧也，童童然也，则颇有名理②。

皮锡瑞评价说：毛奇龄说经多武断，惟解《周官》心极细，论亦极平。而知《仪礼》不出周公，不知实出孔子，谓《仪礼》亦战国人作。因朱子《家礼》尊信《仪礼》，乃作《昏礼辨正》、《丧礼吾说篇》、《祭礼通俗谱》、诋斥《仪礼》，而自作礼文，则由不晓礼经传于孔氏，非《周礼》、《礼记》之比也③。

毛奇龄关于礼、乐、韵等方面的研究，切合当时形势需要，在恢复古礼、古乐、古韵方面，有创辟之功。梁启超先生论及毛奇龄在音乐方面的贡献时说：

有《竟山乐录》，自言家藏有明代宗藩所传唐乐笛色谱，因得以推复古乐，这些话是否靠得住且不管他。他的音乐造诣何如，也非我们门外汉所能批评。但研究音乐的人，他总算很早，所以能引动李恕谷从他问业④。

---

① 李慈铭：《越缦堂读书记》，经部《昏礼辨正》，第 55 页。
② 李慈铭：《越缦堂读书记》，经部《昏礼辨正》。
③ 皮锡瑞：《经学通论》三，中华书局 1954 年版，第 52 页。
④ 梁启超：《中国近三百年学术史》，山西古籍出版社 2001 年版，第 169 页。

的确如此！毛奇龄极力声称乐律重要，他呈进乐书疏，称："窃闻声音之道，与政相通，故王者功成乐作。"① 当西南荡平，康熙命词臣改定乐章，掌院学士以乐章配音乐下询，毛奇龄作《历代乐章配音乐议》指出：历代乐章分部，全防乎《诗》，大抵有风、雅、颂三部，而以重轻为先后。他强调"以乐章配音乐者，在审声、在定律、在制器"②。毛奇龄作《增订乐章议》认为："大功既定，乐律未备，自宜速为厘定，以扬功德。"他还明确乐章的许多事宜，指出祖宗功业，宜谱乐章者限有四处，即郊祀配位、庙祀列室、文武二舞、卤簿鼓吹。③ 归籍后闻说康熙有"径一围三隔八相生"之谕，遂作《皇言定声录》上呈。

毛奇龄重视音韵的研究。他说："《周官》六书，首重韵学，盖审音定律，一代之典文系焉。"④ 他在史馆时，撰成《古今通韵》一书，上呈皇帝。康熙命内廷妥为收藏，直到康熙三十年（1691 年），岭南又有韵本进，皇帝命取出毛氏书查对。⑤ 该书与顾炎武的《音学五书》观点有异，但毛氏"守己说不能易"，熟悉两部著作的徐乾学以不能"通两家之邮"而深以为憾⑥。后毛奇龄又著成《古今定韵》一书，徐乾学大加推扬道：

> 《定韵》一书，广引典籍，以定正字声，又于李登至刘渊，其间唐宋韵书、因革源流与夫同用通用转用之故，世所不审者无不详备，诚古今韵学之大观也⑦。

历代音韵之书，不断演变，中间失传、错讹极多，故而研究音韵，梳理源流，还其古貌，十分困难。但毛奇龄知难而上，多有所得，难能可贵！毛奇龄还依照方言研究古音，著成《越语肯綮录》，该书是毛氏依照宋人赵叔向采方言编《肯綮录》之例而撰成。他说：

> 予考隋韵，每有与越俗语相发明，凡居平呼其音而不得其文者，韵多

---

① 毛奇龄：《西河文集》疏一，《呈进乐书并圣谕乐本加解说书》。
② 毛奇龄：《西河文集》议一，《历代乐章配音乐议》。
③ 毛奇龄：《西河文集》议二，《增订乐章议》。
④ 毛奇龄：《西河文集》疏一，《呈进康熙甲子史馆新刊古今通韵书》。
⑤ 同上。
⑥ 徐乾学：《憺园文集》卷二十一，《古今通韵序》。
⑦ 徐乾学：《憺园文集》卷二十一，《毛大可古今定韵序》。

有之，因略为笔记，名《越语肯綮录》。昔唐时极诟隋韵，名为吴音，岂吴人陆法言外或更有越人参其间与？①

这种利用方言来研究古韵的做法有其合理性，因为古韵极有可能通过方言而保存下来。正得力于古韵的功底，毛奇龄在研究《西厢记》时，对某些典故进行考证，对其中市语、方语、土语、少数民族的语言的确切含义作探讨，故用元人杂剧的语言来校注，成就最高者毛奇龄当推第一②。毛奇龄曾就古韵与顾炎武、李因笃等辨析，论见不合，因笃主亭林韵说，奇龄强辩，李因笃负气起而争，拳殴相加，重伤奇龄③。

三、余论

毛奇龄在清代学术史上是一个颇有争议的人物。首先遭到了同是浙东的学者——全祖望的抨击，认为他不仅品行败坏，且空口说经，诸如私造典故、造为师承、信口臆说、贸然引证甚至改古书以就己说。毛奇龄乃文人出身，不免沾染上文人的习气，恃才傲物，俾睨一切，在学术上亦意气用事，门户争辩，好为异说，博辩不穷，不免因才害学，故全祖望的驳斥也在情理之中。

惠栋、戴震等汉学家因毛奇龄治经的怪异和反复无常的人品而蔑视他的学问。江藩受其影响，在《汉学师承记》中对毛氏闭口不提，抹去了毛氏在清代汉学史上的地位。而乾嘉时期的阮元、焦循、凌廷勘等学者一改前人的看法，极力推崇毛奇龄的义理倾向及其经学研究的贡献，重新确定毛奇龄在清代学术史上的地位，认为他具有开启之功。据陈居渊先生研究，乾嘉学者面对来自宋学的攻击和对此前汉学发展陷入纯考据学进行反思，开始重塑经学典范。他们对毛奇龄的义理取向，主要是批驳朱子的做法非常赞赏，认为"有功圣门"，毛奇龄没有考据家森严的汉宋门户之见，以及"重事功，尚用世"的通经致用的主张，都是乾嘉学者所需④。

同治年间，学者李慈铭在了解以往两方的评论之后，在研读毛奇龄多部经学著作的基础上，作出了评论：

西河经学，固有可议。……然我朝廓清宋元荒陋之学，西河实为首

---

① 毛奇龄：《西河文集》，《越语肯綮录》。
② 蒋星煜：《西厢记的文献学研究》，上海古籍出版社 1997 年版，第 430 页。
③ 王钟翰点校：《清史列传》，儒林传上一，《李因笃》。
④ 陈居渊：《毛奇龄与乾嘉经学典范的重塑》，《浙江学刊》2002 年第 3 期。

功。凌次仲氏尝言萧山之著述如医家之大黄，有立起沈疴之效，为斯世不可无者，诚为有见。而谓其《四书改错》一书，最为简要可宝，予谓政不止次。其所说《诗经》诸书，自非唐以后人可及，论《春秋》亦多可取①。

到了近代，国学大师章太炎又掀起波澜。他认为毛奇龄本系文士，绝不知经，偶一持论，荒诞立见。而阮元好尚新奇，故于学海堂经解有取毛氏。所以，他建议其弟子支伟成在《国朝朴学大师列传》中，将毛氏从朴学先导大师中删去。②梁启超在《中国近三百年学术史》中，虽没有将毛氏列于经学的建设者行列，但将之放在学海波澜余录中，谓其是"半路出家的经生"，并叙述了毛奇龄的一些经学成就。梁启超所说，对理学的清理毛奇龄是"一员陷阵之猛将"③，这值得推敲。因为理学一般是指宋明理学，而毛奇龄是完全站在王阳明后学立场上痛诋朱子的，应属于理学内部的门户之争。可以说，毛奇龄是清初诋斥朱学的一员猛将。

现当代的学者中，杨向奎先生对毛奇龄的经学研究持否定态度，而对他在发展王学思想上的贡献清晰地揭示出来，开辟了研究毛奇龄学术的新领域。此后，陈祖武、黄爱平等学者站在新的起点上，看到发生在毛奇龄身上的学术转变，指出"毛奇龄所走过的学术道路，不啻清初经学演进过程的一个缩影"④。

毛奇龄经学著述的丰富，还有待于学者更多关注和进一步发掘，只有这样，才能对其在学术史上的地位有更准确的定位。

总之，毛奇龄准确地把握住了清初学术潮流——由理学向经学转化的大方向，即由空口论道向经学回归。他以经学自任，大声疾呼，使一时朴实研经古的风气顿起，确实堪当经学先导大师的称誉。他站在王学营垒，攻击朱子，并非信口谩骂，而是借说经来诋斥朱子，"借经学以就王学"，将门户之争的阵地移到经学领域。毛奇龄重视事功，主张"道济天下"，这种儒学经世的思想对于读书人来说，只能以学术经世空间不大，但毛奇龄的礼学研究施用于现实社会中，突破程朱理学的禁锢，有利于社会风俗的改观、人心的解放，充分展现了经世致用思想在清初的演变轨迹。

---

① 李慈铭：《越缦堂读书记》，史部《阎氏百诗年谱》。
② 支伟成：《清代朴学大师列传》第一，《叙目》，岳麓书社 1998 年版。
③ 梁启超：《清代学术概论》，上海古籍出版社 1998 年版，第 16 页。
④ 陈祖武：《清初学术思辨录》，中国社会科学出版社 1992 年版，第 287 页。

第三章　博学鸿儒与清初学术转变

第一节　鸿儒学人与清初学术发展

一、清初促使学术转变的外在因素

（一）难进易退，学术明志

中国士人有这样一个传统，即"隐居以求其志，行义以达其道"①。为了"弘道"，实现理想中的社会公正，无论是"出"是"处"，是"显"是"隐"，他们都在自身人格修养和处世风范上严格律己，追求君子之德、高士之操，此即他们所要求达到的内在之"志"。

明清之际，遗民顾炎武、黄宗羲等人秉承这一传统，他们坚持"朝不坐，宴不与，士之分亦止于不仕而已"②的原则，以葆有士人的独立自由精神。虽然不为清统治者提供直接的服务，但他们有着强烈的经世意识，抱着入世弘道的人生目的，要为振兴民族文化、弘扬传统道德而努力；他们参与民间社会的治理，以待将来取代清廷之王；他们从事著书、讲学等文化实践活动，来实现自身的文化价值和生存意义。

作为出仕者，其中包括部分贰臣和大多数的鸿儒，虽然他们大节不保，逾越了"仕清"的鸿沟，但并不妨碍他们有担当道义的责任和较高的精神追求，不妨碍其学术文化方面的兴趣和志向。其中，鸿儒能继承遗民在学术方面的开创，并与之一脉相承。诸如潘耒对顾炎武学术的理解和阐扬，朱彝尊、汪琬、李因笃等与顾炎武一起探讨学术，汤斌与黄宗羲关于"道学传"设置的主张相合等等。朱彝尊面对黄宗羲持久的气节感到惭愧，但他引以为豪的是与黄氏

---

① 《论语·季氏》。

② 黄宗羲：《黄宗羲全集》第十册，《南雷诗文集》上，杭州古籍出版社 1993 年版，第 411 页。

有共同的抄书兴趣，他说：

> 予之出有愧于先生，顾性好聚书，传抄不辍，则与先生有瓷芥之合。明年归矣，将访先生之居而借书焉。百家其述予言，冀先生之不我拒也①。

这就决定了遗民与有共同学术兴趣的清朝官员之间能建立起真挚的友谊，这些政治操守迥异的士人，经常沉浸在饮酒赋诗的乐趣中，彼此互相欣赏、取长补短，就像顾炎武与贰臣孙承泽，顾氏经常出入孙氏的书斋，鉴赏他的古物和其他藏品，借阅其中的经学书籍，与之樽酒论文、凉亭观画，十分融洽。

谢正光先生在《清初士人交游考》一书中考察了顾炎武与贰臣及清初官员交往的事实，并分析其中原因，指出应从一个宽宏的文化观点即从社会伦理的角度去考察二者的关系。像亭林那样的遗民，他们坦然入世、积极进取，但从亭林晚年的行谊来看，他似乎要将明末以来渐趋于一元的"治统"与"学统"打破，争取"学统"独立于"治统"之外。遗民与众多仕清的人员仍有密切相关之处，即政治上的歧异并无碍于"学统"上的求同②。确非虚言，耿介忠贞的遗民与大节有亏的贰臣之间，入朝为官者与在野人员之间的同游共处、视为莫逆的大有人在，说明清初士人并非将政治操守作为唯一的交往原则，他们还有另外的共同语言和志向，学术上的共同兴趣和取向成为维系士人间的重要纽带。士人的交游原则，除开政治操守外，个人的品行、学养、处世风格，都成为取舍依据。

尽管鸿儒们出于各种原因和苦衷而大节有疵，但瑕不掩瑜，他们并不放纵自己，仍然追求内在的"志"，坚持自己的生活原则，并试图将之与学术追求有效结合起来，在这方面也或多或少受到遗民的影响。

顾炎武曾力劝弟子潘耒坚辞征聘，而一旦得知潘耒既已授官，便立即尽人师之责，告诫他"既已不可谏矣，处此之时，惟退惟拙，可以免患"③；又在书信中谆谆教诲，劝他不登权门，不涉利路，处钝守拙，退而修经典之业，以免为流俗同化，这些教诲无疑对潘耒日后的仕途和人生指明了方向。陆葇临殁之时，引毛奇龄为"同志"，从毛氏为他所作的墓志铭，可以看出他们共同看

---

① 朱彝尊：《曝书亭集》卷四十一，《黄徵君寿序》。
② 谢正光：《清初士人交游考》，南京大学出版社 2001 年版，第 390 页。
③ 顾炎武：《亭林文集》卷四，《答次耕书》。

重的是"言有物，行有格"、不骄不矜、耻于附和、进退自如的品格①。潘耒
为庞垲作寿序，特地称扬他的性情，称他足迹未尝及权要之门，不以宠辱介
意，恪尽公职，不涉货利，肆力为诗文，讲求性命之学②。由此看出，身为清
朝官员，鸿儒并不因此飞扬跋扈、奔走权贵、卷入政治斗争，而是立志做重孝
笃友、光明磊落、不媚权贵、学识渊博的人。

　　许多鸿儒在被录用授官后，都怀有归隐之心，如尤侗"浩然有归志，分
撰毕事，决意乞休，一时祖送者皆咨嗟叹羡以为不可及"③。这一心态背后有
各种原因，首先是部分遗民抗节不屈、坚辞不起的事迹，在各地广为传诵，让
鸿儒觉得自愧不如，如李因笃正是不甘心仕清，借口养母辞官的。与遗民相
比，鸿儒没有保持名节，因而声名有损，这使他们在起初一段时间内忐忑不
安，羡慕那些辞官而归者。久之，鸿儒们依然归心不减，这就与他们的感情因
素和内在追求有关，如陈维崧深受遗民的影响，在京城里始终眷恋江南的山
水，病危时还振手推敲，吟念"山鸟山花是故人"；汪琬和潘耒因生性自由不
拘，不习惯官场的倾轧和污浊而归；朱彝尊和毛奇龄被迫辞官，归家后寻到了
读书问学的新天地；汤斌则出于做官的压力太大，他曾在家书中倾诉自己的想
法："春月苔老已去，我亦决意请归，以送皇后梓宫之役不敢遽言"，感叹
"行藏由命不由人"，悔叹归计不早。他嘱咐儿子将家中书籍用心收藏，回家
后赖此延年④。

　　这样鸿儒们形成难进易退的风气。尽管有的后来被再度起用，但他们仍持
一种宠辱不惊、不计得失的心态，恪尽职守；他们满足于既得荣誉，而寻求心
灵的自由和浪漫，成就自己所追求的事业。文人天性不适合官场的尔虞我诈，
大多都缺乏精明干练处理具体繁杂事务的职业能力。而"先天下之忧而忧"
的责任感，让他们有大干一场的抱负，一旦碰壁，宁愿退守归耕，责任抱负并
未因此减退。赋闲在家，自在恬淡，他们并非不问世事，而是乐于从事学问的
讲求，乐于参与地方文化发展的事务，宣传礼乐教化。如潘耒认识到"一官
羁绊致万事蹉跎"，于是他早辞簪笏，长谢樊笼，开始体验游历山川的自由生
活。他说：

---

　　①　钱仪吉：《碑传集》卷四十，《陆菜》。

　　②　潘耒：《遂初堂文集》卷十，《庞雪崖寿序》。

　　③　潘耒：《遂初堂文集》卷十，《尤悔庵八十寿序》。

　　④　汤斌：《汤子遗书》卷四，《寄示诸子家书》。

　　且夫山川虽险,不险于人心,登涉虽危,不危于世路,与其取世资而多多益善,何如好山水之穷搜极讨而不嫌于贪,与其仕宦而有进无退,何如游山水之登峰造极而不伤于勇①。

　　其性情怀抱与山水相宜可窥一斑。朱彝尊罢官归田后,怡然自得,引起贵为尚书的韩菼的羡慕,说他"以七品官归田,饭蔬饮水,多读数万卷书"②。汪琬沉浸在读书之乐中,自称:

　　　　晚而勇退山泽之臞,穿穴经传,辟彼蠹鱼。舒帋濡墨,敢曰著书? 信心与手,聊用自娱。风雨晦暝,键户以居,人或不堪,我心则愉③。

　　鸿儒这种内在追求和处世态度,为他们走上研究学问的道路提供了平和的心态,使他们置身学术,其乐无穷,粗茶淡饭,无所怨尤。这样,遗民和不热衷仕进的鸿儒一代学者成为学术研究的中坚力量,在清初形成一个相对自由的学术空间,有利于学术的发展。

　　(二) 由宽而严,关注学术

　　康熙帝在与鸿儒的交道中,应付汉族士人的策略日趋成熟,由起初的极力优待笼络到加强控制与限制,随着他对汉文化的理解逐步加深,形成了自己的理学观,又接受了重视经学的观点,对士人研经学古也表示认可。

　　以对《明史》的编撰为例,康熙帝对史官的控制经历了由宽到严的过程。开始,他积极接受馆臣的建议,在全国范围收集图书,并同意抄录遗民的著述作为资料,而对有关《明史》中许多问题的争议不置一词;至康熙二十二年(1683 年),便开始询问明史修纂情况,提醒史臣"从公论断";二十六年,建议史臣参看实录,"俟《明史》修成之日,应将实录并存,令后世有所考据";三十一年,审阅上呈史稿后,认为对洪武、宣德本纪訾议甚多,不应深求刻论;三十六年,明谕不讥明朝亡国,惟以公论;四十三年,以为《明史》稍有不当,后人会归罪于他,于是专门为《明史》作文一篇,强调"《明史》不可不成,公论不可不采,是非不可不明,人心不可不服"④。随着康熙对

---

① 潘耒:《遂初堂文集》卷七,《鸿爪集自序》。
② 秦瀛:《己未词科录》卷九,《丛话一》。
③ 汪琬:《尧峰文抄》卷三十七,《小像自赞并序》。
④ 姜胜利:《清人明史学探研》,《清人明史学系年要录》,南开大学出版社 1997 年版,第 125—143 页。

《明史》修纂问题的了解逐步加深，他开始干预此事，并提出修史的大致原则，直至最后直接指责史臣的错处，一步一步地加以钳制，形成政府对《明史》的统一论断，不再给史臣留下发表自己看法的余地。虽然黄宗羲和戴名世皆以永历朝的灭亡为明朝正统的结束，但二人的遭际却大不相同，黄氏之书曾被史馆抄录作为资料，戴氏却身遭大戮。这体现了清康熙年间从中期至后期，明史修纂的政策变得更严厉了。清初盛行的私家明史学销声匿迹了，毛奇龄此时竟不敢承认自己为卢宜的《续表忠记》写过序①，可见士人对明史研究已噤若寒蝉。

这种对汉族士人严密控制的政策和文字狱的残酷，迫使鸿儒逐渐回避有关敏感问题，而寻求自由的空间，以经史考据为寄托。

康熙帝在征召博学鸿儒科时是"崇儒右文，法古制科取士"，以求振起一代文运。录用之时，他既取法唐宋的词科取士，求文藻瑰丽、润色词章之人，又兼有汉代荐举鸿儒之意。他要求"学行兼优、文词卓越"，需要奇才硕彦，学问渊通，能阐发经史之士，并在学问、品行和文词方面都提出了要求。康熙帝的实际目的是笼络不肯与新朝合作或是当时有重大名声和影响的人物，采用何种形式并不重要。不过，从所取之士来看，其中文词优长者占了绝大多数，毕竟他采用的是以诗赋取士，以所作诗赋的优劣来评定高下，所以遴选的自然多是文人，而不能兼顾学问、德行突出者。在当时康熙帝的意识里，对"学问"一词的理解，还局限于精通理学和诗词优雅两方面，尚未认识到经学精湛和小学汇通的重要性。例如：

> 至拆卷毕，因于上卷中斥去一卷，上命择一有名者补之。时中堂、掌院各有所荐，皆不允，最后益都师以徐咸清荐。上曰："有著作乎？"曰："有《资治文字》若干卷。"上曰："《资治文字》何书也？"曰："字书也。"旁一学士曰："字书，小学耳。"遂置不问，后上自取严绳孙卷补之②。

康熙帝十分欣赏诗词，多次聚集词臣吟诗作赋，他自己也附庸风雅，这既显示其对汉族文化的喜爱之情，又营造了君臣一体、其乐融融的气氛。此举使喜爱借景生情、咏史述怀的诗人们受宠之后感恩戴德，从而达到消融汉人与新朝的隔阂、有效地笼络汉族文士的目的。康熙爱好书法，不时与大臣讨论书

---

① 全祖望：《鲒埼亭集外编》卷三十三，《书毛检讨〈忠臣不死节辨〉后》。
② 秦瀛：《己未词科录》卷一，《纪事》。

道，适时"御赐墨宝"。对他而言，书法可以修身养性，还可以联络臣民，更为重要的是书法中隐藏着忠孝观念和意识形态。在他所赐的墨宝中，多是一些褒扬学问和劝谕忠孝的内容。位列博学鸿儒科之首的彭孙遹和第二名的倪灿，一个擅长诗歌，一个书法绝妙，而后来康熙帝补试的人员中，高士奇也是因为擅长书法而被倚重，冠之以"博学善书"，入值南书房，备顾问，掌机要。这都说明康熙对诗文的倾向性。正如一位外国学者所分析的：

> 在明清时代，学者的那种与为官的职责毫不相干但却能帮他取得官位的纯文学修养，被认为是官员应具有的基本素质。它所要求的不是官员的行政效率，而是这种效率的文化点缀①。

在征召初期，康熙帝明显流露出对鸿儒中诗人的喜爱，与之唱和；随后，经筵、日讲官的增设，选拔出的便是一批渊通理学者；后来挑选《一统志》的编修者，也是注重与选拔者学问的渊博。

对于学术思想的理解，康熙帝起先受到熊赐履等经筵讲官的影响，形成了崇尚朱子学、注重实行的儒学观，认为《四书》重于《五经》。在举行经筵日讲的过程中，康熙与儒臣有了更多接触和交流，尤其是在鸿儒中选拔一批讲官之后，他对经学的看法有所改变。康熙二十一年（1682年）八月，康熙帝在与日讲官的问难对话中，接受了"道学即在经学中"的观点②。一年后，康熙帝在《日讲易经解义》序言中写道，"思古帝王立政之要，必本经学"，还提出"以经学为治法"的主张③。到最后他谕礼部："朕惟治天下以人心风俗为本，欲正人心厚风俗，必崇尚经学而严绝非圣之节，此不易之理也"④，将经学作为帝王治理天下的依据。而且，康熙帝以朱熹对君主的道德要求来以身作则，以作人君人师的圣贤而自我期许，形成中国儒家文化"荟萃折中"的帝王经学的精神气脉，和"兼采汉、宋"而"尤尊朱子"的经学取向。为此，康熙帝发愤读书，即使出巡，也不忘阅读，还谕令文武百官"皆须读书"⑤。

---

① ［美］列文森著，郑大华、任菁译：《儒教中国及其现代命运》，中国社会科学出版社2000年版，第14页。

② 《康熙起居注》康熙二十一年八月初八日条。

③ 《清圣祖实录》卷一一三，康熙二十二年十二月乙卯条。

④ 《清圣祖实录》卷二五八，康熙五十三年四月乙亥条。

⑤ 邓国光：《康熙与乾隆的"皇极"汉、宋义的抉择及其实践》，参见彭林《清代经学与文化》，北京大学出版社2005年版。

另外，从康熙帝搜采遗书的谕书中可以映证他向经史的转变：

> 康熙二十五年四月上谕礼部翰林院：……宜广为访辑，凡经史子集，除寻常刻本，其有藏书秘录……务令搜罗网佚，以副朕稽古崇文之至意。旋又奉旨：关系经史，方许采进①。

总之，康熙帝选用诗文优雅之士，达到了收服人心的政治目的。而他在学术上由崇儒重道转变为对经学的提倡，有利于坚定学者们研究经学的信心，使最终有更多的人转向经学的研究。而康熙提倡实学，对士人转向实实在在的经史考据之学也起了推动作用。

二、由经世实学到尊经复古

众所周知，明末清初思想学术的发展，经历了由宋明理学到考据学的重大转变。而这一转变还可具体地划分成两个阶段，即由宋明理学到明清之际的经世致用之学（又称实学），再到清初的通经学古之学（即经学）。其中第一阶段的实学中本来包含有经学的内容，但是逐渐淡去了遗民所刻意追求的经世致用的成分，变成第二阶段纯粹的经史之学。这样主要由明代遗老开创的经世实学，经由鸿儒这一代学人的深化，转变成为经史考据之学，并蔚为风气，传递给乾嘉的学者。

（一）明末清初的经世实学

从明末清初的思想学术发展的状况来看，各种思潮、学术的涌起展现出了两大明显的取向和特征：一是尊经复古，二是实用和务实。

东林士人力挽王学末流所造成的空疏不学、不关心世事的风气，首倡由虚入实，关注现实，调和朱王之学，导王返朱。

复社精英为挽救社会危机，提倡农商水利等有用实学，主张兴复古学，发挥六经中的治世之策，经国体民。

明末考据学风的兴起是儒学内部学理发展中由"尊德性"向"道问学"的转变，用考据学的方法"求朱子以前六经"，以回归经典作为辨别道学真伪的标准。

明代覆亡的现实带给汉族士人的不仅只是家国破碎，更有面临的文化危机，因此士人纷纷肩负起振兴民族文化的重任，开始反思，试图挽救危亡。由此出现了"清初三大家"博大而深邃的思想以及众多的变革思想、学风方面

---

① 王士禛：《池北偶谈》卷四，《访遗书》。

的改变。他们经世致用的目的非常明确，要么"复亡"，要么为代清而兴的理想王朝建构制度和方略；其学术领域也相当广泛，涉及天文、地理、河防、军事等诸多方面。不过他们总是以上古三代作为蓝图，有着浓厚的复古气息，同复社精英一样，他们致力于研究六经和古史中的治世良策，使尊经复古的问学方式和经世致用的目的相契合。

修正王学的各派，都不无例外地黜虚就实，避免空谈心性、束书不观，为王学增添了"工夫"、实践、实用的因子。

颜李学派"举朱陆汉宋诸派所凭借者一切摧陷廓清之"，其所倡导的依然是尧舜周孔之学，认为古圣所言皆是开物成务之实学。

另外，明后期始传入中国的西学，有效地推动了中国当时实学的发展。但到了康熙朝，皇帝和一些遗民提出了"西学中源"说，即中国上古科学非常精密，西学的源头在中国。这一学说导引中国学者不去钻研西学，而是沉浸在虚幻的优越感中，转而研究中国的古典科学。

在选择意识形态方面，康熙帝认为王学简易虚妄，无迹可循，不切实际。相反，朱子之学重在实行，故他曾多次指斥那些言行不一的人是"假道学"，将程朱理学定于一尊。

总之，尊经复古和务实成为明末清初时代精神的两大内容，导致了经学的迅速兴盛和经世致用思想的流行。就当时学者的治学宗旨而言，在尚未亡国之时是为了救亡济时，恢复真正意义上的儒学，而在明清鼎革之后，又肩负救国保种，重振传统文明的重任，这都带有明显的经世意图，即"经学以经世"。

顾炎武、黄宗羲、钱谦益等大师倡导尊经复古之学，带动了一大批与其紧密联系、互相探讨学术的士人的兴趣，诸如与顾氏有学术交往的朱彝尊、李因笃、潘耒、汪琬、汤斌等鸿儒学人，他们潜心古学，涵经穴史，成为积极倡导经学及研究经史之学的实践者。

鸿儒中的其他一些笃志经史的饱学之士，诸如徐嘉炎、吴任臣、黄与坚、李铠、范必英、秦松龄、袁佑，他们认真读书，博学多闻，品尝到其中乐趣，已开始步履坚实地踏上了研究经史之学的道路。经学有如许众多学人的关注与加盟，得以蔚为风气。

（二）民族情绪的淡化

纵观鸿儒学术，他们与明清之际三大师的学术之间，其研究宗旨已经发生了变化，救时济世的使命感已不复存在，振兴民族文化的宏愿转变为纯粹对古学的兴趣。尽管人们依然兴趣盎然地研究经学，甚至风气更浓，但是经世致用的内容却在暗中潜移，由救时济世转变成为新朝各种制度的恢复、社会的发

展、科技的进步而服务。之所以会发生这种变化，一个重要的原因就是民族情
绪的淡化。

这种民族情绪淡化的原因是多方面的。其中，最重要的一点是明清易代的
完成，即清朝统治的巩固，社会的稳定，使挽救危亡的责任感不再那么紧迫，
遗老恢复故国的愿望落空，激烈的民族情绪逐渐丧失了其存在的依据，犹如断
线的风筝，逐渐隐遁。而汉族士大夫赖以自豪的传统儒学，其中的重要一
脉——程朱理学被统治者接过手去，改造成伦理道德的教条，施行全国。其
次，遗民晚年的注意力开始转移到阐释经史，从中寻求治世的良方，由于他们
不与当朝合作，无法掌握思想理论实施的权柄。再说，那些遗民用来经世的武
器是古代圣贤的治世之法，相对于日新月异的形势来说，难免不切实际，迂阔
难行。要想历久弥新，必须古酒新酿。

关于民族主义思想的退潮和考据学风气兴盛的缘由，葛兆光先生的解释非
常精辟。他说：

> 虽然它（圣学）的解释权力常常属于士大夫知识阶层，但是由于它
> 的起点和终点都是确立秩序，所以，在皇权笼罩一切，政治高于一切的时
> 代，有时也会被政治权力转手接去，像清代初期的政治权力就相当巧妙地
> 垄断了本来由士人阐释的真理，并使帝王的"治统"兼并了"道统"，使
> 士人普遍处在"失语"的状态。①

士人失去了"话语"空间，只得埋头研读经典，重新阐释，披沙沥金，
以对抗清朝的思想一统。据钱穆讲，考据学是士人用来对抗统治者采取八股取
士、不满程朱理学的对策。而学术的内在发展轨迹，人们对于经学考据的需要
和兴趣正好为士人的发展提供了舞台，让他们在经学领域、在整理旧学的园地
里，尽情地施展才华。

遗民在晚年，由抗清斗争转为著述，开始研究经籍典册，致力于恢复传统
文化，此则被认为是在不自觉地参与了新朝的文化重建。"学术，乃天下之公
器"，遗老们的研究成果、思想观念会影响新朝的士人；并且遗老们关于学术
文化的思想主张还经常不胫而走，传到当局者耳目里，被敏锐的统治者所采
获，为其确定统治方针和文化政策提供参考借鉴。因为，遗民处世原则的底线
是"不仕清廷"，所以，他们并不回避与清朝官员的交往，像顾炎武、黄宗羲

---

① 葛兆光：《中国思想史》第二卷，复旦大学出版社 2001 年版，第 390 页。

与鸿儒学人之间的交往，使他们关于修史的见解传递到明史馆中。黄宗羲的门人万斯同以布衣的身份与修《明史》，不署衔，不受俸，为修史竭尽心力，鞠躬尽瘁。他们的气节可嘉，然其行为本身已进入清朝所开展的活动范围。另外，遗老和其他"不食周粟"的学者，仍然关注地方社会，尤其是文化、风俗、学术等方面，如顾炎武所作的两篇《钱粮论》，他的外甥徐乾学便采用其中的观点，写成"对策"上奏皇帝。

让顾、黄等遗民意想不到的是，他们在对抗清朝的情绪下研究学问，意在振兴民族文化，结果他们意在经世致用的学问却在某一层面上与当朝的需要相契合。他们有关传统道德、文化之类可传之后代的研究成果，又被当朝所采用。其中带有民族倾向的成分自然被摒弃，摒弃之后所剩下的便只有纯粹的道德和学术了。民族主义就这样失去了根基，悄然退去。

（三）学术内容的嬗递

随着时代的发展，经世致用精神的淡化，遗民学者研究的学术内容和领域也在不知不觉中发生了改变。我们以地理、史学、礼学为例，以窥一斑。

顾炎武研究地理学，著有《天下郡国利病书》，考察山川、风俗、险要、边防等情况，除了弄清天下的大势以外，更要为匡复故国作准备。遗民的后代顾祖禹，气节凛然，在徐乾学的《一统志》馆中修书，未尝接受清朝的一官一禄。他继承其父遗志，研究地理，集20年心力著成《读史方舆纪要》。该书偏重于军事地理，专论山川险隘，攻守形势，而据史迹以推论得失成败之故，意图在力谋匡复①。另一方面，该书的组织及其研究方法，已转向历史地理的研究。

到了鸿儒时期，潘耒晚年遍游名山大川，自认为性情与山水相宜，意在览山川之胜，兼及探寻大自然的奥秘。他在游览之时，穷搜极讨，搜寻石刻史料，核对历代的相关记载，通过实地考察，更正其中的错误。潘耒的行为，显示出他已是一个纯粹的学者，与顾炎武、顾祖禹等迥乎有别，不再"别有用心"。

史学方面，明清之际的史家探一代兴亡之故，反思明朝乃至整个封建社会的政治、经济、文化体制，阐发政治理想，抨击君主专制，他们尤其注重研究明季史和南明史。

鸿儒们主要的史学贡献是《明史》的修撰。在编修初期，当朝对史官比较优遇，使鸿儒有述一代之史的公正立场，他们敢于借修史议论永乐皇帝之是

---

①　梁启超：《中国近三百年学术史》，山西古籍出版社2001年版，第96页。

非，敢于为靖难一役的忠臣立言树碑，敢于客观地分析明朝灭亡的原因；在取材方面，能广采博搜，网罗许多遗民所著的野史笔记，涉及南明王朝的史实和线索。这些都属于对当代史较为客观的研究，但因系官方统一的学术活动，而不得不受到清廷的某些限制，以致最后受到清朝皇权的震慑，《明史》定论完全掌握在朝廷手中。

迫于清廷的威严以及学者自身的兴趣，许多人转向古史研究。吴任臣鉴于欧阳修所作《五代史》略而不详，乃采诸霸史、杂史以及小说家言，并证以正史，汇成《十国春秋》。对旧说虚诬之处，多所辨正，五表考订尤精，堪称淹贯。顾炎武称该书"广搜博引，实为天地间不可缺之书"①。任臣还著有《山海经广注》，补郭璞《山海经注》，于名物训诂、山川道里、皆有所订正，虽嗜奇爱博，引据稍繁。然掎摭宏富，多足为考证之资②。朱彝尊在史学上的成就，绝大部分属于对古史的拾遗补阙、订正舛误。这说明学者们已开始转向古史的研究和完善工作，致力于考古辨正。而近现代史的研究，尤其是那些激于忠义之士的品行，意在将明末清初历史事迹告知后人的史学记载，零星地散见于私人的文集中。

另外，礼学研究中经世致用的内容也有所改变，在当时很有代表性的是汪琬、汤斌二人致力于清朝礼制的恢复、礼学的复兴和礼义的施用。一方面，他们与顾、黄等大师同样重视礼学的经世致用和传统礼学的复兴，基本上沿袭了大师们挽救人心、变更风俗的努力；另一方面，由于入仕清朝，其礼学思想纳入清朝政府整体的统治系统中，与朝廷以孝立国的立意一致，与康熙颁布的十六条教谕相合。汪琬主张"礼时为大"，强调"礼"与律文相协调。他赞扬顾炎武的礼学研究说："倘蒙先生斟酌古今，原本礼经，而又上不倍国家之制，下不失风俗之宜，用以扶翼人伦，开示后学，甚善。"③ 这里，"不倍国家之制"，显然是汪琬自己的为学原则和立场，而不一定是顾炎武的真实意图。

三、治学精神和态度的承袭

明末清初，学风发生了巨大的转变，由明末的"空疏"一变为"务实"，其中顾炎武、黄宗羲等大师振臂高呼，鸿儒一代学人紧随其后，发挥了重大作用。

（一）批判空疏学风

明代因采用八股取士，造成应试举子一味地干禄求进，只注意研读时文，

---

① 秦瀛：《己未词科录》卷十，《丛话二》，引《亭林遗书》。

② 永瑢：《四库全书总目》卷一四二，子部小说家类三《山海经广注》。

③ 汪琬：《尧峰文抄》卷三十三，《答顾宁人先生书》。

而抛弃经典传注；只重视朱子一家的注释，而不采其他，形成了固陋、无用的学问。顾炎武、黄宗羲等都尖锐地批评了这种状况，称为"俗学"。顾氏痛斥"八股之害，比于焚书"、"毁坏人才，甚于咸阳郊外的坑儒"，主张"鄙俗学而求六经"，以务本原之学，通经致用。

在明末的学术思想界，王学末流的那种重静心体悟、重主观感受的气氛，致使士子纷纷抛却文本、阐发自我体验，讲学成风，议论热烈，而鄙视读书问学，糟粕六经，造成了当时"道"与"经"的分离、道学脱离经学的状况，致使士人只重视所谓德性的修养，而缺乏实际的学问，而宋明理学中所掺杂的释老二氏的理论和方法，容易导人进入玄虚的境界，以致学者"置四海困穷不言，而终日讲'危微精一'之说"①。顾炎武针对这种状况，开始呼吁学风的改换，他提出"博学于文，行己有耻"，即广泛学习各种知识，"明圣人之道"，施之于实践。他说：

> 愚所谓圣人之道者如之何？曰"博学于文"，曰"行己有耻"。自一身以至于天下国家皆学之事也；自子臣弟友以至出入往来辞受取与之间，皆有耻之事也。……呜呼！士而不先言耻，则为无本之人；非好古而多闻，则为空虚之学。以无本之人而讲空虚之学，吾见其日从事于圣人而去之弥远也②。

"以修己治人之实学"取代"明心见性之空言"，顾炎武批评清谈玄虚的现象说："今日之清谈有甚于前代者。昔之清谈谈老庄，今之清谈谈孔孟，未得其精而已遗其粗，未究其本而先辞其末"③。

黄宗羲批判明人的讲学之风说："明人讲学，袭语录之糟粕，不以六经为根底，束书而从事于游谈。"④ 后来，他在浙东主持证人书院时的讲学，就转变为一种讲经会。

大师们的开拓，筚路蓝缕，摧恢廓清。鸿儒学者，步武大师，继续批判各种形式的俗学，倡导读书问学，倡导博学多闻。

汤斌极为赞赏顾炎武拯救学风的倡导，"承谕近日言学者，溺于空虚无

---

① 顾炎武：《亭林文集》卷三，《与友人论学书》。
② 同上。
③ 顾炎武：《日知录》卷七，《夫子之言性与天道》。
④ 全祖望：《鲒埼亭集》卷十一，《梨洲先生神道碑文》。

当，最中今日流弊"，① 他认为："学问之事有为己为人之别，真修君子，朴实做去，不求人知"②。

潘耒尊服其师顾炎武的为学不为科举、名利的主张，他对时文俗学之陋破坏天下人才深有感受，指出应"汰除坊刻之文，禁绝剽袭熟烂之体，经之以经，纬之以史，趋天下而为通经学古明体达用之士，世道其有赖乎？"③

施闰章希望纠正杂禅之风，他在与友人的信中建议："今后学或侈言性悟全薄躬行，遂有打七坐禅之说，似显涉异端矣，先生宜有以亟正之。"④

顾炎武提倡学以明道救世，为文亦当关乎六经之旨、当世之务，不能徒以诗文沾沾自喜，即："君子之为学，以明道也，以救世也。徒以诗文而已，所谓雕虫篆刻，亦何益哉"⑤；作为古文家的汪琬，与顾炎武有相同的文学观，指出"古文"要以经史为根底，因文见道，务为经世有用之学。他力戒门人炫文，指斥说："今幸值右文之时，而后生为文，往往昧于辞义，叛于经旨，专以新奇可喜、嚣然自命作者。……朱晦翁所谓'文中之妖'与'文中之贼'是也"⑥；朱彝尊教导其孙说："凡学诗文须根本经史，方能深入古人窔奥，未有空疏浅陋勦袭陈言而可以称作者"⑦；诗名赫赫的施闰章，发现了浮躁的苗头，及时纠正，"近世少年，不肯深治经史，徒取给于诗，故致远则泥，此最为针砭"⑧。他们批驳浅陋的诗文习气，强调以经史为根底，以此带动文学才士对研读经史的重视。

此外，到了清初，俗学又翻新浪，形成了趋附之风。由于王学受到了多方面的攻击和修正，加之清朝统治者倾向于程朱的态度，因此许多趋时附势者，既不懂程朱，又不识阳明，却开口闭口指责王学。这遭到了当时从事于实际学问的人士包括王学门内人士的批驳。汤斌分析这类人是不懂学术，依附时局，搞门户之争；毛奇龄更是针锋相对，公然为王学辩护。

同时，他们又开始了这方面的实践，以古学为己任，研究经史之学，尽管他们所从事的学问已纳入了清朝统治的范围之内，与遗民经世致用的宗旨有所

① 汤斌：《汤子遗书》卷四，《答顾宁人书》。
② 汤斌：《汤子遗书》卷一，《语录》。
③ 潘耒：《遂初堂集》卷九，《送田纶霞水部督学江南序》。
④ 施闰章：《学余堂文集》卷二十八，《复王便朴》。
⑤ 顾炎武：《亭林文集》卷四，《与人书二十五》。
⑥ 汪琬：《尧峰文抄》卷一，《文戒示门人》。
⑦ 钱仪吉：《碑传集》卷四十五，《日讲官起居注翰林院检讨朱公彝尊墓志铭》。
⑧ 蔡冠洛：《清代七百名人传》第五编，艺术《施闰章》。

差别。因此，鸿儒们的学问从对俗学的审思和批驳中得来，他们从事于自己所认可的实际学问，致力于能藏之名山传之后世的学问。这样，学风的转变在他们的身上得到了展现，他们的目光和精力都聚注于经史之学上。他们走上了一条荆棘之路，需要勤奋和谨慎、博闻而多识！

（二）致力于朴实之学

经典古籍，经历千年，其间失传、伪造、残缺不全，欲真正弄清一个问题，必须博览群籍，相互参证。清初，顾炎武等大师倡导务实有用的学风，并以身垂范，广搜博览，谨慎著述，鸿儒学人大都有遍读古书的志向和意趣，他们勤学苦读，钻研经史。

朱彝尊在勤奋读书与穷力搜讨方面与顾炎武惊人的相似，他"客游南北，必橐载十三经二十一史诸书自随"。同时的诗坛大家王士禛评价道：

> 锡鬯少逢丧乱，弃制举，自放于山巅水涯之间，独肆力于古学研究，六艺之旨于汉唐诸儒注疏皆务穷其指归……（远游）所至丛祠、荒冢、金石断缺之文，莫不搜剔考证，与史传参互同异，其为文章益奇①。

汪琬自述"少时颇好韩吏部、欧阳子之书，及壮而始习六经，又好诸家注疏之书，圣贤之道达于日用事为根底"②，他晚年结庐苏州尧峰，闭门读经，沉酣古籍，尝与人言："身之好书，正如君侯之好博弈"③。如此酷爱读书，因而得到交友遍海内的王士禛的推许，称他粹于《六经》，议论最有根底，并赞叹他"名在儒林传，经传弟子行"④。

鸿儒之中不乏博闻强记之人，当时的考据学家阎若璩最服膺徐嘉炎之强记和吴任臣之博览。嘉炎强记绝人，九经诸史略能背诵，最熟《左氏春秋》，"凡奇书逸典，鸿览之士未亲记者，辄就咨焉，著《抱经斋集》"⑤；吴任臣耽书玩古，博学深思，多所论著，顾炎武称之为"博闻强识，群书之府"。

黄与坚年仅十四，慨然有志于古学，三年遍读周末至六朝之书。他崇尚《六经》，早在他作科举文字时，所辑经解连篇累牍，装满巾箱。其言曰："文章皆本于《六经》，《六经》者百家之权舆，前古圣人制作备焉，犹涉江汉者

---

① 杨谦：《曝书亭集诗录笺注》，王士禛《原序》。
② 汪琬：《尧峰文抄》卷三十二，《与曹木欣先生书二》。
③ 王晫：《今世说》卷八，《排调》。
④ 秦瀛：《己未词科录》卷九，《丛话二》。
⑤ 秦瀛：《己未词科录》卷二，引《浙江通志》。

必溯源于岷山嶓冢，非是为无本也"①。李铠于书无所不读，至老愈勤，富于著述，所著《史断》，具有特识②。曹禾以古学坚苦自力，于书无所不窥，徐乾学评价他：

> 曹子之志所欲疏通发明而见之文字者，由《六经》而下及于西京以后之书，无所不读，既粹然一出于正，而其迈往恣肆之气仍寓于规行矩步之中，故视近世之所谓株守绳尺者岸然不屑也，间以其余力为诗，则骎骎乎轶大历贞元而上之③。

学者们不仅平时独自沉浸于经史的研索，师友聚会和往来的书信更是他们引经据典、探讨疑虑的良机和重要方式。应征鸿儒科入京的士人，三五成群，歌台酒榭，讨论诗文，考源溯流，各抒己见。在词科榜发后二日，众人会聚于万柳堂，针对"包咸注'浴乎沂'，是被濯抑是澡洗？"的疑问，徐嘉炎精辟地分析出并非"澡洗"，众人皆叹服④。正是在这些聚会的讨论中，引发众多争端和议题，使之越辩越明。

在针对诗文、古籍记载中的疑问之处，类似的考证、辨别、锤炼"碎金"的工作，在时人的文集和笔记中也屡见不鲜，他们所形成的嗜古博览、勤学善思的治学态度可见一斑。如王士禛在《池北偶谈》中记述了自己考证朱彝尊和倪灿的"新说"一事：

> 朱竹垞云"杜诗'老去诗篇浑漫舆'，今本皆讹作'漫兴'，非也"，予考旧刻刘会孟本、千家注本，果皆作"舆"字。倪灿有《宋刻十家宫词》，内王建"太平天子朝元日"，作"朝迎日"，亦新。

在清初特殊的环境中，士人们潜心问学、致力古学已成风气，一个重要的趋向就是回归原典，探求经典本义，其核心内容就是"尊经"。这是在民族危亡之时，拯救民族文化的需要与当时学术思想的趋向、实学的兴起等思潮合流，而形成的众途归一的结局。

---

① 徐乾学：《憺园文集》卷二十，《黄庭表文集序》。
② 秦瀛：《己未词科录》卷十，《丛话二》引《箬舟诗话》。
③ 徐乾学：《憺园文集》卷二十一，《曹峨眉文集序》。
④ 秦瀛：《己未词科录》卷九，《丛话一》俞思谦按。

四、学术规范和方法的确立

经学在清初得到提倡，走向复兴，大批学者走上了研究古学的道路，形成了务实问学的风气。大师们还树立了在学术研究中广征博引、无征不信的论证规范和广搜博采、谨慎采择的取材方式的典范，并指引由小学而经学的学术路径和例证归纳的逻辑方法。这种考经证史的方法由来已久，而"顾炎武是将中国古代的考据方法，发展到清代形成独立的考据学派的奠基者"①。

（一）注重规范，多加考辨

顾炎武曾对弟子潘耒说，"著述之家，最不利乎以未定之书传之于人"②，其《音学五书》改正达一二百处之多。正是这种谨慎认真的态度，为后来的学者树立了"无征不信"的学术规范和原则。潘耒总结顾炎武《日知录》中所体现出的论证规范说："有一疑义，反复参考，必归于至当；有一独见，援古证今，必畅其说而后止。"③

鸿儒们注目于经籍古书，潜心考索，每当遇到残缺错讹之处和可疑的结论，便将之存疑，多方寻找依据解惑，穷搜证据进行驳辨，以事实和有力的推论令人信服，而不妄下断语。对于行将刊刻的作品，他们都抱着"吾侪本相好，攻瑕索垢，当猛鸷如寇仇，毋留纤尘为后人口实"④ 的态度，十分谨慎，反复勘校，力求无误。

施闰章深知"立言不朽盛事"，其积"半生精血"的文集即将付梓时，请未曾谋面的魏禧作序，"适偶抄一帙，中有李忠肃、袁江督二传，据其家传成文，并贵乡先进，倘有抵牾烦为是正"⑤，恳请魏氏帮助核实勘正。

朱彝尊《日下旧闻》将付开雕之时，"中间渗漏，随览随悔。复命儿子昆田以剩义补其缺遗，附于各卷之末"⑥，始终未曾懈怠。其巨著《经义考》，重视经学典籍的流传状况，将各书的存、佚、未见或阙情况一一注明。经学者统计，《经义考》中，《书》类未见者（即不明其存佚）占三分之一⑦，比重如此之大，这不仅说明他对典籍著录的丝毫不疏忽，倒反衬出那些注明存佚的书籍是经他切实考察过，有充分理由才下的结论。这反映出他治学的严谨和考辨

---

① 王俊义：《清代学术探研录》，中国社会科学出版社 2002 年版，第 106 页。
② 顾炎武：《亭林文集》卷四，《与潘次耕书》。
③ 潘耒：《遂初堂集》卷六，《日知录序》。
④ 王晫：《今世说》卷五，《规箴》。
⑤ 施闰章：《学余堂文集》卷二十八，《寄魏凝叔》。
⑥ 朱彝尊：《曝书亭集》卷三十五，《日下旧闻序》。
⑦ 曾贻芬：《经义考初探》，《史学史研究》1996 年第 4 期。

的可靠性。

在考证上，朱彝尊力求准确无误。在书信中，多次就对方的不慎之处展开探讨，劝其立言要慎重，以免贻误后生。当顾炎武即将携带所著的《诗本音》到淮上刊刻，朱彝尊去信同他辨别其中的读音之误；在与徐善的信中，关于徐氏《春秋地名考》一书中的错误，他根据自己的考证辩驳说："足下谓燕初封未得蓟，以仆考之，燕之始封，本都于蓟"①。

汪琬对于他人将刊之书和著述，总是很挑剔，甚至往往因此而反目。例如，归庄在所刻的《太仆先生集》（归有光集）中修改其中的一些文字，汪琬举证批驳，谓"阁"不应改作"合"，"梳"不应臆改为"梭"，并指出了相关的书法原则：

> 昔苏文忠公慎改窜之戒，仆生平守此，窃谓字句异同有别本可证而其义两通者，则宜注云一作某，大相违反者则宜云一作某非是，虽无别本而私心不安者宜云某疑当作某②。

他十分强调证据的重要性，认为学者读书不可无平和之心、周详博大之识，不能仅以盛气相攻，要悉心考证，多方商榷，以避免鲁莽疏漏，失之偏颇。他拿官员判案打比方，指出要有确凿的证据，有铁的事实，不容对方置辩。他说：

> 辟之有大盗于此，有司既获其人，必当考求其赃证，推原其出没之踪、窝藏之处，各得其实，然后杀之，而不敢为异词③。

为了得出可信的结论，学者们经常彼此争论不休，并不以立言者的名声高下和地位的尊卑及彼此关系的亲疏而盲从、妥协，而坚持据理力争，坚持真理，做学术上的诤友。李因笃有"关西夫子"之名，汪琬被顾炎武推许为"精通三礼"，阎若璩却称："李因笃杜撰故事，汪琬私造典礼"。李因笃归家养母，于是汪琬与阎若璩汲汲争论，未肯善罢甘休，在辩驳中，阎若璩因其考证精详脱颖而出，汪氏也暗中将被指出的错误更正。这种争论对于学术发展大

---

① 朱彝尊：《曝书亭集》卷三十三，《报徐敬可处士书》。
② 汪琬：《尧峰文抄》卷三十三，《与归元恭书一》。
③ 汪琬：《尧峰文抄》卷三十二，《与梁御史论正钱录书》。

有裨益，使问题越辩越明，水落石出，同时也增强了人们的学术规范意识。

（二）广搜博采，不断积累

在研究过程中，学者们对于某一问题，往往不惜花费大量精力去收集材料及进行材料的核实。在这方面，顾炎武是后来者的楷模，其《天下郡国利病书》，"历览二十一史以及天下郡县志书，一代名公文集及章奏文册之类，有得即录"①。可见，他是经过长期的资料积累，遍读相关书籍，才能完成一部著作，可谓厚积薄发。梁启超在总结顾炎武做学问的方法时说：

> 第一要看他搜集资料何等精勤……他从小受祖父之教，说"著书不如抄书"。他毕生学问，都从抄书入手；换一个方面看，也可说他"以抄书为著书"。如《天下郡国利病书》、《肇域志》全属抄撮，未经泐定者，无论矣。若《日知录》，实他生平最得意之作。我们试留心细读，则发表他自己见解者，其实不过十之二三，抄录别人的话最少居十之七八②。

朱彝尊重视抄书，广涉博览，积累资料，与顾炎武如出一辙。他为学著书也采用顾氏同样的"笨"办法，其《日下旧闻》"所抄群书，凡千四百余种，虑观者莫究其始，必分注于下，非以侈摭采之博也"③。朱彝尊一反时人著书唯恐不出于己，甚至勦取前人之说以为己出的习惯，唯恐"不出于人"，这说明他不是在剽窃、缺乏创新，而恰恰是广闻博采、搜罗宏富。

朱彝尊的《经义考》，旁搜远绍，巨细不蠲，网罗所知的所有古今经义。他设置多种类目，正是为了尽量将所有著作网罗无遗。专设"拟经"一类，是他的主见，他将那些既不是通过某一经书阐发自己思想，也不是单纯地为经作注解，而是依据经典直接阐述自己思想主张的著作归于一类，如扬雄的《太玄经》以《周易》、《老子》理论为主，兼乎阴阳家之说，自成一家之言，便被他收入此列。朱彝尊"这一做法，既反映出儒家经典所产生的深远影响，同时也意识到这类典籍对发展儒家学说不可忽略的辅翼作用，拓宽了考究经书之义理的视野"④。纬书在魏晋至隋代遭到大规模地查禁，亡佚殆尽，《隋书·经籍志》仅收录40余种，《经义考》的纬书一目，连典籍文章乃至注疏中引

① 顾炎武：《亭林文集》卷六，《天下郡国利病书序》。
② 梁启超：《中国近三百年学术史》，山西古籍出版社2001年版，第63页。
③ 朱彝尊：《曝书亭集》卷三十五，《日下旧闻序》。
④ 曾贻芬：《经义考初探》，《史学史研究》1996年第4期。

用的纬书皆予以收录，多达 169 种。

鸿儒们在纂修《明史》的过程中，积极建议在全国各地采求遗闻，征访遗献，并请求打开秘府，以便检阅，目的是尽量充分地占有史料，求其确凿可信。这也是以大师们为楷模，顺应当时崇实的学风而有所为的。许多史官都尽量多地采辑资料，并抄录下来。毛奇龄自称编《明史》期间，"除入直外，日就有书人家，怀饼就抄。又无力雇书史代劳，东涂西窃每分传一人，必几许掇拾，几许考核，而后乃运斤削墨，侥幸成文，其处此亦苦矣"①。

毛奇龄在经学研究中，说经解义，必参引诸经之说，不遗一处。其弟子李塨评价说："先生博极群经，以诸经为宗，而合周秦子家及汉魏晋唐之言礼者，而并贯穿讨求参辨，必刊正谬误，以求其一是"②。因此，毛奇龄在礼学研究中为得出可信的结论打下了基础。

（三）注重小学，夯实基础

顾炎武提出，"九经自考文始，考文自知音始"，明确道出研究经学的途径，指出考文知音是学问的必经之阶，引起人们对被宋儒束之高阁的文字音韵之学的重视。顾炎武率先研讨音韵，著《音学五书》，成为研究经典的基础。

在大师们的引导下，鸿儒们踏上了通往经学道路的阶梯，开始重视小学、金石学、目录学等研究，并做出了初步的成绩，为向经学的纵深领域继续探索迈出了坚实的一步。

在鸿儒中不乏研究文字音韵的学者，吴志伊著有《字汇补》，在京中与一同应试的徐咸清辨文析字。李因笃与顾炎武同讲韵学，后在京中与毛西河辨古韵。毛奇龄在呈上《古今通韵》时强调韵学重要："臣窃惟古王三重，一在考文，《周官》六书，首重韵学，盖审音定律，一代之典文系焉。"③ 毛奇龄还著有《古今定韵》，该书"广引典籍，以订正字声，又于李登至刘渊其间唐宋韵书因革源流与夫同用通用转用之故，世所不审者，无不详备，诚古今韵学之大观也。"④

对于宋儒因穷理尽性弃置文字音韵学，以及那些习举业者专奉一两本字书为典册的现象，朱彝尊认为是饮流忘源，并致使文字音韵学荒废，他说：

---

① 毛奇龄：《西河文集》书七，《复蒋杜陵书》。
② 毛奇龄：《西河文集》，《昏礼辨正序目》。
③ 毛奇龄：《西河文集》奏疏，《呈进康熙甲子史馆新刊古今通韵序》。
④ 徐乾学：《憺园文集》卷二十一，《毛大可古今定韵序》。

予思之学奚小大之殊哉，毋亦论其终始焉可也。讲习文字于始，穷理尽性，官治民察要其终，未有不识字而能通天地人之故者。宋儒持论以洒扫应对进退为小学，由是《说文》《玉篇》皆置不问……而小学放绝焉①。

因此，朱彝尊积极呼吁和支持相关古籍的重刊。他曾记述为了刊刻完善的字书，学者们通力合作、不遗余力之事："曩昆山顾处士炎武校广韵，力欲复古，刊之怀阴，第仍明内库镂板。张上舍籲三有忧之，访诸琴川毛氏，得宋时锓本，证以藏书家所传抄。"②

至于金石学，顾炎武极为重视。在顾炎武、曹溶、孙承泽等前辈学者的带动下，朱彝尊、潘耒也开始了金石的收集和鉴赏，并以之来考证旧史，补充残阙和修正错误。朱彝尊一生好考察古迹，石崖碑刻，青铜铭文，用心辨识，见多识广，留心搜录，并尽力保存古物。著《日下旧闻》时，便是先考察北京的古迹，不遗巨细。他利用碑石，贯通其他古籍，进行校勘，考证古史，顾炎武、徐乾学都为之叹服。随着人们对古学的兴趣渐浓，藏书的重要性也凸显出来，随之是对藏书的整理和编目。学问渊博的贰臣曹溶，爱才若渴，四方之士依为雅宗，他在藏书、目录等方面堪称后生晚辈的引导者。他"手辑《学海类编》，其书精简，盖唐、宋、元、明以来秘抄之本，先生尽得之，综三百余种，诚龙威之秘宝，不止中郎帐中物也"③。在这类学者的影响下，朱彝尊也开始为自己的藏书和所见的古籍作序，介绍典籍，分类列目，《经义考》是他这方面的代表作。

（四）归纳论证，以经解经

在研究具体问题时，鸿儒们已娴熟地掌握了归纳法，即通过列举多个例证，收集众多的同类资料，然后据以总结规律，得出论断。这与他们广闻博采、寻求证据的工作是相辅相成的。例证归纳法并非始自清代，但在清代运用得相当普遍，且在考据过程中采用得当，结论尤其令人信服。

汪琬在《与友人论祥禫书》中就采用了基本的归纳法，为了否定"再期为祥禫二十四月"的说法，他列举历代的说法后反问：

---

① 朱彝尊：《曝书亭集》卷三十四，《重刊玉篇序》。
② 朱彝尊：《曝书亭集》卷三十四，《重刊广韵序》
③ 李集：《鹤征录》卷三，曹溶条。

昔汉儒有主二十七月者，此据《服问》"中月而禅"之说也；魏儒有主二十五月者，此据《三年问》"二十五月而毕"，《檀弓》祥而缟，是月禅之说也；唐儒又有主三十六月者，此据《丧服四制》"丧不过三年"，"三年而祥"之说也。三说者皆出于《礼记》而惟汉郑玄为能酌情文之宜，得先王中庸之道故历代行之至于今不废。足下所云二十四月仆不知所遵者何经，所援者何传？"①

如此，罗列多个证据为自己辩护，企图不给对方反驳的余地。

类似例子不胜枚举，值得注意的是，在采用归纳法研究经学问题时，学者们的视野打开了，不仅不局限于某一部经书，也不拘囿于某一类书，而只有博通诸经，甚至遍览经史子集各类书籍，才可能得出一个正确透彻的结论。当时，浙东的经学家万斯大的解经方法就是"通众经以通一经"，与他的方法类似，毛奇龄和汪琬提出了"以经解经"和"以史证经"的方法。

毛奇龄批评宋代谈经之徒大扫儒说致使经学不可复问，而他本人抱着崇经的态度，对经典无丝毫的怀疑。他说：

独是予之为经，必以经解经，而不自为说。苟说经，而坐以经忤，则虽合汉、唐、宋诸儒，并为其说，而予所不许。是必以此经质彼经而两无可解，夫然后旁及儒说②。

李塨阐释这种方法说："于是立一例曰：以经解经，不以传释经，任取经文一条，而初观其礼，继审其事，继核其文，又继定其义，而经之予夺，进退无出此者。"③

汪琬对"古人以经证史，不以史证经，解经诸作不当参以后世事"的观点不以为然。他列举了众多以后世事实注解易卦的明证，指出，《春秋》中的"史"也有用《易》、《诗》、《礼》三经为之作证的，他说："虽使借经立说而参之以后世之事，谓之以史证经可也，谓之以汉唐宋之史证《春秋》之史亦

①　汪琬：《尧峰文抄》卷三十三，《答或人论祥禫书二》。
②　毛奇龄：《西河文集》二十九，《经义考序》。
③　毛奇龄：《西河合集》，李塨《春秋毛氏传序目》。

无不可者，其殆程子朱子所云解经而通世务者也。"①

汪琬的"以史证经"将史事和经典中的道理贯通起来，互相参证，为后世的现实服务。他们这种打通众经、归纳例证的方法，是一个很繁重的任务。此方法要求学者博学多识，却很容易引导学者心无旁骛地埋头书斋、钻进"故纸堆"。

总之，明末清初大师们开启考据学的大门，鸿儒学人便鱼贯而入。他们在大师们的引导下和共同探讨中，继承了经史之学的研究方法、途径，并且在运用的过程中，逐步发展完善，然后将之传递给乾嘉学者。

第二节　鸿儒学人对乾嘉学术的影响

鸿儒一代学人渐渐淡化了明清之际顾炎武、黄宗羲等大师所具有的民族主义情绪，逐步转变了其经世致用的宗旨，却很好地继承了大师们所倡导和探索的研经考史的学问门径，在经史领域里探寻求索。这种学问被接踵而至的乾嘉学者发挥得淋漓尽致，引起经史考据学的勃兴。经史考据的方法，对清初大师、鸿儒学人以及乾嘉学者来说，是一脉相承、逐步锤炼以至炉火纯青的，而学术倾向、研究领域、内容以及义理观点都处在不断演变之中。鸿儒一代学人是承前启后的，他们沿袭顾、黄大师所倡导的学术方向和开辟的学术领域不断深入，进行考证、辨伪、校勘等，在继承宋明以来考据学者所取得成果的基础上，将经学的研究又向前推进了一步；而对于后来的乾嘉学者来说，在考据学、义理领域、总结前代学术等方面，鸿儒一代学人无疑又拉开了序幕，奏出了先声。其中，毛奇龄、朱彝尊、潘耒、汪琬、阎若璩、胡渭、徐乾学等人可谓鸿儒一代学人的主将。下面将阐述鸿儒学术在考据学和义理学两大方面与乾嘉学者的承接嬗递及对后者的影响。

一、考据学

（一）"尊汉抑宋"的学术倾向

明末清初，随着复古思潮的涌动，学者们提倡实证的学风，使之由空疏变为笃实。学者们的精力开始倾注在考辨群经上，批驳宋儒以己意说经的狂妄，批评明代学者因袭宋儒的固陋。清初的大师们，对以往专宗宋儒的倾向有所改变，把目光投向了宋儒以前的汉儒。这样，从清初到乾嘉，经历了一个由汉宋兼采到尊汉抑宋的过程。顾、黄等大师对于汉学宋学尚持兼而采之的态度，而

---

① 汪琬：《尧峰文抄》卷三十二，《答李举人论以史证经书》。

毛奇龄、阎若璩等则进一步向"主汉抑宋"的立场迈进，以致乾隆中叶，形成了专门汉学，出现"家谈许郑、人说贾马，东汉学粲然如日中天"的状况。其中，鸿儒及其同时代的学人，在这一转化过程中，起了推波助澜的作用。

中国古代的学术史中，经学的发展源远流长，延绵不绝，形成了一门可观的专门之学。治经者，或是口耳相授，墨守古训；或是根据时代需要，取经文以就己，甚而架空立论，于是，形成了各个时期不同特点的经学。清代，尊经的倡导，使经学走向复兴。由衰复盛，非一朝可至！学者在治经时，由于去古久远，经文晦蚀，要探明经典本义，确非一日之功。因此，清初治经诸儒，必定要熟悉历代的经解传注，广采兼收，择善而从。

在经学研究过程中，学者逐步形成了一种客观、冷静的学术倾向。顾炎武明确指出"考古人之事，必于书之近古者"[①] 为依据。他认识到从古到今，古音一变再变，所以在考辨音韵时，"据唐人以正宋人之失，据古经以正沈氏、唐人之失"[②]，求得三代以上之音。这种由流溯源的反推方式，恰好说明了越古越可靠。钱谦益指出：

> 学者之治经也，必以汉人为宗主……汉不足求之于唐，唐不足求之于宋，唐、宋皆不足，然后求之近代。庶几圣贤之门仞可窥，儒先之铃键可得也[③]。

顾炎武、钱谦益等人不排斥汉以后学人的研究成果，汉不足，求之唐宋，乃至近代。他们广为取证，以研究的需要作为取舍的标准，在汉儒和宋儒两个具有完全不同特点的学术上，基本上持汉宋兼采的平等态度，厚此薄彼的现象尚不十分明显。

这种学术倾向，在鸿儒中也不乏其人。汤斌在宋明理学依然盛行时，就提倡经学，注重读注疏。在他编纂的《洛学编》中，收录宋儒著述的同时，也收录汉唐诸位经师的。作为理学家，汤斌将汉儒提高到接近宋儒的地位。汪琬在研究礼学时，援引古礼今律，不拘一格，兼采汉唐的经师的说法。这表明了汉儒在他们的心目中地位逐步提高。

不过，就经学而言，从实际需要出发，可信程度的认定，应该是以时代远

---

① 顾炎武：《亭林文集》卷六，《子胥鞭平王之尸辨》。
② 顾炎武：《亭林文集》卷二，《音学五书序》。
③ 钱谦益：《牧斋初学集》卷七十九，《与卓去病论经学书》。

近为大致顺序的。所以，清初的大师，也流露出"治经复汉"的倾向，所谓"汉儒之可尊，其去古未远，家法犹存故也"①。顾炎武服膺汉儒郑玄，试看他的《述古》一诗：

　　　六经之所传，训诂为之祖。仲尼贵多闻，汉人犹近古，礼器与声容，习之疑可睹。大哉郑康成，探颐靡不举。六艺既该通，百家亦兼取。至今三礼存，其学非小补。后代尚清谈，士苴斥邹鲁，哆口论性道，扣盘同瞢瞽②。

　　在清初，汉儒的学风和治学特点也吸引着研究者。在扭转宋明空疏学风之时，宋儒糟粕六经、曲为臆说的做法遭到了一致的抨击，因而他们在空疏的学风中所获得的成果也难免让人怀疑。阎若璩具体分析了汉儒与宋儒不同的治学特点："汉儒注疏多详于名物制度"，而"宋儒传注废注疏而专义理也"③，他在比较汉代赵歧与宋代朱熹的《孟子注》之后说："汉注精妙至此，宋儒不能及也"④。这样，学者们对宋儒治经的缺憾不再包容，不约而同地将目光投向与宋儒截然不同的汉儒经注。

　　随着经学研究的深入，毛奇龄、朱彝尊、阎若璩、乔莱等人都表现出一定的学术兴趣，即对汉学的尊崇。

　　乔莱湛深经学，所著《易俟》不附会陈、邵、朱、蔡，尝举明代归震川之言曰："本义乃邵子之易，非孔子之易也。"⑤该书杂采宋元后诸家易说，而参以己意。前列诸图，不主陈抟《河图洛书》先天后天、方圆横直之说；于卦变亦不取虞翻以下诸家，而取来知德之反对。可见，他对宋儒并不满意，认为宋儒的经学不是孔孟原本的真义。

　　毛奇龄对宋儒的态度尤其不客气，毫不掩饰地指斥宋儒说经以就己意。这一点从他的门人方楘如申述师义中可以看出：

　　　此经说之可疑，于汉十之一，于唐十之二，于宋十之七。盖前儒说经解说而已。至宋而说之，不足则论而议，议而辨，往往于无可疑者而疑，

---

① 卢见曾：《雅语堂文集》卷一，《刻李氏易传序》。
② 顾炎武：《顾亭林诗文集》，《亭林诗集》卷四《述古》。
③ 阎若璩：《潜邱札记》卷一。
④ 阎若璩：《潜邱札记》卷五，《答万公择》。
⑤ 李集：《鹤徵录补辑》

既疑之则遂以身质疑，事小则改张前说，大则颠倒经文①。

毛奇龄将汉、宋儒对经典的态度进行比较：

汉儒信经，必以经为义，凡所立说，惟恐其义之稍违乎经。而宋人不然……第先立一义，而使诸经之为说者悉以就义，合则是，不合即非。是虽名为经义，而不以经为义②。

毛奇龄阐明自己的学术方法和倾向是：

吾传《春秋》，皆以经证经，不得已而及传，又不得已而后及诸子百氏，以至汉后儒说之说经者③。

然且儒说之中，汉取十三，而宋取十一，此非右汉而左宋也。汉儒信经，必以经为义，凡所立说，惟恐其义之稍违乎经，而宋儒不然④。

在考辨经史过程中，"毛奇龄恃其纵横博辨，肆为排击，欲以劫服一世。攻击宋儒毫不客气，汉以后人，俱不得免，而其所最诋者为宋人，宋人之中所最诋者为朱子"⑤。他却不断地为汉儒击节赞叹，所谓"奇龄解经多与宋儒枘凿。平生持论，喜事功，厌空谈，数称东汉人行谊，谓足见人真性情。学士守成见者，往往闻而惊之"⑥。

在《孔子三世出妻辨》中，他批驳程子的说法：

如程氏谓孔门出妻，出于汉儒谬说，则《檀弓》、《家语》并皆战国人所作，非汉人也。明明有张罪，而故刑李，尤不可也。若谓误解，《檀弓》"出母"之"出"字，则《檀弓》自误容有之，无误解也。

毛氏认为是《孔子家语》本身有误，而不应怀疑汉儒，"六经惟三礼最叵

---

① 徐世昌：《清儒学案》卷二十六，《西河学案》附录《与全绍宸书》。
② 毛奇龄：《西河文集》序二十九，《经义考序》。
③ 阮元：《皇清经解》卷二七五，《毛检讨经问》。
④ 毛奇龄：《西河文集》序二十九，《经义考序》。
⑤ 蔡冠洛：《清代七百名人传》，朴学《毛奇龄》。
⑥ 秦瀛：《己未词科录》卷三，毛奇龄条引《绍兴府志》。

信,《家语》出于王肃家,大不足据"①。

毛奇龄的解经辨析,有时不一定能立稳脚跟,他攻击宋儒也多半出于门户之傍。他站在王学的立场,猛烈地抨击朱学,故而"抑宋尊汉"是他固有的逻辑。不过,人们心目中的学术在此时主要以真实、可信为准绳,汉学以它自身的朴实和确有依据引起了清初学者们的青睐和信赖。

不主张将时间浪费在门户争辩上的朱彝尊,虽然肯定宋儒的义理成就,却为汉儒鸣说,认为汉儒有功于六经。他说:

> 六经大义,至宋儒昌明之而始无遗憾,学者守为章程,宜也。不知绝续之际,汉儒为难。当日秦书既焚,往圣遗言,渐灭殆尽,幸而去古未远,间得之屋壁所藏、女子所献,老生所口述,然而仅矣。迨学者代兴,遐搜博考,或一人集众是,或数人成一经,要其授受各有师承,非若后人以意见为予夺也②。

在《经义考》中,朱彝尊权衡汉儒、宋儒,言语中自然流露尊汉的倾向。在说经目最后写有三条按语,其中第二条,他认为汉儒各守师说、不敢移易,是尊经,并无过错,而宋儒竟指责汉儒训诂之害侔于秦火之燔,则太过分。宋儒帖括盛而经义微,语录多而经义少。在第三条中,他对南宋注《四书》者多于说经者很不满,抨击永乐年间纂《四书大全》是"类攘窃一家之书以为书,废注疏而不采"③。

到了乾隆年间,考据学家不喜唐宋人旧疏,于唐修诸经《正义》,颇多不满,因为唐人曲从、株守且小学疏浅④。他们在宋、汉的天平两端明显地偏向汉儒一方,对汉儒推崇备至。这种倾向最为明显的是吴派的开创人——惠栋。惠栋的父亲惠士奇红豆山房楹帖云:"六经尊服郑,百行法程朱"。该楹帖被理解为治学尊从汉儒、行事取法宋儒,汉儒与宋儒平分秋色,实际上对于乾嘉时期的学者来说,学术是他们较看重的,在他们视为崇高事业的经学研究中,汉儒宋儒相较,尊汉的意味是不言自明的。惠栋上承家学,并"与吴门诸士,厌宋儒空虚,故倡汉学以矫之",开始为汉学立名,高举汉学旗帜,笃信汉

---

① 毛奇龄:《西河文集》答三辨文,《孔氏三世出妻辨》。
② 朱彝尊:《曝书亭集》卷三十四,《授经图序》。
③ 曾贻芬:《〈经义考〉初探》,《史学史研究》1996年第4期。
④ 漆永祥:《江藩与〈汉学师承记〉研究》,上海古籍出版社2006年版,第309页。

儒，鲜下己见，以为凡古必真，凡汉皆好。王鸣盛极力主张尊郑，把郑玄视为经学的宗师，甄录郑玄的一言一字，以发挥郑氏一家之学，他认为，文字宜宗许叔重，经义宜宗郑康成，此是金科玉条，断然不可改移于，郑学尤精三礼。其后，江藩俨然树起汉学门户，攻击宋学，使清初鸿儒的崇汉倾向发展为与宋学对峙的汉学营垒，势同水火。那些浮慕风雅之辈，也以讥弹宋儒为能事，以复古训崇汉学为风尚。

另一考据学大师皖派的代表人物——戴震，深入研究《六经》，对汉、宋的态度渐渐理性。他说："圣人之道，在六经。汉儒得其制数，失其义理；宋儒得其义理，失其制数。譬有人焉，履泰山之巅，可以言山；有人焉，跨北海之涯，可以言水。二人者不相谋，天地间之巨观，目不全收，其可哉？"① 制数、义理是一个问题的两个方面，而他的理性与他的研究"明道"的宗旨密切相关，也与他的深入研究及对学术标准的理解分不开。他研精注疏后提出"实事求是"的信条，广采兼收，不主一家。

扬州学派的学术特点是博通，他们认识到考据学中一味崇信汉儒、拘虚固守的毛病，如凌廷堪批驳说："世之学者，徒惜夫宋学行而两汉之绪遂微，不知郑学行而六艺之途始隘"②。他们的态度趋于冷静，对一味崇汉的势头有所遏制。这样，经过扬州学者的努力和提倡，清代学术逐渐走上了汉宋合流的趋势。

总之，清初的学者开始一反宋儒的空口说经，开始冲破对宋明儒崇奉的氛围，倡导重视经学，于是，他们顺应经学研究的形势，使汉儒的朴实学风受到推崇。鸿儒一代学人在重新恢复汉儒地位的过程中是有功之臣，他们为汉儒言说的勇气可嘉，在某种程度上言之，经学研究中的"崇汉"、"起汉儒于地下"的做法是明智的，是学术上的"求是"。乾嘉学者的学术倾向是依学术环境的变化而不断变化的，总的来说，是由尊崇汉儒到汉宋合流。

（二）由小学而经学的治学门径

研究经学，欲弄清古代圣人的立言真义，不能凭空臆说，就必须了解古代的文字音韵，了解古代的天文历法算术、典章制度、历史背景等知识。具有丰富研究经验的戴震在回顾他研经之法时说："经之至者道也，所以明道者词也，所以成词者字也。由字以通其词，由词以通其道，必有渐。"于是他读许氏《说文解字》，又读《十三经注疏》，由贯通六经以知字义、训诂之全。此

---

① 戴震：《戴震集》文集卷九，《与方希原书》，上海古籍出版社 1980 年版，第 189 页。
② 凌廷堪：《校礼堂文集》卷十，《汉十四经师颂》。

外，又了解恒星七政、知古音、宫室、服制、古今地名沿革、"少广"、"旁要"、勾股、缀术、钟律等。真正要究其始末，确须十年之功！①

和戴震一样，乾嘉考据学者大多主张由训诂以通义理。钱大昕强调治经必自通训诂始，他说："夫穷经者必通训诂，训诂明而后知义理之趣"②；扬州派学者王念孙有言："训诂声音明而小学明，小学明而经学明"；阮元早年研究训诂之学，曾从王念孙请教，由声音以贯通义训。后来，他的成果多获益于训诂，故他有言："余之学多在训诂。"他组织编纂的《经籍纂诂》就是这一出发点，嘉惠后学究字义、明训诂。

钱大昕对乾嘉学者毕沅的治学进行了总结：

> （毕沅）谓经义当宗汉儒，故有《传经表》之作。谓文字当宗许氏，故有《经典文字辨正书》及《音同义异辨》之作。谓编年之史，莫善于《涑水》，续之者有薛、王、徐三家，徐虽优于薛、王，而所见书籍犹未备，且不无详南略北之病，乃博稽群书，考证正史，手自裁定，始宋迄元，为《续资治通鉴》二百二十卷，别为《考异》附于本条之下，凡四易稿而成。谓史学当究流别，故有《史籍考》之作。谓史学必通地理，故于《山海经》、《晋书·地理志》皆有校注，又有《关中胜迹图记》、《西安府志》之作。谓金石可证经史，宦跡所至，搜罗尤博，有关中、中州、山左《金石记》……③

可见，在音韵、文字等基础夯实以后，还要具备金石、地理等知识，目的就在于增强学术修养，考经证史。考究古代的礼制，也须得由名物、器数、仪节规范等入手，所谓循仪文器数以明礼意，循典章制度以求圣人之义。这样一条始于训诂以通义理的治学门径是乾嘉学者的经验所在，是他们将天堑变通途的法宝。以此为门径，最终使清代的小学、经学卓有成就。而论其发轫之功，实始于清初大师顾炎武。顾氏的名言"读九经自考文始，考文自知音始，以至诸子百家之书，亦莫不然"一直为后来学者所尊奉。

与顾炎武同时而后的鸿儒学人，他们实际上已开始循着知音考文的途径在

---

① 戴震：《戴震集》卷九，《与是仲明论学书》，第 183 页。
② 钱大昕：《潜研堂文集》卷二十四，《左氏传古注辑存序》。
③ 钱大昕：《潜研堂文集》卷四十二，《太子太保兵部尚书湖广总督世袭二等轻车都尉毕公墓志铭》。

走。不用说，因古音的变化、地名的沿革、钟律的失传、时势的变迁造成种种困难，决定了这是一条艰辛的路途，必须有浓厚的兴趣、执著的信念、较好的学术环境才能坚持下来。在前文的叙述中，可以看出鸿儒一代学人因为种种原因，已经走上了这一道路，并不断积累知识，梳理这些知识的门类。

潘耒在顾亭林刊刻古本《广韵》后，又找到了较好的版本，于是重刊该书，精加校雠，为保存古韵尽心尽力。

朱彝尊认为"圣人之道莫备乎经"，对当时"士守绳尺、无事博稽、问以笺疏、茫然自失的现象"较为忧虑，孙承泽的《五经翼》集汉以来五经序义而成，朱氏认为此书当"贵有以广之"，以改变上述现象。他还极力为人们习读经书创造便利条件，认为学无小大之殊，有"未有不识字而能通天地人之故者"之识。因此，对于音韵文字类的小学书籍，他总是设法找到更完善的版本，收集抄录，并将之重新刊刻流传。他曾作《重刊玉篇序》、《重刊广韵序》、《合刻集韵类篇序》、《字鉴序》，他的目的是避免读书人只能局限于《字汇》、《正字通》等字书，饮流忘源。

古文家汪琬以学有根底闻名当世，他认为学问应通经，在《跋正字通》中，指出该书几处释义的纰缪，认为这都是因为该书编者"学术而不通经而好为新异可喜之论"所致①。博学深思、兼精天官、奇壬之术的吴任臣，也曾作《字汇补》，以补《字汇》之缺。

金石、目录学不仅是一门单独的学问，也是通经学古的重要工具。朱彝尊得益于家学的渊源，又深受顾炎武、孙承泽等爱好金石或收藏家的影响，常常与他们共同鉴赏和收集碑石，所以颇有心得。更可贵的是，在当时金石学微弱的情况下，他能倡导重兴，身体力行，经常与共同爱好者诸如潘耒、林吉人等互相往来，并将金石文字用之于考经证史。清代，从事这方面撰述的以顾炎武《金石文字记》、朱彝尊的《金石文字跋尾》为最先。乾嘉时期，钱大昕、王昶、武亿、孙星衍、翁方纲、阮元和章学诚等对金石学都很有兴趣，将之发展成为较系统的专门之学。钱氏撰成《潜研堂金石文字跋尾》，可谓出此前诸家之上，为古今金石学之冠。钱大昕、阮元、章学诚等都曾利用金石铭文来考经证史，阮元搜辑众多金石，勒为金石志。他看重古器铭文在实现礼治教化上的重要性，也强调铭文碑刻在校勘古籍上的学术价值②。在这一点上，钱、阮、章三位与朱彝尊都有着惊人的相似。

---

① 汪琬：《尧峰文抄》卷三十九，《跋正字通》。
② 彭林：《清代学术讲论》，广西师范大学出版社 2005 年版，第 204 页。

　　乾隆时期的学者继续着朱彝尊对金石碑文的研究。他的同乡好友李良年的五世孙李富孙，完成朱彝尊的未遂之愿，所著《汉魏六朝墓铭纂例》，是"因竹垞之言，取《隶释》、《隶续》所载汉碑及六朝人碑制，以补王止仲之所未逮，条列众体，考证为详。"① 因为朱彝尊曾说："窃意墓铭莫盛于东汉，洪氏所辑《隶释》、《隶续》，其文其铭，体例匪一，宜用止仲之法，举而罗列之。惜乎老矣，不能为也。"② 此后，研究碑铭的，如"吴江郭频伽有《金石例补》，荆溪吴荆石有《汉魏六朝金石志墓例》，宝应刘楚桢有《汉石例》，皆本朱氏之言……"③。朱彝尊对清代学术的影响于此可见一斑！

　　天文历法、算学方面，由于到明代出现了停滞，西学东渐，康熙帝采用西历。具有中历情结的学者迫于这一压力，欲恢复传统历法，开始钻研中西天算历学，梅文鼎、王锡阐都是当时的历算学家。"欲求超盛，必先会通"，王锡阐为超胜西历，做着艰苦的工作。黄宗羲好治天算，著书八种，全祖望评价说"其后梅徵君文鼎本《周髀》言历，世惊以为不传之秘，而不知公实开之"④。黄宗羲、吴任臣二位，在修订《明史·历志》时都起着顾问和指导的作用。鸿儒一代学人中不乏精通历算的学者，诸如吴任臣、潘耒。潘耒因受其兄潘力田的熏陶，曾学习过西算，略知运筹，他为推动当时天文历算学的发展有重大贡献。他向梅文鼎请教提问，与之交流历算书籍，向梅氏介绍历算著述，引荐人才，打听历学界专家。潘耒曾受王锡阐之托，在北京寻找耶稣会士的历算著作，也曾为李光地传授历算知识。他经常探访历家，了解他们的新作和研究状况，并作序进行阐扬，扩大影响，从他对王锡阐的宣传可见一斑：

　　　　比余归里而君已逝，且无子，为拜其墓而哭之，从其家求遗书，大半亡佚，得诗文二帙，著书数种，有曰《大统历》、《西历启蒙》者，囊括中西历术，简而不遗……。历术之不明，遂使历官失其职，而以殊方异域之人充之中国，何无人甚哉？幸有聪颖绝世、学贯天人、能制器立法如王君者，而生世不逢，埋光晦迹，其学不见用于时而亦无有能传之者，天之生君果何为耶！幸其书犹存，其理至当，乌知异日不有表章推重见诸施行者，是君亡而不亡也。……仅录而藏之，稍有余力则当镂板以广其传。宣

----

① 李慈铭：《越缦堂读书记》史部，辽宁教育出版社2001年版，第553页。
② 朱彝尊：《曝书亭集》卷五十一，《书王氏墓铭举例后》。
③ 李慈铭：《越缦堂读书记》史部，辽宁教育出版社2001年版，第533页。
④ 全祖望：《鲒埼亭集》卷十一，《梨洲先生神道碑文》。

城梅定九亦精历术，最服膺君著述，丞访求之，不待千载而有知子云之人，君亦可以无憾哉①。

朱彝尊也同样关注历法，其《经义考》中多次提及梅文鼎有关历法的言论；他还扶植新人，曾为张雍敬的《定历玉衡》一书作序，指出该书已证之于王、梅二氏，并分析历法衰落的原因②。

潘耒对于天算方面的担忧并非杞人忧天！乾嘉时期研究天文历算的学者不乏其人，钱大昕、戴震、阮元、汪莱等，但他们大多是研究经学中的天算，如戴震是从字义训诂和古天文原理两方面加以论证的，在天文学上的考证和论断，赶不上清初的王锡阐、梅文鼎等天算专家那样缜密③。

地理学也被视为通经的必要工具而受重视，以扫清经学研究的障碍。朱彝尊为同乡徐善所著的《春秋地名考》作序，称：则学乎《春秋》，非惟义疏序例，大夫之辞、公子之谱皆宜究图，而土地之名，补方志之疏舛，尤其要焉者，若经之有纬，书之有正，必有摄也④。当时，研究经学者多重视考察其中的地理，高士奇的《春秋地名考略》、阎若璩的《四书释地》、胡渭的《禹贡锥指》即是如此，鸿儒们也经常探讨古今地名，这对准确理解经义和经学的深入研究打下坚实的基础。

尽管鸿儒学人没有像后来的乾嘉学者那样，"就古音以求古义，引申触类"，取得在文字音韵学、金石学、天文历算学等方面的杰出成就，但他们能循着顾炎武开创的治学门径，重视经义，认识到音韵文字知识等对通经的重要作用，并以极大的责任感，尽力地推广这一学问，应该说具有嘉惠后学之功。

（三）鸿儒经史考据成就之"窥斑"

鸿儒学人潜心研究，彼此影响，在经学研究和史学考证等领域取得了杰出的成绩，在许多方面为后来的研究者奠定了基础。

首先，经学的辨伪在清初引起的反响很大，最引人关注的就是阎若璩的《古文尚书疏证》，他采用若干条证据证明当时被奉为经典之一的《古文尚书》是东晋人赝作。毛奇龄起而辩驳，作《古文尚书冤词》，他们之间的辩论可能是理学中的程朱陆王的门户之争转移到经学方面的反映。最终，因阎氏"有

---

① 潘耒：《遂初堂集》卷六，《晓庵遗书序》。
② 朱彝尊：《曝书亭集》卷三十五，《张氏定历玉衡序》。
③ 张舜徽：《清儒学记》，华中师范大学出版社 2005 年版，第 97 页。
④ 朱彝尊：《曝书亭集》卷三十四，《春秋地名考序》。

据之言，先立于不可败也"，先入为主，毛氏的辩驳被视为哗众取宠、强词夺理，在当时处于劣势，并以失败告终。近年，学术界对阎若璩的辨伪结论和证据提出了质疑，李学勤、李零、王世舜、杨善群、杨朝明、刘建国、张岩、离扬等先生均撰文对这一问题进行论证，指出阎氏《疏证》一书中包含了许多刻意捏造的伪证。影响学术界达三百年之久的铁案竟有可能被推翻，让人匪夷所思！《古文尚书》的真伪问题再次成为研究者关注的问题，鸿儒毛奇龄《古文尚书冤词》的价值有待重新认识！

阎若璩与另一鸿儒汪琬争执得不可开交的是礼学问题。汪氏在为人撰写的墓志铭中载及其人的高祖名讳。阎氏以为汪氏的体例有误，因为"古人叙人家世，皆自曾祖以下，无及高祖者"，尤其当高祖无重要事迹时，两人由此结怨。后来，阎氏极力驳斥汪琬丧礼说的不当，引起汪氏的愧愤，反以阎氏有亲在堂，却同他往复辩论丧礼极不恰当，阎氏举例驳斥。这样，二人你往我来，互不相让，其实，在汪琬的文集中已将自己的错误更正了，这种争辩也在当时学人间流传。这类相互辩驳，也是一种切磋和交流，他们彼此较量的是丰富的知识，是引经据典，因此这对于当时的学术的发展绝对有所激励、有所推动，人们自觉做到言而有据，注重考证。

鸿儒对于经学领域进行的诸多研究。易学方面，黄宗羲曾作《易学象数论》，力辨河洛方位图说之非，开抨击河洛图说之先，其弟黄宗炎也对《易图》进行辨惑。鸿儒学人毛奇龄、朱彝尊受到影响也对《易图》进行考辨，同当时研究易学的著名学者、著有《易图明辨》的胡渭一道使宋儒易学的谬误昭然若揭。梁启超评价毛奇龄的《仲氏易》说，"这部书驳杂的地方也很多，但提倡汉儒——荀爽、虞翻诸人的易学，总算由他开创。后来，惠定宇之《易汉学》，却受他的影响。有《春秋毛氏传》，虽然武断地方甚多，但对于当时著为功令的胡传严为驳辩，廓清之功也不少。"①

史学方面，鸿儒学者重视史实的考订，主要表现在《明史》的编纂过程及其著述中。明初的"建文逊国"一事引起了后人们的种种猜疑和传说，出现了不少伪造的史料，争议较大的有《致身录》，钱谦益根据明初的制度和史事，通过细致的分析，举出该书的十条破绽，得出其作伪的结论②。钱氏的这一辨伪工作，引起了纂修《明史》时鸿儒学人的赞同。潘耒一再进行驳斥，除了援引钱氏的结论，还有黄宗羲、潘力田的论证，他自己也依据常理和引述

---

① 梁启超：《中国近三百年学术史》，山西古籍出版社 2001 年版，第 169 页。
② 钱谦益：《牧斋初学集》卷二十二，《致身录考》、《书致身录考后》。

史实进行辩论，为还原历史真实而不懈努力。

在《明史》馆，鸿儒都注重史实的核实和考订，在上史馆总裁书中都不约而同地强调这一点。朱彝尊、潘耒、汤斌等都曾提到要慎重对待《实录》和野史，因其中有记载失实处，也有人篡改处。他们的目标是编纂一部信史，传之后世。

这种史学的辨伪实际上是通过考证史实来完成的，历史考证对鸿儒学人来说已是司空见惯，旁征博引，运用自如，这从他们的考经证史的著述中可以得到反映。

吴任臣著有《十国春秋》、《山海经广注》、《春秋正朔考辨》等书。其中，《十国春秋》：

> 以欧阳修作《五代史》，于十国仿《晋书》例为《载记》，每略而不详。乃采诸霸史、杂史以及小说家言，并证以正史，汇成是书。……其间于旧说虚诬，多所辨证。如田頵擒孙儒年月，则从吴录而不从薛史。吕师周奔湖南年月，则从《通鉴》而不从《九国志》。南唐列祖世家则从刘恕《十国纪年》及欧史而不从《江南野史》、《吴越备史》，皆确有所见，其他类是者甚多。五表考订尤精，可称淹贯①。

可以看出，吴任臣的著述具有搜录广博、考订精核的特点，顾炎武早就称其"广搜博引，实为天地间不可缺之书"。乾嘉学者谢启昆编撰《西魏书》，摒弃了正史中《魏书》将西魏视为伪政权的观点，广泛收集西魏的散佚史料，爬梳整理，撰成体例谨严的史籍，其学术宗旨、学术价值皆与《十国春秋》相类似②。吴氏的《山海经广注》也是这种风格的体现：

> （《山海经广注》）于名物训诂、山川道里，皆有所订正。虽嗜奇爱博，引据稍繁……然捃摭宏富，多足为考证之资。所列逸文三十四条，自杨慎《丹铅录》以下十八条，皆明代之书，所见实无别本，其为禅贩误记，无可致疑。至应劭《汉书注》以下十四条，则或古本有异，亦颇足以广见闻也。……③

---

① 永瑢：《四库全书总目》卷六六，史部载记类《十国春秋》。
② 乔治忠、张国刚：《中国学术史》，东方出版中心 2002 年版，第 519 页。
③ 永瑢：《四库全书总目》卷一百四十二，子部小说家类三《山海经广注》。

朱彝尊的著述也有将众多的史料爬梳考订、汇为一书的特点。其《日下旧闻》，自称"捃拾载籍、及金石遗文，会粹之"，"所抄群书，凡一千四百余种，包括稗官、小说、百家、二氏之书"①。乾嘉学者钱大昕在当时的涿州清凉寺，看到石幢题识，略作考证后，便记而"以补朱氏《日下旧闻》之阙，"② 这是对该书的认可。朱氏的《经义考》：

> 以郑夹漈经籍志作骨，而附益之不传者存其目，其传者略论作者之意，辨其得失，盖仿西亭授经图兼用晁公武读书志之例也。竹垞好经学，所录多鄞范氏天一阁、禾中项氏及曹氏倦圃、温陵黄氏千倾堂秘本③。

《经义考》全书300卷，作为一部汇集历代经学著述的目录学著作，是以众多藏书家的收藏为支柱的，堪称"广征博引，集录众说"。章学诚称"朱氏经考乃史学之支流，刘、班《七略》、《艺文》之义例也"④。在著录各书时，先列撰者姓氏、书名、卷数，次列题注，标明存、佚、阙、未见，再列原书序、跋、诸儒论断及著者爵里，最后附以作者的考证按语。该书广集前代及清代各类书目、文集、史传、方志、笔记，根据其中的记载，补充艺文目录所遗失的图书。《四库全书》高度评价该书说："编辑之勤，考据之审，网罗之富，实有裨于经学。"⑤

《经义考》作为经学目录的著作，引起了乾嘉时期学者的纷纷效仿，他们编纂史学和小学方面的目录。《四库全书总目》在很大程度上采用和参考《经义考》的成果。乾嘉史学家章学诚主持编纂大型史籍目录学之书《史籍考》，便是仿朱彝尊《经义考》而构想的，将古今史书分门别类，一一考证，撰写提要。章学诚主张扩大史料范围，古代经传、州郡方志、金石图谱、诗文歌谣、官府簿牒、家谱传状等都属网罗范围。该书因组织者毕沅贬官而废辍，但据《章氏遗书补遗》所载《史籍考》总目可知：该书共分12部，55类，共有325卷，规模宏大，比《经义考》有过之而无不及。可以想见，若遂愿成编，应该是"实有裨于史学"！

钱大昕在《小学考序》中称："秀水朱氏《经义考》，博稽传注，作述源

---

① 朱彝尊：《曝书亭集》卷三十五，《日下旧闻序》。
② 钱大昕：《潜研堂文集》卷十八，《清凉寺题名》。
③ 杨谦：《朱竹垞先生年谱》康熙二十五年58岁条。
④ 章学诚：《章氏遗书》卷二十八，《上朱中堂世叔》吴兴刘氏嘉业堂刊。
⑤ 《四库全书》，史部《经义考》卷一至卷三。

流，最为赅洽，而小学独阙，好古者有遗憾焉"，谢启昆"每念通经必研小学，而古今流别，议论纷如，乃尊秀水之例，续为《小学考》"①。乾隆年间，卢见曾将《经义考》全部刊刻出版，后翁方刚进行了补正，著《朱氏经义考补正》一书，可见对该书的重视。

（四）学术总结

"作为中国古典学术的熟络期，清代学术对整个古典学术进行了回顾和整理。其成果也繁，其学人也多。"② 的确如此，清代学术具有总结性的特点，不仅在清学发展高潮的乾嘉时期对古代的学术进行了整理和总结，而且，早在清初，这种学术文化的总结活动就已开始了。明朝的遗民怀着"以故国之史报故国"的志向，编纂《明史》，总结明朝亡国的经验教训；宋明理学发展到明末出现了危机，需要从思想学术上进行梳理和反思；满族统治者对汉文化的崇拜以及学习的需要……种种缘由，引起了清初官方和私家对学术的总结。

首先，从官方来说，顺、康年间组织纂修《明史》的工作一直在进行着，而博学鸿儒特科征召以后，纂修时机成熟，50 鸿儒全入史馆，规模宏大，人才济济，纂修工作进入了实质性阶段，取得了重大进展。史馆总裁徐乾学、徐元文等能笼络史官，与他们共同商议编纂的体例、方案，听取建议，并能集中人力物力和各种资源，利用朝廷的藏书，向地方征集图籍，提供了良好的修史环境。具有崇高声望的遗民史家暗中襄助，黄宗羲提供书籍、史料，同意弟子万斯同以布衣的身份参与修改史稿，顾炎武和潘耒书信往来，发表意见。史官和馆外的学人热烈地讨论，具有强烈的责任感和使命感。至康熙五十三年（1714 年），总裁王鸿绪将《明史列传稿》208 卷进呈朝廷，后来，他又修成本纪、表、志等，合列传共 310 卷进呈。雍正、乾隆年间，继续开馆，以王鸿绪史稿为基础，参酌讨论，于乾隆四年（1739 年）刊刻成书，共 336 卷。《明史》纂修在清朝官方学术活动的发展中，具有重大意义，取得了修书的丰富经验，也增强了官方的学术意识，学术眼光与学术水平不断增进③。在修纂活动中，鸿儒的参与主要集中在康熙二十九年之前，尤其是康熙十九年至二十四年之间，所完成的初稿是后来几稿的基础。鸿儒史臣在《明史》材料的全面收集、编纂体例的初步设定、材料的考核等方面做了大量艰苦而富有创新的工作，后来的修改者都是在此基础上来增删修改。所以，鸿儒在《明史》修纂

---

①　钱大昕：《潜研堂文集》卷二十四，《小学考序》。

②　刘筱红：《张舜徽与清代学术史研究》，华中师范大学出版社 2001 年版，第 24 页。

③　乔治忠、张国刚：《中国学术史》，东方出版中心 2002 年版，第 531 页。

中作出了重大贡献。

康熙朝官方组织的学术活动中，鸿儒参与的还包括《大清一统志》。康熙二十五年（1686年），康熙帝抽调几位学问淹博的人员去担任《大清一统志》的编修。鸿儒中曹禾充任副总裁，吴任臣、彭孙遹、钱金甫、徐嘉炎、黄与坚、米汉雯等都参与了编修活动，分任各个郡县。其中，黄与坚裁定浙江郡县，论辩刊削极为精当。徐乾学任总裁，后因事解官，仍领修书总裁事，直到去世时，遗书以所修《一统志》进呈。可贵的是，徐乾学为修志组织了学人幕府，集中了一批学术精英如阎若璩、胡渭等，其中有因该特科未录用而留在京城的，有的是鸿儒的朋友，都学有专长，身怀绝技，与鸿儒一道，商讨学术，既保证了修志的质量，又推进了清初学术的交流和学风的转变。

除了纂修《明史》、《一统志》之外，鸿儒士人还承担当时修书、整理古籍的任务。康熙帝所挑选的日讲起居注官，在侍讲、侍读之后，都要将撰写的经书讲义进呈，并编成书籍，康熙帝为之作序，诸如此类的有《日讲四书解义序》、《日讲诗经解义序》、《日讲春秋解义序》等，并作有《讲筵绪论》多则，谈论他对具体史事、史书、经典的认识，对于经史作用的看法等。在康熙帝的主持下，李光地等人又纂成《御纂周易折中》、《性理大全》等，参酌诸家解说与考订，折中而取之。后来，又汇编成《钦定春秋传说汇纂》、《钦定书经传说汇纂》、《钦定诗经传说汇纂》。周清原任工部右侍郎时，作为纂修官参与了《历代纪事年表》中《职名》部分的工作，该书纪历代之事，以朱子《通鉴纲目》等为主，复参司马光《资治通鉴》、金履祥《通鉴前编》、薛应旂《宋元通鉴》及《二十一史》。汪霦，历迁内阁学士，参与编纂《佩文韵府》并纂辑《佩文斋历代咏物诗》，年逾六十，仍然重任在身，除编纂《佩文韵府》外，还有《咏物唐诗》、《广群芳谱》。《佩文韵府》属于康熙年间编辑的类书之一，同时的类书还有《渊鉴类函》、《骈字类编》等，至今仍有应用价值。曹寅奉命纂修的《全唐诗》，得到了很多鸿儒的关注和帮助。康熙帝让臣下编写当朝的《实录》、《圣训》，潘耒曾与其事，又开创以纪事本末体记述征战过程的"方略"之书，彭孙遹参与了《平定三逆方略》的修订。这种记录当朝史书的良好习惯，为后来的史家留下了丰富的史料。综观康熙朝官方的修书成就，是对传统文化遗产的总结和学习，雍正、乾隆时期的许多修书活动都是康熙朝工作的继续，或是受到启发而开展的。如乾隆朝编纂的经学书籍，大多是在康熙朝已有成果上补充提高；《四库全书》是对文化遗产的全面总结，该馆规模庞大，组织严密，学者云集，与康熙年间《明史》馆颇为相似，在罗致人才、官私学结合等方面，也产生较大影响。

其次，从私家的学术总结来说，明末社会巨变，党社众多，各派讲学，自述一家之言。学者们开始拯救危亡，反思得失。及至明清易鼎，反思更为沉痛，总结亡国教训和历代得失。一时具有民族情绪，皆私下结撰故国之史，为忠臣义士立传，进行表彰，鼓舞后生；或者考察山川险隘，战略关塞，以图复明大业，如黄宗羲的《明夷待访录》、顾炎武的《肇域志》、《天下郡国利病书》、顾祖禹的《读史方舆纪要》等，张岱的《石匮藏书》，潘力田、吴赤溟的《国史考异》、《松林文献》，王夫之的《永历实录》，以史报国，同时发挥史学的经世作用。同时，随着学风转向朴实，学者开始潜心于经史之学，考史、考地、总结学术思想的著述大量出现，如李清的《南北史合著》，马骕的《绎史》、谷应泰的《明史纪事本末》、黄宗羲的《明儒学案》、孙奇逢的《理学宗传》、万斯同的《儒林宗派》、吴伟业的《绥寇纪略》、邵廷采的《东南纪事》、《西南纪事》等。直到清朝官方修纂《明史》，并加强对思想文化的控制时，私修《明史》的现象才逐步减少。

黄宗羲的《明儒学案》，首创学案体例，阐述各学派的学统和师承渊源，可谓是"明代哲学思想史"[①]。清初另一著名的理学大师孙奇逢，试图复兴儒学，着意编纂理学史，所著《理学宗传》，对以理学为中心的古代学术进行总结，并授意弟子汤斌编写《洛学编》、魏一鳌编纂《北学编》，这类书构成了地方理学发展史的体系。他们的编纂意旨是：振兴地方学术，复兴洛学，保存遗书。这一意旨与明末冯从吾的《关学编》如出一辙。清代这类总结思想史、学术史的著述很多，如全祖望补修黄宗羲拟完成的《宋元学案》、江藩的《汉学师承记》和《宋学渊源记》、唐鉴的《国朝学案小识》等。

关于明代及前代史书的续修和改编，朱彝尊认为欧阳修《新五代史》礼乐、兵刑、职官、食货诸大政过于简略，年当三十便有志注此书，并极力收集资料、碑刻，以资考证，但最终未遂愿。朱彝尊对宋史、元史的冗杂错漏十分不满，他经常指出其中的乖谬处。乾嘉时期的钱大昕，针对这些严重的错误，打算花大气力修改《元史》，并已投入精力，但因工作量太大，未能卒业，引为憾事。邵晋涵计划改修《宋史》而未果，令章学诚扼腕，其实，这同样是自清初以来朱彝尊等学者的憾事！朱彝尊致力于对许多学术领域的总结，《经义考》是对古今经学发展源流的一个全面梳理考证；他还编选《词综》、《明诗综》，对有明一代诗、词发展线索进行整理；对本次征召的博学鸿儒，包括被荐的共有 190 余人，朱彝尊打算为之作传，已有手稿数十番，名《鹤徵

---

① 张舜徽：《清儒学记》自序，华中师范大学出版社 2005 年版。

录》，后来，该书由他好友李良年的后代李遇孙、李富孙完成，而鸿儒秦松龄的后代辑《己未词科录》，可算最终完成了他的遗愿。

二、义理学

（一）"乾嘉新义理学"形成

由明末到清中叶的乾嘉时期，思想学术的发展经历了由理学向经学的转变。由康熙帝将朱子学定于一尊，盛行于明中后期的王学遂衰，自此，朱学作为主体意识形态高居庙堂，影响到整个清朝。士人都沉潜于经史考据，经学研究风气蔚为大观。因此，很多人都自然地认为学术由理学转入经学，乾嘉学者埋头于故纸堆，故"乾嘉有考据无思想"。近若干年来，清代学术文化的研究取得了较大进展，余英时先生较早质疑这一说法，指出乾嘉时期是理学发展史上的由"尊德性"转入"道问学"的阶段；接着在研究戴震"遂情达欲"之"戴氏之义理"基础上提出了"乾嘉新义理"。周积明先生认为"乾嘉新义理学"主要内容包括：

> 力主"达情遂欲"，反对"存理灭欲"；力主理气合一，反对理在气先；注重实证、试验、实测以及行为效应和社会功用，摒弃"言心言气言理"的形上性理之学①。

张寿安女士通过对凌廷堪礼学的研究，揭示出清儒在经学考证后面所蕴涵的丰富思想内容，清理出"乾嘉新义理学"的一个重要内容——以礼代理思潮的兴起，并揭露出其近代指向。之后，张丽珠女士提出清儒义理学属于与宋儒"形上思辨义理学"不同类型的"形下经验领域的义理学"，清儒所倡的"情性学"有别于宋儒的"心性"学，其所包含的价值倾向是中国迈向现代化进程所必需的"价值转型"。

那么，"乾嘉新义理学"与晚明思潮之间经历了怎样的过渡与承接？本书因涉及博学鸿儒一代学人在义理学上的传承，故而有必要揭示这一时期思想学术界的种种动向，并揭示晚明到乾嘉期间学术思想的转变过程。

明代中后期，王阳明的"心学"在理学内部逐步占据了程朱理学的地盘。王阳明的"良知"说，及王门左派还有李贽等狂儒所提倡的个性解放，主张人的真性情，不满理、欲的对立，从理学内部开始冲击理学的藩篱，打破理学作为封建统治思想的禁锢。至此，理学思想发生重大变化：朱学的"格物"，

---

① 周积明：《关于乾嘉"新义理学"的通信》，《学术月刊》2001年第4期。

被静养、内心体悟所取代；永恒的主宰"理"被"心"取代，天理的标准由客观而转移到主观的、自我的"心"，人们自我意识和主观能动性增强；儒学的宗教性增强了，流于禅学，理学逐渐玄远、空疏；朱学中儒者注重自身修养，而泰州王学能发动群众，平民意识增强；讲学流行，门派众多；王学在当时的实学思潮影响下，还具有"重事功"的因素；"存天理，灭人欲"的禁锢被冲破，"情"、"欲"获得了一定的释放空间。

到清初，由于受清初经世致用思潮的影响，不问世事、涵养主敬、空谈心性的理学受到了冲击；另一方面，王学以其空疏和流于禅门而受到一致的攻击，朱学"格物"的务实赢得了包括康熙皇帝在内大部分人的认可，理学内部出现了"由王返朱"的潮流，王学门派之内也发生了转变，纷纷增加了"工夫"和"实行"的内容，学风转向朴实，学者提倡经世致用之学，尊经重史，从古代经史之中发掘经国体民的财富，引导人们进入经学研究之门；朱、王两派的注意力转移到经学领域，为自己是否是儒学正宗而辩护；有的学者开始反思理学，寻找出路，于是开始探寻儒家经典的本真和圣人的真义；而儒学本身具有的"治平"、"礼治"等思想和功能重新得到挖掘，成为清初经世致用的另一种表现形式。经历了明清改朝换代的动荡，战祸不断，经济匮乏，人心不宁，民族情绪的激荡，致使清初思想出现了一些特殊之点：王学中的主观、自我的意识收敛了，自觉地以国家利益为重，而"情"、"欲"不得不受到遏制；静坐、悟道的形式被习行、实践的风气压倒，重事功得到传扬；讲学活动减少，宗教般的热情退化，群众参与的现象不再；有关"理"与"心"的形而上的理论创新完全停止，理学变成纯粹的道德教条被统治者所采用，甚至合朱、王的尝试也被压制。除颜李学派之外，明末清初的学者们主要从学风、治学态度等方面批驳理学，兼有理学内部的朱、王之争，专门针对思想内容的批判尚未展开，处于潜伏状态。

鸿儒士人中，大部分都具有经世济民的抱负和儒者的风范，品行操守好，孝友敦睦，爱民爱国。他们的孝悌礼让，可以视为礼学的践履。汤斌和施闰章虽出于王学一派，但他们因身系名宦，比较务实，注意发挥理学所具有的"治平"和经国体民的思想、功能，又注意自身的涵养、操守，故能立于不败之地。其中，汤斌被尊为理学名臣，荣任经筵讲师和太子师，他提倡"尊经"，注重躬行，对康熙帝的"尊朱"思想都产生了影响；张烈"博通群籍，精研理学诸书，初嗜阳明之学，后知其误，专守朱子家法，毅然以卫道为己任，著《王学质疑》，举阳明《传习录》条辨之"①，为清代卫道者所推崇；
沈珩穷经研理，亦从事讲学，主张"于日用事物间求致知力行之要，阐明濂
洛关闽之传"，著述多为经史、性理诸书，皆本经训，无游谈不根语；毛奇龄
与沈珩都转入对经传的研究，但毛奇龄走得更远，成为清初由理学向经学转变
的典范。他以经学为武器，大肆攻击朱学，在研经致用方面都开启了乾嘉学
派，应视为"乾嘉新义理学"的先声。

　　乾嘉时期，清朝统治稳定，社会经济的繁荣同明中后期一样再一次引起人
们思想观念的变化。学者对正统理学敬而远之，而专注于经史考据，朴学大
盛，其研究意图是以考据学为工具，由训诂以通义理。其中，戴震通过训诂明
以通义理的考据学途径，在其所著《原善》、《孟子字义疏证》等著作中，阐
释了"理"的真正含义，论证了宋儒"存理灭欲"之说源于老庄释氏之言，
提出了"遂欲达情"的社会主张。在戴氏生前，他的义理学著作不为人所理
解，遭到驳斥，和者甚寡。不过，戴氏研究经学的宗旨很明确，就是通过经学
考据揭示儒家经典的真正内涵。本来，儒家经典中孔孟所固有的仁爱、孝悌、
推己及人的思想属于一种原始的民主和民本思想，而精通于经学的清代儒者是
复原先圣的思想，结合社会现实和学术发展情况，他们不仅仅是复原，而是伴
随着对宋儒的攻驳，超越孔孟先圣的原意民主，更接近于真正近代意义上的民
主思想。受戴震影响的扬州学派的学者也屡有创获，构成了"乾嘉新义理
学"。究其实，都是在复原中的创新。比如：阮元的"相人偶"新仁学思想，
重新解释了"仁"："以此一人与彼一人相人偶，而尽其敬礼忠恕等事之谓
也"，延伸指人与人之间相互关怀、亲近、互助、友爱等一切社会人际关系之
和谐状态；焦循解释"格物"为絜矩之道，即"恕"道，讲推己及人之理，
使"格物"避开抽象的说理，而转向具体的、人伦的层面；凌廷堪"以礼代
理"的思想等。清儒这些借重新解释概念而阐发的思想在现实的关照下更加
凸显了其自然、平实的特点，是为普通民众表达心声。相对来说，宋儒的立说
是从统治者治世化民而立意，显得刻意、苛求；从是否符合先圣的原义来说，
清儒的立论相对贴切、符合人情，而宋儒则执意、近乎说教；清儒以己之情挈
人之情，注重关联他人和社会伦理规范，而宋儒则注重个人心性的修养和形上
本体的创建。总之，清儒思想是从现实出发，近乎人情，是对孔孟原始人道主
义思想的发展，是对宋儒立教治人、"以理杀人"的无声抗拒，故而可以被视
为具有近代意义的民主、自由、平等指向的思想。

---

① 徐世昌：《清儒学案》卷二十三，《孜堂学案》。

（二）对宋明理学的批判

江藩在《国朝汉学师承记》中，未将顾炎武、黄宗羲置于汉学大师之列，认为他们还带有鲜明的宋明理学根底，此做法是否合理，暂不评论。但顾、黄二位的确有自己的义理倾向，即黄宗王、顾崇朱。另外，毛奇龄、阎若璩虽已将精力转移于研究经学方面，有重要的经学著作传世，他们也依傍理学门户。所以，他们对宋明理学的批判，要么指斥空谈误国，要么是门户之争。在清初除了颜李学派彻底批判宋儒外，几乎都是出于各自的立场，抨击其中一端，而非攻击理学的核心内容。

清初对宋明儒的批判，其一，是针对明末王学的空疏学风。人们倾向于朱熹格物、专研经典的趋实作风。而随着学风的转变，崇实风尚的兴起，学者转向以经典为研究对象。出于对经典的维护，对先圣的推崇，他们力图弄清孔孟的原意，恢复经典本义。于是他们对后儒的解经、注疏产生了疑义，开始攻击宋儒疑经、改经的习气，转而用考据方法研究经义，重新揭示儒家思想中许多概念的真实含义，对宋儒的学问思想提出了质疑，走上了批判理学的路途。其二，出于对王学末流沾染禅氏习气的不满。明末清初的学者在修正王学、反思明亡的过程中，意识到宋明理学中掺杂着佛老成分的危害。于是，学术界纷纷揭示宋明理学的这一现象。与黄宗羲同时代的学者陈确，其《大学辨》一书，严守儒释疆界，"直指《大学》窜于禅，亦即指朱、王之窜于禅，理学形上思辨学之窜于禅"，在清初学术界掀起轩然大波①。钱穆分析指出：陈确与潘格平治学路径相近，开清学复古之先声。他们都论宋明儒家杂禅，不喜空讲心性本体，而主从实行实事推求，大多能超脱宋明理学家的窠臼，而直寻先秦经书本义，欲分别孔孟与宋儒异同。黄宗羲虽仍为阳明非禅作辩解，着眼于阳明学与佛氏的歧异处，不过，在黄宗羲兄弟的易学研究中，他所著的《易学象数论》、黄宗炎的《图书辨惑》、《辨太极图说》，力辨"河图洛书"之非，在当时很有影响。

钱穆认为，遗老对宋明的态度尚属批评的，而乾嘉诸儒则是宋明理学的全面反动，即晚明遗老多半是在批评陆九渊和王阳明，乾嘉诸儒则排斥程朱②。他总结出乾嘉学术的特点之一是对宋明理学进行全面批判。乾嘉诸儒反对宋学，一面采用他们新得到的许多考据训诂校勘的法门；另一方面，宋明思想已经成为学术界的新传统，为统治阶级所利用。因此，乾嘉诸儒对当时统治者的

①　路新生：《中国近三百年疑古思潮研究》，上海人民出版社2001年版，第39页。
②　汪学群：《钱穆学术思想评传》，北京图书馆出版社1998年版，第214页。

敌意，也以攻击宋明儒作为发泄。

鸿儒毛奇龄，正处于遗民与乾嘉诸儒之间，他对宋儒理学的批判，可谓承前启后。在清代汉学家中，他是起而攻击宋儒的关键人物，开批判宋儒之先河。由攻击宋明理学的空疏学风，并触及宋儒的灵魂，开始攻击宋儒说经及其思想内容。

毛奇龄依附王学之门，深受浙东地区王门后学的熏染，不仅辨宋儒图、书之非，而且对宋儒"疑经"大加挞伐，攻击宋儒"以己意说经"。他以振兴经学、恢复经典原意为己任，大声呼吁"救经"。在他看来，这种"疑经"的习气由朱子开其端，故其集矢于宋儒集大成者朱熹。许多言论都是因他务反朱子之说而轩轾太过。正如晚清经学家皮锡瑞所言：

> 毛（奇龄）务与朱子立异。朱子疑伪孔古文，而毛以伪孔为可信；朱子信《仪礼》，而毛以《仪礼》为可疑；此则朱是而毛非者。虽由门户之见未融，实以途径之开未久也。此等处宜分别观之，谅其求实学之苦心，勿遽择以守颛门之绝业①。
>
> 毛氏说经多武断，惟解《周官》心极细，论亦极平。而知《仪礼》不出周公，不知实出孔子，谓《仪礼》亦战国人作。因《朱子家礼》尊信《仪礼》，乃作《昏礼辨正》、《丧礼吾说篇》、《祭礼通俗谱》诋斥《仪礼》，而自作礼文，致阎若璩有毛大可思造典礼之诮，则由不晓礼经传于孔氏，非《周礼》、《礼记》之比也②。

毛奇龄还用考证方法，分析了"理学"的来源，揭露"道学"是道教之学，是异端，违背圣学的宗旨。他的大胆分析，虽然有门户争风的用意，但在当时，确实是言人所不敢言，令人震惊。因此，毛奇龄可以说是清初攻击宋儒的极关键人物。诚如有研究者言：

> 毛奇龄对明末清初学术潮流转换的影响，并不在于他对王学的修正和改造，而在于他对理学，特别是对其代表人物朱熹的激烈批评和彻底清算③。

---

① 皮锡瑞：《经学历史》，中华书局1959年版，第306页。
② 皮锡瑞：《经学通论》三，中华书局1954年版，第51页。
③ 黄爱平：《毛奇龄与明末清初的学术》，《清史研究》1996年第4期。

毛奇龄勇敢地左冲右突，不断地打破禁锢，他的勇气往往让人叹服，他的见解让人耳目一新，给他人和后来者的震动也很大。梁启超就认为毛奇龄是清初反理学的一员陷阵猛将。长期以来，朱熹的思想及其《四书集注》成了束缚人们思想的桎梏，毛奇龄的批判使人们从中解放出来，具有极为重要的意义。因此，毛奇龄的大胆做法对乾嘉学者不无启迪，他成为乾嘉时期学者重塑经学的典范。

钱穆在论述戴震思想渊源时指出：与其说戴学渊源于颜李学派，不如说渊源于浙东学派，浙东一派与颜李多有相通，黄宗羲、陈确对戴氏有影响。并指出毛奇龄对宋儒的批判，与戴震批判宋儒很相似。他说：

> 且毛西河所著书，亦极辨宋儒"理"字，散见其《论语稽求篇》、《圣门释非录》、《四书賸言》、《补中庸说》诸书。朱一新《无邪堂答问》卷四论《大学》"在明明德"，谓："毛西河《大学问》实用李恕谷说，而段懋堂又暗袭西河"。惟懋堂说"明明德"，乃记其师东原作《大学补注》为言开宗二句之义，因述以传者。东原可不知颜、李，不容不知西河。焦里堂《读书三十二赞》有毛氏《圣门释非录》，无颜、李。《孟子正义》备引东原《疏证》，及程易田《论学小记》，亦屡引毛氏《剩言》、《释非录》诸书，而不及颜、李。方植之谓"阮氏平日教学者，必先看《西河文集》。"凌次仲则谓"毛氏《四书改错》最为简要可贵，如医家之大黄，有立起沉疴之效，为斯世所不可无。"又《过萧山诗》，竟谓"千古精言萃考亭，竟将二氏入遗经；姚江亦是濂溪派，认取萧山万叠青。"推重西河如此，此皆治戴氏义理之学者，称道毛西河，然不称道颜、李也①。

这里，钱氏对戴震一脉义理学者与毛奇龄的渊源关系作了推论，论证了毛氏对乾嘉学术的影响。研究乾嘉学术的张寿安女士，与钱穆的观点相同，也指出了许多的例证，其中有一条是：凌廷堪《与阮中丞论克己书》赞美毛氏以"约身"释"克己"，改宋儒以"私欲"释"己"之谬。因而论道："究竟戴震及其后学与毛氏之间有何义理上的渊源关系，固乏明证，但具有某种程度上

---

① 钱穆：《中国近三百年学术史》，商务印书馆1997年版，第392页。

的认同和影响，则是相当可能的"①。

那么，在义理上毛奇龄与戴震等人有无渊源呢？

毛奇龄对宋儒"理"的概念及"存理灭欲"的思想进行了批驳。他说，"理"从来只"作条理解，惟孟子始加理义，然未尝与欲对待"②。他反对朱熹"天即理"、"性即理"之说，认为：朱熹解天为理，不可解，不可通，从来论天皆指苍苍言之。关于"欲"，毛奇龄指出："己"不是欲，耳目口体不是欲，"心"也不是欲，"心体至虚，原是不动，然必廓然广大，湛然而光明"③。只有心发而为意，意有"善"、"恶"之分，"圣学所分只是善恶，并无理欲对待语"④。可见，毛奇龄对"理"的阐释，对"心"、"欲"的解释，与戴震的说法都较为接近。他指出："理"本来是宋儒杜撰的、虚无缥缈的东西，本身就不存在，"欲"也不必都"灭"，耳目口体不是欲，是正常的人性人情。这与戴震"达情遂欲"的思想显然有相近之处。

毛奇龄批驳宋儒的"徒见诸言辞"，空言性理。他强调重事功、尚用世、以民物为怀，以家国天下为己任，主张发挥儒学的社会功效，强调力行与效果。这种主张正是陷于迷惑中的乾嘉儒者所需要的。乾嘉时期，考证学风蔚起，学者流于文献考索，未能实现儒学经世济民的宗旨。为了克服考据学的弊端，凌廷堪提出了"以礼代理"的主张，转化了理学家论道德偏重内在心性体悟之途，使之直接切入实际人伦日用之践履⑤。这种旨在发挥儒学社会效应的转化，恰当地将毛奇龄所强调的"重事功、尚用世"的主张具体化，并落到了实处。从此，清代的朴实之学，不只指经史考证之实，也指人伦日用之实、经验效应之实。乾嘉学术经过这一转变，也具有了经世致用的倾向。凌廷堪定礼制的目的之一，是关切当时的社会风俗，以礼制来纠正社会上奢靡的风气，使"贫者无愧，富者有节"；汪中"有志于用世而耻为无用之学"，对古今制度沿革、民生利弊之事，皆博问而切究。

---

① 张寿安：《以礼代理——凌廷堪与清中叶儒学思想之转变》，河北教育出版社 2001 年版，第 191 页。

② 毛奇龄：《西河合集》，《圣门释非录》卷二。

③ 毛奇龄：《西河合集》，《大学知本图说》。

④ 毛奇龄：《西河合集》，《圣门释非录》卷一。

⑤ 张寿安：《以礼代理——凌廷堪与清中叶儒学思想之转变》，河北教育出版社 2001 年，第 183 页。

（三）鸿儒礼学思想与践履

1. 清初礼学的转变

礼学的研究，是经学研究中的一个重要部分。礼学在清初兴起，大盛于乾嘉。

自宋以来，士民皆尊用朱熹的《家礼》，不敢稍致其疑，研究礼学的著述多是《家礼》类的注释，礼俗则是"因时而易"，向强大的民俗妥协，吸纳地方习俗，甚至融会佛老的内容，形成"缘俗则以先王之礼杂就之"的局面。同样是以移风易俗为使命，清初的礼学发生了转变。学者纷纷"以古礼正今俗"，以经典为法式，以古礼为依据，从而形成考证古代礼学经典的风气，导致礼学研究由宋明以来的家礼学向经礼学转变①。

因为礼学本身固有强烈的经世色彩，故从明代遗民开始，经历鸿儒这一代学人，再到乾嘉时期的学者，都致力于礼学的研究，以礼经世，风气很盛。他们站在各自的立场，以礼来规范人们的道德行为、整治人心风俗。顾炎武、黄宗羲等大师重视中国固有的礼乐文明，将之视作夷夏之别的界限。他们认为：华夏民族是文明之邦，而周边夷人是野蛮之人，故礼乐文明是汉人赖以自豪的民族文化的精髓，是他们必须传承的主要内容。而礼乐的恢复，有助于规范在动荡的社会背景下，士人反颜事仇、不顾廉耻的行为，使他们反省自己的行为，恢复民族气节和君子品行。所以，遗民之治礼，除移风易俗、抗拒僧道之外，也有保留汉文化之深远用心。鸿儒及其同时代的学人作为新朝的学者，是为立国制度、王朝典制和改变社会风俗等目的而探讨古礼。"康熙十八年开明史馆对清初礼学研究产生积极的影响作用，也使得礼学从关注移风易俗的四礼学，拓展到王朝典章制度和礼乐刑政。"②毛奇龄、徐乾学、万斯同、万斯大兄弟、汤斌、汪琬、阎若璩、李塨等讨论礼学，进行考证，参与帝王宗庙之制的议论和建制。而乾嘉学者为了民间社会的稳固有序和风俗教化而研究礼学并在平常日用之中履行，他们将"礼"拔到很高的高度，以之代替宋儒提出的包罗万象的、无所不能的"理"，即"以礼代理"。他们循典章制度以求圣人之道，通过考礼，产生新的经典诠释，由仪文器数以明礼意，揭示"儒家礼秩先型"，通过议礼，导正时俗，进行礼教论争，展现清儒新的情理观和礼学批判精神，与宋明理学展开对话。这三代学者研究礼学的目的有共同的地方，也有各自不同的时代特色，其中，鸿儒学人传扬遗民为保存礼乐文化考证古礼

---

① 张寿安：《十八世纪礼学考证的思想活力》，北京大学出版社 2005 年版，第 21 页。

② 同上书，第 26 页。

的风气，考证古礼，并且以礼经世，探讨国家典章制度，用古礼正末俗，是将礼学研究付诸实施的儒者。

在清初，振兴传统的礼乐文化，成为遗民义不容辞的责任。遗民为保存礼制，反对佛道礼俗混入儒礼，改变因此而造成的儒家文化价值意义失去礼仪形式依托的状况，提出以古礼正今俗，率先考索古礼。其"以经学济理学之穷"的为学路向，也使知识界将研究重心转向经学的探讨，扫除心学以德性为宗、视礼学制度仪文为鄙末的观念，开始舍理言礼，考证古礼。

孙奇逢在修正王学的空虚中，寻得一个把柄——礼，他具有崇礼思想，认为一切法则制度皆是礼。于是，将礼作为修身之要，制订合乎礼的家规身范，并结撰《家祭仪注》、《家礼酌》，定为众人遵行的模式。可以说他对礼的践履，开风气之先①。

被奉为清代学术"不祧之祖"的大儒顾炎武，把礼学的研究和"礼"之功能的发挥作为经世致用的主要途径，称"礼者，本于人心之节文，以为自治治人之具"②。为此，他探讨了礼义与廉耻、礼与法、礼之功能诸多问题，用于拯世风之坏，寻维系人心之法。他为研究礼学的张尔歧之《仪礼郑注句读》撰写序言，倡导恢复礼学。顾氏对礼学功能的重视、对礼学研究的提倡，实有开风气之功，为后人树立起治学门径。

颜李学派的开创者颜元，将言心性义理之宋明学一壁推倒，又将训诂考据一概否定。他与旧传统相妥协相消融的地方，唯有讲礼乐。他视礼乐与习行、事物鼎足而三，尤以礼乐为大厦之巨柱。颜元努力恢复三代古礼，将对礼的倡行，作为转变学风的宗旨。颜元的礼学主要反映在践履层面，是"习礼"，而其接续者李塨则一改乃师厌恶读书问学的做法，开始考索古礼，将习行的"礼"引向经典的探究，即"考礼"。他拜毛奇龄为师，开始礼乐考据的著作，反对杜撰无凭的朱熹《家礼》，认为礼乐残缺，须考古准今，冠婚丧祭非考订不能得其仪之当，因此考订古礼成了当务之急。

黄宗羲作为清初礼学研究世家的万斯大、斯同兄弟之师，对礼学的研究发挥了指导性的作用。万斯大著有《学礼质疑》、《礼记偶笺》、《仪礼商》、《周官辨非》，钩稽穿穴，考同订异，畅发对诸礼的见解；万斯同考礼，意在施于世用，"明先圣之制，砭流俗之失，酌古今之宜，洽情理之中，尤尽善可施

---

① 林存阳：《清初三礼学》，社会科学文献出版社 2002 年版，第 103 页。

② 顾炎武：《亭林文集》卷二，《仪礼郑注句读序》。

用"①。李慈铭评价说："（万斯同）酌古礼以正时俗凶礼之失，皆切实可行，不为迂论。"② 黄宗羲的指导，万氏兄弟的努力讲求，加之徐乾学著有《读礼通考》，清初礼学大概萌芽于此时③。

2. 鸿儒的礼学研究与实践

新朝的儒者，接过礼学的接力棒。

明末清初，理学中掺杂佛老二氏思想的状况受到攻击，理学中所具有的玄想、思辨的成分一同被剔除，加之受实学思潮的冲击，以及政府所倡导言行一致"真道学"的导向，使得清初的哲学思辨成分淡化，只剩下伦理道德规范的空壳。这些道德规范，是儒家礼学的主要内容。在清初经世致用思潮的影响下，学者们不仅仅局限于礼学的研究，而试图将"礼"施用于实践，挽救世风，纯正人心，使人们的日常生活有所规范。众多鸿儒以礼自治、以礼治人，其在家国乡党中的言词举止，给社会风俗的纯正、规范带来了广泛的影响。

鸿儒将"以礼经世"落到实处，这表现在国家典制的设置和风俗教化的推行两方面。康熙时期，政治由乱而治，有关国家郊庙礼乐制度、故国典制等正在恢复之中。史馆新开，又当孝庄太皇太后初崩，一切典制、礼仪，天子都要咨询儒臣及鸿儒。鸿儒翰院之士斟酌古今之宜，纷纷发表论见，如就嘉靖大礼议、康熙守孝三年以及就方孝孺被诛"九族"还是"三族"、"北郊定配位"等问题展开议论。这样，鸿儒中的毛奇龄、汪琬、朱彝尊等学者，他们和同时的徐乾学、万斯同、阎若璩、李塨等一起，应时而起，为朝廷的礼制建制服务，探讨礼俗的沿革、礼经的研究历史、传注的辨析等，并将之与当时的风俗教化结合起来进行分析。他们彼此之间商榷争论，像阎若璩与汪琬关于礼学的争论、徐乾学有关丧礼的研究、李塨有关丧祭之礼及对古乐的疑问和求教，都表明古礼受到了崇奉，表明古代礼乐研究的风气已兴。

毛奇龄将考究古礼和建立新朝礼乐制度及淳厚的民间风俗相结合，做了许多工作。他恢复古礼古乐，当仁不让。毛奇龄极力声称乐律的重要，他多次呈进乐书疏。当西南荡平，康熙命词臣改定乐章，他又作《历代乐章配音乐议》、《增订乐章议》，归籍后听说康熙帝有"径一围三隔八相生"之谕，作《皇言定声录》上呈。康熙三十八年（1699 年），康熙定北郊之祀，因庙制之方向、配享之位次等礼制，在礼臣中引发争论。毛奇龄遂因李文定之召寻，引

---

① 万斯同：《群书疑辨》卷首，汪廷珍《群书疑辨序》。

② 李慈铭：《越缦堂读书记》，子部《群书疑辨》。

③ 梁启超：《中国近三百年学术史》，山西古籍出版社 2001 年版，第 183 页。

《曲礼》为证，说明方位尊次之原则是"席，南向北向，以西方为上，东向西向，以南方为上"，所以南郊尚左，配先左，北郊尚右，配先右，北郊定配位之典制至此乃定①。针对社会上的许多不良风俗，毛奇龄援引古礼，进行批驳，做出正确的导向，即所谓"酌古礼以正时俗凶礼之失"。

朱彝尊试图借复兴古学来兴教化、崇礼仪、移风俗，以改变人心不古、世风潜移的现状。他认为古代诸侯之间每年互相以挚礼问候的聘礼风俗值得推崇，可以纠正现今社会中"无事而不相问、有事载宝以求"暗中贿赂的不良风气②。

汪琬精研三礼，有很强的实用意图，即羽翼律文，施用于当世。他鉴于当时礼乐丧失、持服者私行胸臆以及宋代以后礼学研究不力等现状，"考以《仪礼》为案，而以今之律文断之，中间发明辨正，襟采诸家之书而稍述鄙见于其末"，撰成《古今五服考异》。该书得到顾炎武的称许："五服异同之录，当与天壤并存，斯道之传将赖之而不坠矣。"③ 汪氏的礼学研究遭到阎若璩的质疑和攻击，二人在鸿儒士人和其他在京城的学者中都有拥护者，辩论礼学经义及其在现实中的应用问题，各执一词，势同水火。这表明探讨礼学和如何在现实社会中发挥"礼"的功用，已受到学者们的关注。

汪琬将古礼之意，烂熟于心，日常行事，依礼斟酌，决断疑狱，必援经附律，务毋枉纵。他为刑部郎时，河南巡按御史覆奏："部民涨潮儿手格杀其族兄生员三春，罪当死，诏法司核议"。汪琬因潮儿母先为三春所杀，宜下御史复讯，为《复仇论》，引律文"祖父母父母被杀而子孙擅杀行凶人者杖六十"，又引"罪人本犯应死而擅杀者杖一百"为据④。在此事的处理上，虽然汪琬引用的是国家律文，也与古礼相合。他解释道：

> 复仇之议载于《周官》、《礼记》、《春秋》，见于陈子昂、韩愈、柳宗元、王安石之文者详矣，吾不敢复黩其辞，惟以国家之律明之⑤。

汪琬涖官北城时，遇有有浮尸草野的报告，他认为草露遗骸、不棺不葬

---

① 陆邦烈：《毛西河先生事略》，参见《续修四库全书》第 538 册，上海古籍出版社 1995 年版，第 680 页。

② 朱彝尊：《曝书亭集》卷四十二，《读聘礼书后》。

③ 顾炎武：《蒋山佣残稿》卷二，《答汪苕文》。

④ 钱仪吉：《碑传集》卷四十五，《翰林编修汪先生琬墓志铭》。

⑤ 汪琬：《尧峰文抄》卷一，《复仇议》并序。

"干天地之和而伤国家之仁"，于是据《周礼》有蜡氏为死于道路者掩埋置揭之例，呼吁募集捐资，买棺葬之，并撰文加以宣传推广①。

鸿儒在恢复古礼、研究礼学时，往往将之视为与民间的风俗厚薄息息相关的东西，引古筹今，在现实中发挥其稽古之效。

鸿儒群体中的汤斌、施闰章，他们是朝廷的柱石和地方的大员，他们未脱理学的根底，在施政中贯彻伦理教条，施行教化，整顿风俗，以稳定统治。施闰章尤崇奖风教，他宣讲孝悌忠信礼让的道理，富有感染力。

> 新淦人或阋墙，适闰章讲学其地，闻孝弟忠信礼让之言，兄弟相持哭，诣阶下服罪。其诚感如此！
> 俗多溺女，复作歌劝诱，捐资收养，全活无算②。

施闰章严格以礼的规范律己，尊奉古礼，行善举义，成为表率。他虽无余财，仍继续祖上置义田的传统，积俸置义田两百亩；友朋中有疾病死丧者，亲自垫付经费供给膳疗、安排治丧；曾禫服营友人之窆，痛如天伦，并梓其遗文，为之立碑；又赡忠烈死事者之子孙③。

汤斌在巡抚江苏时，总以教化为先。他的做法受到许多士人的嘉许，当地的鸿儒汪琬极为赞赏，专门作文来记述汤斌，诸如汤斌为救正吴人习俗颓靡、孝友道微，而崇师儒、兴学校、遴选宿儒，每月在学宫宣讲《孝经》④，并重新修缮吴地的泰伯庙，用泰伯的文教礼制来感化乡民，使民懂得廉耻礼让⑤。

周清原，有孝行，康熙尝称之为孝子，并御书《孝经》赐之。清原曾上疏请求直省俱立育婴堂，收养弃婴，得旨允行⑥。这既是淳厚风俗，也是对生命价值的看重。

鸿儒大臣兴学校、饬风俗、倡节义、行教化的行为，与朝廷的崇尚教化的旨意无不相合，属于儒学的教化功能，也是礼学践履的一种体现。鸿儒恪守儒家礼教的规范，孝友敦睦，扶弱济贫，倡导忠义节气，屡见不鲜。陆莱对其义父诚顺伯十分孝敬，亲为侍汤药、奉含殓、疏麻服丧；其伯兄陆世楷过世，竭

① 汪琬：《尧峰文抄》卷九，《北城募棺说》。
② 王钟翰点校：《清史列传》卷七十，文苑传一《施闰章》。
③ 钱仪吉：《碑传集》卷四十三，《翰林院侍读施君闰章墓表》。
④ 汪琬：《尧峰文抄》卷三十九，《跋孝经易知》。
⑤ 汪琬：《尧峰文抄》卷十，《新修至德庙碑》。
⑥ 秦瀛：《己未词科录》卷二，引《江南通志》。

志承欢无倦①；沈筠，嗜学敦内行，尝割股肉和药为父母治病；冯勖，千里入闽，寻父槃，扶棺而归；邱象随，天性孝顺，为父庐墓三年，其母因食鱼致疾，自己便终身不食鱼。通籍后，集俸置祭田，扶助族人②；庞垲自幼失母，与众兄弟友爱特甚，和睦相处；袁佑，性至孝，母亲疾革，祈祷上天减算己身以增益母寿，母殁，居丧尽礼，终身不食肉③。

鸿儒的这类孝行，是传统儒家礼教的典范，表明了当时习礼风气的盛行，也表明"礼"的功用得到了很好的发挥。慎终追远，尊亲收族，有利于民间风气淳朴、道德浓厚。他们的品行，正是朝廷所提倡和大力推行的，在康熙所颁布的十六条教谕中就有"士习端而后乡党视为仪型，风俗由之表率"④，将之作为改善风俗的有效途径。

古代是"礼不下庶人"，鸿儒却利用"礼"很好地维护民众的利益，为社会的正常秩序而发挥作用。儒者这种礼学的讲求和"礼"的践履，为民众的效仿和自觉遵行礼的规范提供了良好的氛围，有利于习礼风尚的盛行。在他们的研究中，"礼"具体化为一些外在的仪则和规范，变成普通人所能理解和执行的原则。故鸿儒这一代人的努力，将玄虚的、不可理喻的"理"外化为经验的、可遵循的"礼"，并将"礼"下行，产生社会效应。乾嘉儒者秉承此意，循此路径，大胆开拓，在化民导俗的过程中，提出了"以礼代理"的主张和"礼即理"的观点，冲破宋明理学对人心的禁锢，揭开了礼学复兴和施用的一页。

不仅于此，鸿儒中毛奇龄对礼学研究尤值一提。毛奇龄考证古礼，以礼正俗，提出了若干符合人情的礼学议题，对乾嘉时期新的"情理观"的产生具有启发意义。其《叔嫂无服辨》，淡化了男女大防，腾出禁地让人情充溢其间；其《古礼今律无继嗣文》，指出今非封建之世，无诸侯宗子二者无须继嗣，用以避免和纠正民间"以长继长、绝幼不绝长"诸说所造成的残害骨肉、攘夺财产、讦讼不已的问题；其《古今无庆生日文》，考察古代并无庆贺生日之举，明确指出此是明代恶习，亟宜屏绝，并拒绝为人作生日序文；其《禁室女守志殉死文》，明确判断室女并非"成妇"，无须守志，指出此现象宜尽快救正……

他批驳现实中的许多现象，议题和观点都与后来乾嘉学者不谋而合。在所

① 秦瀛：《己未词科录》卷二，陆荣条引《嘉兴府志》。
② 王钟翰点校：《清史列传》卷七十，文苑传一《邱象随》。
③ 王钟翰点校：《清史列传》卷七十，文苑传一《袁佑》。
④ 雍正帝辑录：《圣谕广训》第六条。

著《禁室女守志殉死文》中，批驳了未嫁女子为"未婚夫"殉死的行为和风气，并且考证古礼中"成妇"的定义，新妇被迎娶至夫家后，拜舅姑于堂后妇礼始成，如果舅姑偕亡，则要行庙见礼，俟成婚三月谒庙，"庙见始成"，即必须"庙见"，夫家才正式承认其新妇的地位。因此，毛奇龄认为未成妇而守志殉死是戕名教、灭典礼，犯三代先王所制禁例。从毛奇龄对强调成妇礼的慎重可以看出他为了阻止青年草率成婚、减少"殉夫者"的良苦用心，这与乾嘉时期的"夫妻是人伦之始"及关注人性的"常情常理"相比，离近代婚姻观念尚有距离，但我们应注意到毛奇龄的出发点：不仅要保留古礼，救秦火未焚、私窜私改之载籍，而且要"保全自今以后千秋万世愚夫愚妇之生命"①。其情可嘉！

在《叔嫂无服辨》中，毛奇龄援引经典中的事例，说明"兄弟"二字，不仅指同姓之所为伯仲者，甚而异姓男氏女氏皆得称之。他描述古代的饫礼：

> 国语，每岁必饫，或祭必行饫。大抵以宰夫为主，异姓为客，王与族人饫于堂，后与内宗之属饫于房，内外交……诸宰君妇，废彻不遲，诸父兄弟，备言燕私，是男氏女氏俱兄弟也②。

既然古礼中男氏女氏俱为兄弟，并"无男女授受不清"的戒律，那么"叔嫂有服"自然在情理之中。毛奇龄在此质疑的是"兄公弟妻"之间的情意表达，挑战的是"男女别嫌"的观念，这一礼教论争在乾嘉时期热烈展开，是情理观与"天理"观的较量。

在《辨忠臣不徒死文》③中，毛奇龄指出忠君不必死，必要有益于君国，如果君死而徒死其身，非是殉国，而是殉死，国亡亦亡，但以一死塞责，相当于父子关系中的灭性伤身的不孝行为。这种论点无疑将大批"徒死其身"的臣子从封建礼教的藩篱中解救出来，让他们的生命得以继续，也为那些在亡国后而"苟活"的人们洗去罪名和歉疚感。毛奇龄引经据典，批驳宋儒，其强烈的现实意义不可小觑。当然，在当时的形势下，他不可能公然提出"非君"或"不忠于君"。不过，他始终将君与国紧密联系起来，意味着殉难非为一君之私益，而应为国家的利益，为民族的利益。

---

① 毛奇龄：《西河文集》，《禁室女守志殉死文》。
② 毛奇龄：《西河文集》释二辨文，《叔嫂无服辨》。
③ 毛奇龄：《西河文集》，《辨忠臣不徒死文》。

毛奇龄打破"礼有定制，不容轻议"的观念，开启了清学"循典章制度以求圣人之道"的先声。他的诸多辨析，都是在现实生活中有感而发，隐含着对生命价值的看重，对人之常情的宽容，对女性的关怀。类似的论题，在乾嘉时期，仍然是学者们所关注和热衷探讨的，而毛氏的观点，与后来者的论证相比并不相形见绌，都是力图冲破"天理"的禁锢，朝"遂情达欲"方向迈进。

结　语

一、鸿儒是清初有别于明清之际大儒的又一代学人

在论清初学术时，学者往往把清初的学人作为一个整体来考察。陈祖武先生说：

> 如果说乾嘉汉学是中国古代学术通向近代学术的桥梁，那么清初学术则是由宋明理学向乾嘉汉学转换的一个不可或缺的中间环节。……80 年间，学术界对理学的深刻批判和对既往学术积弊的摧陷廓清，则从总体上为向乾嘉汉学的过渡铺平了道路①。

他所说的八十年，是指顺、康这么一个创辟规模、奠定国基的关键时期。陈先生对清初学术的评价是确凿无疑的，但笔者以为在明清之际的开创大师和乾嘉学者之间，还存在着以鸿儒学人为代表的这样一代学者，他们发挥的继承转换作用不可或缺。因此，可以将清初 80 年的学术分为两个阶段：一是明清之际的顾炎武、黄宗羲等儒学大师；二是鸿儒及其同时代的学人，时间大致以康熙二十年（1681 年）为界限。

梁启超和钱穆都曾经区分过这两代学者。梁氏以为，康熙二十年（1681 年）以前，全是前明遗老支配学界，"他们所努力者，对于王学实行革命。他们所要建设的新学派方面颇多，而目的总在经世致用。"他们大刀阔斧打开局面，但条理不免疏阔。后起之秀，多半生长在新朝，推倒满洲无望，先辈所讲的经世学都成空谈了。这个时期的学术界，虽没有前次之波澜壮阔，然而日趋健实有条理。② 钱氏在论述了顾、黄、王等大师的学术成就之后，紧接着论述

---

① 陈祖武：《清初学术思辨录》，中国社会科学出版社 1992 年版，第 299 页。
② 梁启超：《中国近三百年学术史》，山西古籍出版社 2001 年版，第 16 页。

了阎若璩和毛奇龄等人，指出后者与前者已大有不同。他说：

> 然诸人读书虽博，考古虽勤，要皆受羁于贵宠，一志于文字，朝廷之
> 鸿博，与夫卿相之馆职，皆足以羁縻而牢笼之，其意气远非梨洲、亭林、
> 船山、习斋之比矣①。

可见，梁、钱二位对于清初两代学者的相异之处、各自的特点揭示得一清
二楚，对鸿儒一代的学术成就给予了肯定。大师们有开辟之功，后起之秀有承
接深入之实。

在具体分析清初学者的作用时，陈祖武先生说：

> 清初学者以经学济理学之穷的倡导，实事求是的为学风尚的示范，诸
> 多学术门径的开启，"读九经自考文始，考文自知音始"的训诂治经方法
> 论的提出，都为乾嘉汉学的兴起奠定了基础②。

此处，陈先生对顾、黄等大师的贡献和地位的评价恰如其分，稍感遗憾的
是没有将鸿儒一代学人从中析分出来，而将之与顾、黄大师笼而统之。其实鸿
儒学人在学术史上的贡献是有别于顾、王等大师的。

鸿儒中的学者，基本上都与顾炎武、黄宗羲等大师有过直接或间接的联
系，曾或多或少地受到顾、黄等人的影响。他们与顾、黄的关系较为密切，且
比较长寿，学术成果大致在其晚年始集大成，即成熟于康熙中后期及康雍间。
应该说，顾、黄大师倡导考据学风，尔后鸿儒一代学者直接开启了乾嘉考据
学，并蔚为风气。这些大师们，还站在理学营垒中，对王学进行修正，"由王
返朱"，他们主要还在应付理学面临的危机，在扭转学风的呼声中摸索，倡导
经世致用和向经史之学转化。而由理学向经学的过渡、由通经致用到通经学古
的转换最终由鸿儒一代学者完成。明清之际的大师是开创者，指示了门径，而
鸿儒学人则是主要的转换者，开始登堂入室。学术发展的脉络经过鸿儒学人的
深化更明确清晰，如果没有他们坚实的努力，乾嘉学术在很多方面是无源之
流、缺乏先导的。

---

① 钱穆：《中国近三百年学术史》，商务印书馆 1997 年版，第 284 页。
② 陈祖武：《清初学术思辨录》，中国社会科学出版社 1992 年版，第 299 页。

二、鸿儒学人的主要贡献及影响

明末清初的经世致用思潮，在康熙中叶后，逐步淡化。经世的内容发生了转变，不再是为了恢复故国而留心地理、军事等实际事务，但为了挽救民族文化危机、寻找治国的圣道、探明先圣的遗意，倡导经世的大师们找到了新的途径，即研究经学，探寻经典本义。因此鸿儒学人沿着这一新途径，以之为经世致用的内容，视为他们的经世大业。在思想控制愈加严密，文字狱愈加汹涌的时候，他们的经学研究愈加如火如荼，他们的学术价值完全体现在倡导和力行通经学古方面。

具体而言，鸿儒学人在学术上的成绩有大小，影响有广狭。

汤斌、施闰章等人，作为理学阵营中的后起之秀，已开始意识到理学的危机，他们在探寻理学发展的出路。于是，他们顺应实学的思潮和转变学风的呼声，积极应和尊崇经学的倡导，摆脱理学内部的门户之争的纠缠，开始注意经典的注疏，主张发挥理学的实际效应，刻励实行，讲求实用。在地方，兴办学校，施行教化，崇尚礼仪，移风易俗。他们的思想主张和实践，得到了清朝统治者的认可和表彰，成为新朝理学研究者和儒臣的榜样。他们虽然还未埋头从事经典传注的研读，但与顾、黄等大师同时倡导了尊经的风气，而且，正是借助他们这样的儒臣，使学术新观念深入宫廷，影响统治者的文化政策。

乔莱、徐嘉炎、秦松龄等鸿儒，因家学渊源，早已将兴趣转移到经学的研究上，率先在经史领域里开拓、探索，并卓有成效。乔莱《易》学、徐嘉炎的《春秋》学、秦松龄的《毛诗》学，都是凭借浓厚的兴趣，博闻强记，研读古今注疏，参核诸家，断以己意，著成一书。有时还推求人事，论及古今治乱得失。他们已涉足经学领域，少谈宋明义理，不以宋儒的义理为归宿。吴任臣、黄与坚等鸿儒，志在古学，注重读书，崇尚经术，广泛涉猎，从事经学、史学、文字学方面的探索，成为专门之家。他们著述颇丰，搜罗博富，重视考订，所以，在士人中产生很大反响，所到之处，成为众人请教、探访的焦点。这类鸿儒本身就表明当时研经学古的风气渐兴，他们是由空疏浅陋向踏实古朴学风转变的重要代表。随着他们交游圈的扩大，吸引了更多人士的加盟，使这一学术潮流充溢南北学术界。

上述鸿儒的影响遍及于当世。他们极大地激发了人们研经学古的兴趣，引导更多的人进入经史之门，促进了学风的转变。而朱彝尊、毛奇龄、汪琬、潘耒、李因笃等人的影响及于后世。他们积极投身于明清之际大师们开创的学术领域，继承其衣钵，以经学为己任，将经史考据学引向深入，成为鸿儒学人中的中坚力量。康熙二十年（1681 年）以后，他们仍活跃在学术的舞台上，主持学坛几十年，不仅在当时引起众多人的仰慕而纷纷效仿。而且，他们的治学态度、方法及学术倾向、思想主张以及重要著作，对乾嘉学者来说都是导夫先路，具有开拓创新、启发后世的作用。

朱彝尊与顾炎武在治学方法、领域等诸多方面有着惊人的相同，如广泛采集资料，搜剔断碑残碣之文补经证史，广泛阅读经籍古书，抄书不辍等。他在金石学、鉴赏古物方面与顾炎武有同好，而他在目录学上的建树还要超越顾氏。朱彝尊的学术对后世影响较大，乾隆时期的学者李富孙本于朱氏的金石碑铭学，著《汉魏六朝墓铭纂例》，是"因朱竹垞氏之言，取《隶释》、《隶续》所载汉碑及六朝人碑制，以补王止仲之所未逮，条列众体，考证为详"。然近时为比学者"吴江郭频伽有《金石例补》，荆溪吴荆石有《汉魏六朝金石志墓例》，宝应刘楚桢有《汉石例》，皆本朱氏之言以为搜辑，各不相谋，而李书为最详；刘书专取汉代，为最有体要"①。其目录学方面的巨著《经义考》是当时学者研究经学的津梁，乾隆年间，卢见曾将《经义考》全部刊刻出版。后翁方刚进行了补正，著《朱氏经义考补正》一书，《四库全书总目》的经学部分在很大程度上采用了该书的成果。乾嘉时有学者受到启发而编纂其他方面的目录，如谢启昆的《小学考》，就是踵朱书而成。

毛奇龄早年受浙东王门后学的影响，理学门户很深，但晚年以经学自负，自命为读书人。张舜徽先生称"学者用力之端，自广衢趋于狭径，弃磊落而注虫鱼，奇龄亦不能辞其咎"②，足见毛奇龄在引导学者研究经学、崇尚汉代注疏、专注于考据一途上的影响之大。毛奇龄从批驳宋儒肆意改经的习气入手，对于宋儒展开了猛烈攻击。他的研经考礼的宗旨，对乾嘉学者的影响非同一般，是清初学者中引导乾嘉新义理萌生的关键之人。阮元重塑经学典范，推毛奇龄为汉学开山。他认为毛奇龄开启了乾嘉学者对理学批评的方向，又是清初经学的重要倡导者之一。③

汪琬、李因笃、潘耒三位鸿儒学者，都与顾炎武有密切的交往。汪琬作为富有学养的古文家，在引导文士阅读经史书籍方面起了很大的作用，并促使他们变更观念，为文要言之有物，根底六经。他究心于经学，在考辨礼制方面兴味盎然。他援礼断狱，注重发挥礼学的经世功能。汪琬的高弟惠周惕，"从琬游十数年，亲承指授。其子士奇、孙栋继起，三世传经，以易名家，而兼能议

---

① 李慈铭：《越缦堂读书记》，《汉魏六朝墓铭纂例》，辽宁教育出版社2001年版，第553页。

② 张舜徽：《清人文集别录》，华中师范大学出版社2004年版，第42页。

③ 陈居渊：《论阮元的经学思想》，《中国哲学史》2004年第1期。

礼。揆厥师承，又必溯源于尧峰矣"①，此语点明了乾嘉"吴派"与鸿儒的渊源。李因笃与顾炎武交谊甚厚，共同探讨古音学，对顾氏的《音学五书》用力最大。李因笃学富诗工，论诗之文既多又精，而其大声疾呼"未有不深于经学而能以理学名世者"，与顾氏"古之所谓理学者经学也"如出一辙，对倡导经学的意义不言而喻。潘耒作为顾炎武的及门弟子，颇承其学，不仅继承乃师在史学、经学方面的众多观点和方法，更重要的是他对于顾氏学术的宣扬，对其学术宗旨的正确领会和揭示意义远大。且他致力于修史、音韵、历法、医术等学科的研究，宣扬倡导实学之功，于其师有过之而无不及。

　　总之，鸿儒们与同时代的学人一道，顺应清初学术发展的潮流，上承明清之际诸大师开启的通经致用之学，下启乾嘉学术，是清代通经学古的最早践履人。

---

　　①　张舜徽：《清人文集别录》，华中师范大学出版社 2004 年版，第 45 页。

参 考 文 献

一、古籍类

1. 江藩：《国朝汉学师承记》,《宋学渊源录》,上海书店出版社 1983 年版。

2. 支伟成：《清代朴学大师列传》,岳麓书社 1986 年版。

3. 钱仪吉：《碑传集》,江苏书局 1893 年版。

4. 唐鉴：《清学案小识》(一)(二),四库备要本。

5. 全祖望：《鲒埼亭集》,商务印书馆据四部丛刊本 1936 年版。

6. 全祖望：《鲒埼亭集外编》,商务印书馆据四部丛刊本 1936 年版。

7. 徐世昌：《清儒学案》,中华书局重印 1958 年版。

8. 李集辑,李富孙、李遇孙续辑：《鹤徵录》,漾葭老屋藏版。

9. 秦瀛：《已未词科录》,嘉庆十二年世恩堂本。

10. 汤斌：《汤子遗书》,同治庚午春本祠堂藏版。

11. 潘耒：《遂初堂文集》,康熙原刻本。

12. 杨谦：《朱竹垞先生年谱》,见《曝书亭集诗注》,木山阁藏版。

13. 施闰章：《施愚山先生全集》,栋亭藏本。

14. 施闰章：《学余堂文集》,文渊阁《四库全书》本。

15. 施念曾编：《施愚山年谱》,排印本。

16. 朱彝尊：《曝书亭集》,商务印书馆 1935 年版。

17. 朱彝尊：《经义考》,中华书局据四部备要本影印 1998 年版。

18. 汪琬：《尧峰文抄》,四部丛刊本。

19. 毛奇龄：《西河文集》,(万有文库)商务印书馆 1937 年版。

20. 毛奇龄：《西河合集》,嘉庆元年刻本。

21. 方象瑛：《明史列传拟稿》,全国图书馆文献缩微复制中心。

22. 邵廷采：《思伏堂文集》,浙江古籍出版社 1987 年版。

23. 颜元著，王星贤、张芥尘、郭征点校：《颜元集》，中华书局 1987年版。

24. 颜元：《习斋四存编》，上海古籍出版社 2000 年版。

25. 李塨纂、王源订：《颜习斋年谱》，四存学会铅印 1952 年版。

26. 顾炎武：《顾亭林诗文集》，中华书局 1983 年版。

27. 王遽常：《顾亭林诗集汇注》，上海古籍出版社 1983 年版。

28. 顾炎武著，黄汝成集释：《日知录集释》，上海古籍出版社 1995 年版。

29. 冯从吾：《关学编》（附续编）中华书局 1987 年版。

30. 黄宗羲：《黄宗羲全集》，浙江古籍出版社 1985—1990 年版。

31. 孙奇逢：《孙夏峰全集》，清康熙中刊道光至光绪间递刊重印本。

32. 阎若璩：《潜邱札记》，眷西堂原本，大成斋重梓。

33. 徐乾学：《憺园文集》，康熙三十六年刻本。

34. 钱谦益：《牧斋初学集》，上海古籍出版社 1985 年版。

35. 王士禛：《池北偶谈》，中华书局 1982 年版。

36. 汪景祺：《读书堂西征随笔》，上海书店 1984 年版。

37. 王应奎：《柳南随笔续笔》，中华书局 1983 年版。

38. 戴名世著，王树民编校：《戴名世集》，中华书局 1986 年版。

39. 蔡冠洛：《清代七百名人传》，中国书店 1984 年版。

40. 李元度著，易孟醇点校：《国朝先正事略》，岳麓书社 1991 年版。

41. 叶衍兰、叶恭卓编：《清代学者像传合集》，上海古籍出版社 1989年版。

42. 王晫：《今世说》，丛书集成初编本，上海商务印书馆 1936 年版。

43. 蒋良骐：《东华录》，中华书局 1980 年版。

44. 徐珂编：《清稗类钞》第八册，中华书局 1986 年版。

45. 王钟翰点校：《清史列传》，中华书局 1987 年版。

46. 赵尔巽等撰：《清史稿》，中华书局 1977 年版。

47. 张廷玉：《明史》，中华书局 1974 年版。

48. 永瑢：《四库全书总目》，中华书局 1981 年版。

49. 李慈铭：《越缦堂读书记》（新世纪万有文库），辽宁教育出版社 2001年版。

50. 《清圣祖实录》，中华书局 1985 年版。

51. 中国第一历史档案馆整理：《康熙朝起居注》，中华书局 1984 年版。

52. 《圣祖御制文集》，文渊阁《四库全书》本，台北商务印书馆影印

1986 年版。

53. 吴应箕：《东林始末》，神州国光社 1951 年版。

54. 杨伯峻：《论语译注》，中华书局 1980 年版。

55. 吴敬梓：《儒林外史》，人民文学出版社 1977 年版。

56. 孔尚任：《桃花扇》，人民文学出版社 1959 年版。

57. 洪升：《长生殿》，人民文学出版社 1958 年版。

58. 章学诚：《章氏遗书》，文物出版社 1985 年版。

59. 钱大昕著，吕友仁点校：《潜研堂集》，上海古籍出版社 1989 年版。

60. 戴震：《戴震集》，上海古籍出版社 1980 年版。

二、专著类

1. 梁启超：《中国近三百年学术史》，山西古籍出版社 2001 年版。

2. 梁启超：《论中国学术思想变迁之大势》，上海古籍出版社 2001 年版。

3. 梁启超；《清代学术概论》，上海古籍出版社 1998 年版。

4. 梁启超：《中国历史研究法》，上海古籍出版社 1998 年版。

5. 钱穆：《中国近三百年学术史》，商务印书馆 1997 年版。

6. 钱穆：《国史大纲》，商务印书馆 1994 年版。

7. 钱穆：《国学概论》，商务印书馆 1997 年版。

8. 杨向奎：《清儒学案新编》，齐鲁书社 1988 年版。

9. 胡适：《戴东原的哲学》，安徽教育出版社 1999 年版。

10. 胡适：《胡适论学近著》，山东人民出版社 1998 年版。

11. 皮锡瑞：《经学通论》，中华书局 1954 年版。

12. 皮锡瑞：《经学历史》，中华书局 1959 年版。

13. 章太炎：《章太炎全集》第三册，上海人民出版社 1984 年版。

14. 张勇：《章太炎学术文化随笔》，中国青年出版社 1999 年版。

15. 朱维铮：《中国经学史十讲》，复旦大学出版社 2002 年版。

16. 朱维铮：《求索真文明——晚清学术史论》，上海古籍出版社 1996 年版。

17. 朱维铮：《走出中世纪》，上海人民出版社 1987 年版。

18. 陈祖武：《清初学术思辨录》，中国社会科学出版社 1992 年版。

19. 陈祖武：《清儒学术拾零》，湖南人民出版社 2002 年版。

20. 陈祖武、朱彤窗：《旷世大儒顾炎武》，河北人民出版社 2000 年版。

21. 胡楚生：《清代学术史研究》，（台北）学生书局 1988 年版。

22. 王俊义：《清代学术探研录》，中国社会科学出版社 2002 年版。

23. 王俊义、黄爱平：《清代学术与文化》，辽宁教育出版社 1993 年版。

24. 谢国祯：《明清之际党社运动考》，中华书局 1982 年版。

25. 谢国祯：《明末清初的学风》，人民出版社 1982 年版。

26. 张舜徽：《清人文集别录》，中华书局 2004 年版。

27. 张舜徽：《清人笔记条辨》，中华书局 1986 年版。

28. 张舜徽：《清儒学记》，齐鲁书社 2005 年版。

29. 冯天瑜：《明清文化史散论》，华中工学院出版社 1985 年版。

30. 冯天瑜等编：《中国学术流变——论著辑要》，湖北人民出版社 1991 年版。

31. 赵园：《明清之际士大夫研究》，北京大学出版社 1999 年版。

32. 汪学群：《钱穆学术思想评传》，北京图书馆出版社 1998 年 8 月。

33. 孟森：《明清史论著集刊续编》，中华书局 1986 年版。

34. 孟森：《明清史论著集刊》，中华书局 1959 年版。

35. 孟森：《明清史讲义》，中华书局 1981 年版。

36. 黄云眉：《史学杂稿订存》，齐鲁书社 1980 年版。

37. 黄云眉：《明史考证》（一），中华书局 1979 年版。

38. 张寿安：《以礼代理——凌廷堪与清中叶儒学思想之转变》，河北教育出版社 2001 年版。

39. 张寿安：《十八世纪礼学考证的思想活力——礼教论争与礼秩重省》，北京大学出版社 2005 年版。

40. 谢正光：《清初诗文与士人交游考》，南京大学出版社 2001 年版。

41. 林存阳：《清初三礼学》，社会科学文献出版社 2002 年版。

42. 肖萐父、许苏民：《明清启蒙学术流变》，辽宁教育出版社 1995 年版。

43. 葛荣晋：《中国实学思想史》，首都师范大学出版社 1994 年版。

44. 陈鼓应、辛冠洁、葛荣晋：《明清实学思潮史》，齐鲁书社 1988 年版。

45. 黄仁宇：《中国大历史》，生活·读书·新知三联书店 1997 年版。

46. 柳诒徵：《中国文化史》，中国大百科全书出版社 1998 年版。

47. 姜广辉：《颜李学派》，中国社会科学出版社 1987 年版。

48. 姜广辉：《走出理学》，辽宁教育出版社 1997 年版。

49. 侯外庐：《中国思想通史》第五卷，人民出版社 1956 年 8 月。

50. 侯外庐：《中国早期启蒙思想史》，人民出版社 1956 年版。

51. 葛兆光：《中国思想史》第二卷，复旦大学出版社 2001 年版。

52. 冯友兰：《中国哲学史新编》，人民出版社 1998 年版。

53. 冯友兰：《中国哲学史》，中华书局 1961 年版。

54. 李泽厚：《中国思想史论》，安徽文艺出版社 1999 年版。

55. 吴雁南、秦学颀、李禹阶主编：《中国经学史》，福建人民出版社 2001 年版。

56. 宋德宣：《康熙思想研究》，中国社会科学出版社 1990 年版。

57. 郭成康、林铁钧：《清朝文字狱》，群众出版社 1990 年版。

58. 余英时：《论戴震与章学诚》，生活·读书·新知三联书店 2000 年版。

59. 余英时：《士与中国文化》，上海人民出版社 1987 年版。

60. 高翔：《近代的初曙》，社会科学文献出版社 2000 年版。

61. 路新生：《中国近三百年疑古思潮研究》，上海人民出版社 2001 年版。

62. 尚小明：《学人游幕与清代学术》，社会科学文献出版社 1999 年版。

63. 邸永君：《清代翰林院制度》，社会科学文献出版社 2002 年版。

64. 徐海松：《清初士人与西学》，东方出版社 2000 年版。

65. 吴琦：《漕运与中国社会》，华中师范大学出版社 1999 年版。

66. 刘筱红：《张舜徽与清代学术史研究》华中师范大学出版社 2001 年版。

67. 郭康松：《清代考据学研究》，湖北辞书出版社 2001 年版。

68. 清史编委会：《清代人物传稿》上编，第五、六、七卷，中华书局 1984—1994 年版。

69. 白寿彝：《中国通史》（清前期卷），上海人民出版社 1996 年版。

70. 郑克晟：《明清史探实》，中国社会科学出版社 2001 年版。

71. 张德泽：《清代国家机关考略》，中国人民大学出版社 1981 年版。

72. 中国社科院历史研究所清史研究室：《清史资料》第一至六册，中华书局 1981—1985 年版。

73. 龚书铎：《中国社会通史》，山西教育出版社 1996 年版。

74. 孟昭信：《康熙大帝全传》，吉林文史出版社 1987 年版。

75. 左步青：《康雍乾三帝评议》，紫禁城出版社 1986 年版。

76. 彭林：《清代学术讲论》，广西师范大学出版社 2005 年版。

77. 乔治忠、张国刚：《中国学术史》，东方出版中心 2002 年版。

78. 王汎森：《晚明清初思想十论》，复旦大学出版社 2004 年版。

79. 林庆彰、祁龙威：《清代扬州学术研究》上、下册，（台北）学生书局 2001 年版。

80. 白寿彝：《清史国际学术讨论会论文集》，辽宁人民出版社 1990 年版。

81. 《明清史国际学术讨论会论文集》，天津人民出版社 1982 年版。

82. ［日］本天成之：《中国经学史》，上海书店出版社 2001 年版。

83. ［美］艾尔曼：《从理学到朴学——中华帝国晚期思想与社会变化面面观》，江苏人民出版社 1997 年版。

84. ［美］列文森：《儒教中国及其现代命运》，郑大华、任菁译，中国社会科学出版社 2000 年版。

85. ［美］刘易斯·科塞：《理念人》，郭方等译，中央编译出版社 2001 年版。

86. ［美］柯文：《在中国发现历史——中国中心观在美国的兴起》，林同奇译，中华书局 1989 年版。

87. ［美］杜维明：《道、学、政——论儒家知识分子》，上海人民出版社 2000 年版。

88. ［日］沟口雄山：《中国前近代思想的演变》，索介然、龚颖译，中华书局 1997 年版。

后　记

　　本书是在我的博士论文基础上修改而成的，而博士论文的撰写和修改就是我逐步成长的历程，从学术道路上的蹒跚学步到今天的艰难跋涉，每一步都是在众多师友的期待与扶助下前行的。在此，我不能不表达我的感想和诚挚的谢意！

　　回想在华中师范大学攻读博士学位的情景，历历在目，桂子山上桂花的芬芳仍时时沁人心脾。

　　2001 年我刚考上博士时，迫于经济的压力和日后找工作的形势，比较浮躁，总想找到一条捷径。导师吴琦教授说："无论你做什么专业，只要你在这一行做好了，你拿着同行专家的鉴定去找工作，别人一看鉴定书，自然会认可你。"这一句话让我横下决心，从此踏踏实实！以致后来的两年多，我不问世事，一心只读圣贤书，完全实现了对导师这句话的践履。至今，我还用这句话来对我们历史学的学生做专业思想工作。

　　我的硕士论文是关于清朝康熙帝的科技管理政策及举措，对康熙帝学习西学、重视科技及相关的文化政策有所了解，对其驭下之术也有所见识。而康熙帝征召博学鸿儒科这一重大举措自然引起我的关注，认识到这不仅是一个文化措施，而且是笼络汉族士人、稳定统治的一个政治策略。而这一举措的影响和效果竟出人意料！一是利于平定"三藩"之乱；二是让大部分汉族士人对清廷的抵触情绪消弭殆尽，处于朝廷的掌控之下，转而潜心于考据学。从学术思想而言，明代理学在清初经顾炎武等"由理学入经学"的倡导下，转向考据学。考据学是在乾嘉时期才盛行的，那么清初（康熙、雍正）的情况怎样？是哪些学者在响应顾炎武倡导？把这一问题与博学鸿儒科结合起来，就发现正是该科所聚集的一大批学者和提供的交流环境，在朝廷控制越收越拢的网络中开始了经史考据的研究，从学术研究中找到自由和乐趣，至乾嘉学派而蔚为大观。

　　将两者结合起来的思路，得到了吴老师的及时肯定，他说："循着这一思路，好好做，是可以做出来的。"每个人的人生中都有几句话是刻骨铭心的，而这一句话当时对我的鼓舞、给我的力量和温暖是无法形容的，让我觉得对于这篇论文，无论付出多少努力都是值得的。之后，吴老师不断地给我指点，比如，从社会史的角度研究这一学术群体，了解该科的征召对当时学术的影响，要多看原始材料，研究中要注意结合个案，这些宝贵的指点是我论文得以完成的支撑。年轻帅气的吴琦师，就这样将我引进了学术殿堂的大门！

　　熊铁基先生也是我的导师，年届七十，他对我们要求严格，但关心学生是他天然的品性。在论文开题时，我列出了一些难以找到的书名，他当即表示可以借给我其中的一套书。我感受到的这种实实在在的慈爱，比我从那套书中受益还多。

　　论文还得到了华中师大历史文献所的周国林老师、杨昶老师、顾志华老师、董恩林老师、姚伟钧老师的指导和启发。王玉德老师是我的硕士导师，然而在给我的博士评阅书中，却大肆赞扬我的进步，王老师这么做，更加体现了他宽怀大度和对学生真正的关爱。在论文答辩过程中，武汉大学黄惠贤先生给我的启发，至今难忘，他说：你的论文"做得好，做得细"。这让我找到了自信，因为每个人的学问不可能做到十全十美，但必须有特点，我经常为自己没有开阔的视野和深邃的理论修养而感到缺憾。中南民族大学的王延武老师在答辩过程中，指出了我的论文中涉及民族问题的一处语言表达不当，让我明白即将走入民族大学教学岗位，以后这一方面必须谨慎！湖北大学的郭康松老师仔细地阅读我的论文，并一一指出了原始材料中存在的"小学"错误，让我十分佩服，同时明白自己必须注意材料的识读，加强文献学功底。

　　在桂子山上，还有众多的师兄师妹。师兄柏贵喜、赵庆伟勤奋治学，卓然有成，为我们做出了极好的榜样。师弟温乐平、蔡明伦、文廷海，师妹周琍、吴雪梅、赵秀丽、何海燕等，给我提供了很多的帮助，让我感受到同窗苦读的情谊与乐趣。上官绪智和韦东超两位师兄与我同届，我们亲密无间，他俩对我爱护有加，对于我性格上的率真与言语上的冒犯，从不计较。上官师兄在做人做事上的魅力让我折服，韦师兄则在专业上给了我许多指导。

　　大学时代的同窗好友，现在华中师范大学的许小青、董恩强，云南师范大学的赵浴沛，武汉科技学院的高建勋，武汉理工大学的李铁强，多来年，我们经常聚会交谈，从中受到的安慰、鼓励和启发自然不少，我们的情谊与年俱增。

　　还有必要提到我的爱人姜广锦，他对我学术追求的关注，甚于他自己的人生理想，我的每一点进步他都会无比欣慰，而我的每一个难关，他都会全力以赴。他跟他的同学——南京师范大学的纪永贵博士谈到我论文选题时，发现南京大学也有一位博士做"博学鸿儒科"，便让纪博士想方设法帮我找到该博士论文；他在中国人民大学的同学王强博士，也经常启发我选题要与社会现实相结合。我感觉他的朋友也是我的宝贵财富，而他类似的朋友还有很多！周华、胡栋华、王飞、王骏飞、罗玲、徐煌辉……

在此，我还要感谢我的父母和公婆，他们崇尚读书，并以我从事的工作为荣，他们的支持和期许是我的不竭动力。湖北荆门是我的家乡，曾经生活过的那个小山村是我心中美丽的桃花源，是我心灵的栖息地。

2004 年，我来到中南民族大学民族学与社会学学院任职，学院的人文氛围很好，许宪隆院长非常关心青年教师的学术成长，总是尽力争取有利的发展机会。2005 年，我的博士论文荣获"湖北省优秀博士论文"奖；因学校学科建设的需要，段超和田敏主任曾将之列入学校重点学科建设经费资助项目；几经周折，本书终于获得本校 2009 年度的出版基金，在此，我要特别地感谢中南民族大学提供的出版资助！2009 年年底，本人申请的以本书为内容的教育部的项目亦获批准。

论文撰写和修改期间，我常到湖北省图书馆古籍部查阅资料，得到了很多帮助，在此一并表达我的谢意！

中国社会科学出版社的卢小生编审作为本书的责任编辑，尽职尽责，意见中肯，其行事麻利而言辞谦逊，让我深深受益，不胜感激！

2010 年 1 月